U0142522

禮記 第二版
道統觀與政教思想

 陳章錫————著

五南圖書出版公司 印行

推薦序

　　章錫早年即從予問學，前後以〈王船山詩廣傳義理疏解〉及〈王船山禮學研究〉二論文獲碩士及博士學位。其後遂秉持船山兩端一致之爲人爲學路數，繼續深入研究，而漸成就其上通於道，有本有源之禮學規模，合漢宋而自成一家之言，良可許也！而本書即其具體成果之展現。

　　所謂上通於道，以六經言即詩也，船山《詩廣傳》尤其深探詩之上通於芴漠無形而實眞誠貫注之鬼神世界、宗教情懷，蓋非哲學之形上思辨可盡其致，而必通過精誠惻怛之道德實踐始足以體驗者也。然後此根本精神下貫於人，始有內聖外王之學，即仁學與禮學也。故道統者，上根於詩，中驗諸仁，而下貫於禮者也。即以仁爲核心之詩禮傳家之道也。則章錫之爲人爲學，始於詩而終於禮，依於仁而通上下兩端於一致，體用兼備，性情貫通，不背船山矩矱，亦可謂儼然有據矣！

　　唯章錫所論，以道統上通於天，下貫於政教，雖本諸船山，下系唐、牟，而開此統緒者實在孔子。吾故曰船山在儒學史之地位，乃在孔子仁禮相即合一之學；自孟荀分途，歷長期辯證，至船山始復歸於正位。然則吾人紹述船山正學，焉能不點明根源，歸本孔子？而章錫本書則於此略欠，然既丐序於予，則姑借此緣，聊爲補述一二，不亦宜乎！

　　蓋孔子之所以稱至聖先師，對中華文化與民族具莫大貢獻者，實在於以一人之力，規定了中華文化之人本性格，點出了中華民族之摶造進路，使中華文化與民族成為世上連續型文化之唯一範例也（此依張光直說）。而其具體作為，則略有三點：

　　其一在超越之宗教面，乃在轉傳統以天為本之宗教為以人為本之宗教也（孔子「天生德於予」一語即為最關鍵提點）；此即歸本於仁心自覺之良心教，宗教生活與人文生活合一之人文教也，其具體呈現即孝道也！

　　其二在主觀之心性面，乃在轉傳統階級義之君子小人為人格修養義；故孔子於《論語》廣論君子小人之分，乃在以新觀念詮釋舊詞語也。而人人皆當在自然人（小人）之基礎上，進修上達為人格獨立、能無私愛人（所謂「仁者愛人」）之文化人（君子）之心性修養之道，遂由此全面展開，成為儒家內聖學之中心。

　　其三在客觀之社會族群面，乃在轉傳統以血緣為準之民族義為以文化理想之認同為準之民族義；此即孔子作《春秋》之大義所在；所謂「尊王攘夷」，所謂「內華夏而外夷狄」，皆從王道（非霸道）、人道（非禽道）、義道（喻於義非喻於利）立論者也。故前列於夷之楚、秦，後可因內化故改列於華也！此開孟子之三辨，亦啟導後來中華民族之發展，以和平融合為最高精神，遂成為廣納百川之偉大民族也；亦即吾所謂「文化的民族主義」，其內涵即視所有人為人而不再有種種基於私利之分化，即所謂「四海之內皆兄弟」也！

　　而上述三要義，則統匯於禮，此即禮治之所以異於法治之所在，即在禮可上通於天，而開展為以人文化成為方向之政教兩端也！此在宗教面是意在通天地之至誠，在心性面是意在明修養之常道，在政治社會面是意在定治理之大經。然則禮學之可珍可貴亦朗然在目矣！

　　然孔子仁禮合一之學，以宋明新儒家專主心性仁學之故而不免於禮有所脫略；即孟子一面言盡心知性知天（上達之學），一面言養氣知言（外擴之學），實屬內聖外王合一之學，亦以是其養氣知言章遂為後儒所輕忽，而專從心學宗師定位孟子矣！及至船山，身為氣學之巨擘，重提禮學之隆重，孔子之本懷始得以完整重現。下及唐、牟，於此亦皆各有所繼承，此乃章錫禮學之源流所在，聊為補述，以章其志，亦以與時賢相期勉焉。是為序。

曾昭旭

自　序

　　《禮記道統觀與政教思想》，係由九篇期刊論文所構成，其中五篇發表於《揭諦》，其他四篇分別發表於《鵝湖學誌》、《經學研究集刊》、《興大中文學報》、《文學新鑰》，大多是舊制THCI級的論文，目前新制皆爲TCI-HSS資料庫所收錄，學術成果及貢獻，已得到客觀檢驗及肯定。

　　《禮記》是儒家學派重要經典，涵蓋孔子以後，孔門七十高弟及其後學，共約四百年間的思想，其內容極爲豐富深刻，具有至關重大的文化意蘊，然也析解不易，其四十九篇中最重要的〈大學〉與〈中庸〉二篇，已受到宋明儒學的重視，獨立成書，迄今已有豐碩的研究成果，然若脫離《禮記》原書，不得連結爲內聖外王之整體規模，亦屬可惜。基此，本書即嘗試涵蓋《禮記》全書重要思想，作一系統建構，其研究主軸爲：「道統觀與政教思想」。牟宗三先生認爲：「中國『德性之學』之傳統，即名曰『道統』。」（《生命的學問》，頁69）此道統運行於國家社會，即是政教思想；王船山先生曾言：「王者之治天下，不外乎政、教之二端。」（《禮記章句》，頁334）筆者基於此一思維，以「《禮記》道統觀與政教思想」，作爲論著開展的主題。

　　本書包括甲編、乙編、丙編三部分，分別代表筆者三個階段的研究成果，三編各自獨立，其間闡釋重點不同，又相互呼應，同時也兼

具延續性。

甲編四篇論文：《禮記》思想內涵中「道統」義之省察、《禮記》政治思想之形上原理及其開展、《禮記》教育哲學之總體考察、《禮記》化民成俗思想之探究，此四篇發表於2012至2016年之間，都是期刊論文，是近六年內的作品，內容從道統觀說起，再分說政、教二端的形上原理與開展運用，最後論到化民成俗的思想。由上而下，先論道統，其次論政教，最後論到教化，循序漸進，不期而然，自成系統。而且原則上是以《禮記》全書各篇章為對象，環繞相關主題探討。

乙編三篇論文：《禮記》思想系統之探究、論《禮記·禮運》的政教文化觀——以人情為核心的考察、《禮記·王制》政教思想探究，發表於2005到2009年之間，也都是期刊論文。其中第一篇是國科會研究計畫的成果：〈《禮記》思想之哲學釐析及系統建構——以王船山及唐君毅之詮釋為基礎之開展〉，（國科會研究計畫，編號：NSC96-2411-H-343-005，研究期間：2007年8月至2008年7月。）其實也奠基在後二篇的研究成果上，是從當代新儒家的立場，對《禮記》的思想統嘗試作一分析與建構。第二篇從「人情」觀出發，對照孟、荀的人性論，考察《禮記·禮運》的政教文化觀，第三篇針對《禮記·王制》，探究其通篇的政教思想。此二篇自成一整體，都各自論及《禮記》政教觀整體規模，而進路有所不同。

丙編二篇論文：唐君毅《禮記》詮釋的特色及其價值意義、從王船山「兩端一致論」考察《禮記》教育觀，發表於2002及2003年，是在筆者博士論文（《王船山禮學研究——以兩端一致論為研究進路》，中國文化大學哲學研究所博士論文，2001年6月。）的基礎上所作的延伸研究，而各自有其著重的論述焦點，引導筆者爾後有關《禮記》研究的路向，收入本書，可以看出其間接續開展的意義。而且，王船山是傳統注疏中獨特地從思想角度，系統研究《禮記》者；

而唐君毅是當代新儒家較全面且系統深入地研究《禮記》的代表人物。二人對《禮記》政教思想的探討，深具參考價值。

以下分述各篇重點，最後並總結本書的學術價值與貢獻。

「《禮記》思想內涵中「道統」義之省察——以牟宗三先生論道統、學統、政統為主軸」，刊登於：《揭諦》（南華哲學學報）（THCI），第31期。考察《禮記》思想所蘊涵之「道統」義，牟先生認為內聖之學即儒家心性之學，其直接之本分乃在道德宗教之完成。本文即循此線索，對此儒學道德宗教之義作一分疏，以牟宗三先生《生命的學問》中之〈略論道統、學統、政統〉作為基點，參酌牟先生相關著作，藉以詮解《禮記》之道統說，並予以系統性之表述。首先，析論道統義之內涵，其次，就《禮記》道統義之理想層面予以探討，從堯舜之聖王生命及大同之理境，加以論述。其三，是就《禮記》道統義之實踐層面予以探討，從孝祭之禮及生命禮儀的宗教意識、道德意識，省察其道統義，其四，則就政治及教育層面說明其執行原則。總之，《禮記》內容大多為漢初儒者針對當時社會政治情況，綜結以往儒學及參酌各派學說，所作出的理想性設計，亟思為政治、教育、宗教、社會、生活、生命之運作，建構一常軌常道，非常適合借鑑於今日政經社會。

「《禮記》政治思想之形上原理及其開展」，刊登於：《經學研究集刊》（THCI），第13期。探討《禮記》政治思想之形上原理，及其開展之架構。藉〈哀公問〉、〈仲尼燕居〉、〈孔子閒居〉三文作為立論依據，並以《禮記》全書及其他儒學經典為輔，說明「禮」在政治層面上運用之意義及具體功用。首先，探索〈哀公問〉之思想內涵，以禮作為人民生活之重要憑藉，須落實於五倫關係及喪祭典禮；並說明愛敬之道德情感，及重視大昏，是政治所以完善的根本。其次，從〈孔子閒居〉說明當政者須有作為民之父母的體認及胸襟，其關鍵在於能通達禮樂之原的道德心性，以達致中和位育的道德事

業，若能掌握禮樂之實質，則不必拘執於外在形式。其三，從〈仲尼燕居〉說明禮是照應生活實事，周詳該徧地予以安頓，闡明其即事顯理，斟酌眾情之特性。總之，綜合此三文政治思想之特質，可與《禮記》其他篇章互證，三文呈顯一套完整政治思想，有其形上原理及開展過程，在《禮記》全書中佔重要地位，具有深刻意義及價值。

「《禮記》教育哲學之總體考察」，刊登於：《鵝湖學誌》（THCI），第50期。不止限於〈學記〉，而是恪就《禮記》中有關教育哲學的篇章，作總體觀照，探討其中教育思想、教學制度及教學理論。本文以宏觀角度，考察《禮記》全書體用兼備的教育思想，將教育哲學區分為「為什麼要教？」、「誰來教？」「教什麼？」、「如何教？」四個層面的問題，依序論述。首先「為什麼要教？」方面，主張教育目的是為了培育君子的人格；將《禮記》教育哲學的本質定位為「以性貫情」，以〈大學〉、〈中庸〉、〈禮運〉、〈樂記〉作為立論依據。其中〈大學〉提出內聖外王的教育理想，〈中庸〉揭示提升人性，上達天命的教育本質。〈禮運〉借由生命禮儀、文化教育，上承天道以治理人情。〈樂記〉透過音樂教育善化人心，移風易俗。其次在「誰來教？」「教什麼？」兩方面，從〈王制〉、〈文王世子〉、〈內則〉、〈曲禮〉等篇探討教育制度及教育內容，〈王制〉提出國家整體教育規畫，後三篇則具體說明建國君民及化民成俗的各項教育內容。其三在「如何教？」方面，以〈學記〉作為主要論述內容，探究其中教學原則及評量方法，包括施教者、學習者，及學習成效的衡量。

「《禮記》化民成俗思想之探究」，刊登於：《文學新鑰》（南華文學學報）（TCI-HSS），第24期。從《禮記》中的禮文，區別禮與俗之分際，及二者之間的交涉，繼而找出制禮的原則，探討應如何透過禮儀而達到化民成俗的功效。原來，禮的儀式由民俗轉化而來，各項禮儀都可從民俗中找到其藍本。因此從俗到禮，是民俗的

禮儀化、規範化。但是禮與俗又有本質的差別，俗是區域分布而來自民間的習俗，禮則是政治層面從上而下的領導文化。論文分爲六節，首先，撰述研究動機、目的及方法，揭示行文之架構安排。其二，根據《禮記》文獻，探討制禮之原則方法，以及禮與俗之關聯。其三，探討生活禮儀中之社會交際禮儀、家庭生活倫理之教，以及食衣住行各層面，禮與俗之關聯。其四，探討生命禮儀，自誕生禮、幼兒教育、冠笄之禮、婚禮、喪葬禮儀等，禮與俗之關聯。其五，探討禮樂文化、宗教祭祀禮儀及民俗的內在精神。其六是結語，統合全文，揭示《禮記》化民成俗之要旨及其學術意義。

「《禮記》思想系統之探究」，刊登於：《興大中文學報》（TCI-HSS），第25期。探究《禮記》之思想系統，以利呈顯《禮記》所持載中華文化之精神價值，期能藉由經典思想的深入開發，參與當代儒學研究，並開顯其現代意義。首先，依據王船山及唐君毅有關《禮記》之獨特見解，以繼承先聖「復性以立人極」的崇高理想，揭出《禮記》全書四十九篇的思想核心爲〈大學〉、〈中庸〉、〈禮運〉、〈樂記〉四文，作爲研究全書之基礎。其次，依據當代新儒家有關〈中庸〉道德形上學之講論，作爲研究《禮記》思想之立論根基；並參酌近人禮學及哲學史著作之相關研究成果，予以證成《禮記》思想系統研究之必要。俾使儒家學說中發揚歷史文化，通貫天人內外，本末終始，體用兼備之弘闊格局，得以充分開展。其三，則將《禮記》思想內容予以系統性之開展敘論，先綜說全書核心篇章，一是〈大學〉與〈中庸〉內聖外王之道德哲學，二是〈禮運〉之論人情及禮義之實踐，三是闡發〈樂記〉禮樂合德之文化整體觀。其四，抉發《禮記》思想在生命實踐上之具體作爲，上承孔孟儒學及中華文化悠久傳統，一者透過道德主體之自覺修養實踐，而建立健全人格。二者在五倫關係中參酌傳統禮樂文化中之生活智慧，尋找自我定位之可能。

　　「論《禮記・禮運》的政教文化觀——以人情爲核心的考察」，刊登於：《揭諦》（南華哲學學報）（THCI CORE），第9期。鑑於有關《禮記・禮運》一文，以往之探討多側重於篇首大同章之分析，本論文則從該文後半篇以「人情」理論爲核心的論述爲基礎，再擴及全篇之政教文化觀，藉以對〈禮運〉全文作較全面性地探討。首先，探討〈禮運〉人情論的思想背景，分三小節論述：一、《禮記》與孟、荀人情論之比較；二、郭店竹簡《性自命出》與〈禮運〉人情論的參照；三、〈禮運〉人情論的內涵。其次，指出「天道、人情」是掌握〈禮運〉全文的綱領，分三小節論述：一、「天道、人情」是「大同、小康」所貫注的內涵；二、「天道、人情」藉由禮通貫於歷史文化；三、「禮爲體、政爲用」是安頓「天道、人情」的政治架構。其三，抉發「禮義」並用以治「人情」的宗教祭祀觀，分三小節論述：一、「禮義以爲器，人情以爲田」是政教結構的形成基礎；二、禮義是「達天道、順人情」的重要管道；三、禮藉「持情而合危」達成「大順」的最高理想。最後是結論，則點出儒家兼顧理想與現實的思想特色，大同小康乃是一體兩面，必須合看才顯深意。而〈禮運〉著重人情，〈中庸〉探討人性，二文配合可突顯儒家作爲一性情之教的價值意義。

　　「《禮記・王制》政教思想探究」，刊登於：《揭諦》（南華哲學學報）（THCI CORE），第15期。意圖針對〈王制〉政教思想，作全面探究。涵蓋全篇內容，同時對政治、教育二層面及其間相互關連作整體研究。原來〈王制〉歷來被劃歸爲制度一類，實則文中仍蘊涵不少儒家對於理想政治及教育措施，所期待之化民成俗的目標之重要見解，故其思想價值頗有一探究竟之必要。學者或者側重在傳統注疏整理，可能作者之推斷，或成書年代之考證工作；或者關注其政治思想，以往研究者大體肯認〈王制〉爲儒者綜合前代良法之作，時有精采之見，但屬隨機組合之著作；唯有王船山爲其分章析句，視其爲

體用兼備之作。據此之故，本文另一意圖，即在於論述過程中，嘗試說明〈王制〉之篇章為蘊涵思想體系而具匠心之完整著作。文分七節，一是前言，二是總述〈王制〉篇章架構及思想特色，三是析述政治制度層面及思想內涵，四是從王者敷教化及一風俗之立場，說明性習相成之意及政教相因之理，五是論述興學教民及選賢簡不肖二方面之具體作為，六是申論養老恤孤以輔德化之旨。七是結語，總說〈王制〉政教思想之特色及其價值，藉以衡定其在《禮記》全書中所居之地位，及其化歸儒家思想之現代意義。

「唐君毅《禮記》詮釋的特色及其價值意義」，刊登於：《揭諦》（南華哲學學報），第4期。係根據唐君毅先生《中國哲學原論》中所探討《禮記》的思想內涵及其價值意義。唐君毅先生對於《禮記》的詮釋，其進路是：首先，掌握《禮記》重「情」之特色，以繼承孔孟的性情之教。其次，定出《禮記》的思想核心是〈大學〉、〈中庸〉、〈禮運〉、〈樂記〉四篇，再擴及全書其他篇章的研究。理由是《禮記》成書於西漢初年，收錄儒家學派數百年來的重要思想，包括禮樂的一般思想及各種制度，內容極為豐富，卻也頗為繁雜，故在四十九篇中宜先掌握少數的關鍵篇章，尤其是〈中庸〉論人性，〈禮運〉談人情，二者合論，正可呈顯完整的儒家性情之教。其三，則以〈禮運〉、〈樂記〉二文為文化哲學與形上學之和合，具有弘闊的內聖外王之思想規模。另外，又因〈大學〉、〈中庸〉早已獨立成書，為歷來學者討論的焦點，並有豐碩的成果，是故本文的研究範圍，著重在探討唐君毅對特別重視〈禮運〉、〈樂記〉二文的重要見解，並且對《禮記》重情的特色及作者的思想背景先予以分析，而在文末指出，唐君毅《禮記》詮釋在現今社會的價值意義。

「從王船山「兩端一致論」考察《禮記》教育觀」，刊登於：《揭諦》（南華哲學學報），第5期。本文企圖較全面地考察《禮記》的教育觀，突破學界以往研究偏重〈學記〉、〈樂記〉、〈大

學〉、〈中庸〉等少數篇章的情況。而將研究的範圍擴及到〈王
制〉、〈孔子閒居〉、〈文王世子〉、〈內則〉、〈表記〉、〈坊
記〉等篇。期能了解全書有關教育之原理、本質、內容、功能等整體
觀點。在研究視角上則是採取王船山《禮記章句》的觀點，即以「兩
端一致論」作爲參考架構，以體用兼修、本末相貫、道器合一等原則
作爲分析的標準，藉以考察《禮記》一書教育觀所具有的特色，是
仁、禮兩端互爲體用。分言之，是以〈大學〉、〈中庸〉爲體，《禮
記》全書四十九篇爲用；孝悌爲本，詩書禮樂爲用；〈大學〉之內聖
外王爲體，而〈王制〉之政策施行爲用；〈曲禮〉所載，是學習歷程
中的上學下達之方；〈表記〉、〈坊記〉所論，則是人格教育中的修
己治人之道。

　　本書的學術貢獻，在於對《禮記》的思想做一整體性地系統研
究。將儒學三大階段的政教思想做一有機地呼應連結。屬於原始儒家
之思想文化總結的《禮記》，透過宋明新儒家具總結地位之王船山詮
釋，以〈大學〉與〈中庸〉二文爲體，全書四十九篇爲用，可謂體用
兼備；再連結到當代新儒家唐君毅、牟宗三、徐復觀等人對《禮記》
的詮釋，以有關〈中庸〉道德形上學之講論，作爲研究《禮記》思想
之立論根基；《禮記》的思想價值，可謂全幅開展。涵攝內聖外王之
道的整體弘規，從心性之學傳統所構成的道統觀出發，落到政、教層
面的實踐，對於儒學思想的闡釋與理解，充分闡發。「《禮記》的
道統觀與政教思想」，經由以上整體研究，有其一定的學術價值與貢
獻。

目　次

《禮記》思想內涵中「道統」義之省察—— 以牟宗三先生論道統、學統、政統爲主軸[1]

一、前言

當代新儒家自覺地繼承宋、明儒者的心性之學，亦提倡道統之說。諸大儒對於道統義之理解大體相近[2]，而仍頗有差異[3]，其中以牟宗三先生所論之三統說最爲精到。本文即以牟先生「道統」之說爲研究視角，考察《禮記》思想所蘊涵之「道統」義，牟先生認爲內聖之學即儒家心性之學，其直接之本分乃在道德宗教之完成。本文即循此線索，對此道德宗教之義作一分疏，以牟宗三先生〈略論道統、學統、政統〉一文作爲基點[4]，參酌牟先生相關著作，藉以詮解《禮

---

[1] 本論文原刊登於：《揭諦》（南華哲學學報），第31期，2016年7月，頁31-64。先前在2015年10月22日宣讀於臺灣師範大學主辦：第十一屆當代新儒學國際學術會議，經修改後發表。

[2] 例如1958年由唐君毅、牟宗三、張君勱及徐復觀四人聯名發表的〈中國文化與世界——我們對中國學術研究及中國文化與世界文化前途之共同認識〉，其中第四及六節言及道統之說，至少即顯示此四大家的道統觀點一致。收於《唐君毅全集·卷四之二》（臺北：臺灣學生書局，1991）。

[3] 詳參李明輝：《當代儒學的自我轉化·當代新儒家的道統論》（北京：中國社會科學出版社，2001）。文中對於熊十力、方東美、錢穆、余英時、方克立等人有關道統之觀點有所分疏辨異。

[4] 牟宗三：〈略論道統、學統、政統〉，《生命的學問》（臺北：三民書局，2013），頁68-80。

記》之道統說，並予以系統性之表述。

　　《禮記》約成於漢初七十年間⑤，是自孔子以降四百年來，儒家學派思想之統合，上承孔、孟、荀諸大儒，旁賅曾子、子游、子夏等孔門高弟，及其後繼者之思想。王船山認為《禮記》「顯微同異之辭雖若不一，而於以體先聖復性以立人極之意，其不合者鮮矣。」⑥肯定其書體現儒學思想復性之旨以及挺立人性尊嚴之價值。唐君毅則說：「今就此《禮記》一書，除其述制度者不論，其言義理之文，亦對性情皆無貶辭，其善言情並甚於言性，其言人情為禮樂之原，則旨多通孟子，而大有進於荀子者在。」⑦重視其書善於承繼孔孟性情之教，深入禮樂之原的特色。高明先生則認為《禮記》內容可分為通論、通禮、專禮三大類，如〈禮運〉、〈禮器〉、〈郊特牲〉、〈經解〉等是通論禮意的，〈中庸〉、〈大學〉、〈樂記〉、〈學記〉、〈緇衣〉等是通論與禮有關的學術思想，屬第一類。通禮則分世俗生活規範如〈曲禮〉、〈內則〉及國家政令如〈月令〉、〈王制〉等，屬第二類。專禮則指冠、昏、喪、祭、鄉、射、燕、聘等禮，屬第三類。⑧其分類頗清楚，本論文之探討則以第一類通論禮意及與禮有關的學術思想為主要研究對象。

　　《禮記》中有關思想論述之篇章，如〈中庸〉、〈大學〉、

---

⑤ 參見任繼愈主編：《中國哲學發展史‧秦漢》（北京：人民出版社，1985），頁164-5。書中提到《禮記》的形成，係漢初儒家適應統治者的需要，「總結先秦儒家的成果，提出了一套供統治者採納的系統的政治哲學與倫理哲學。儘管他們援引儒家的遺文、遺說，實際上是作了一番加工整理的工作，先秦各派的界限已經泯除，而且論述所針對的實際問題和所起的歷史作用，也與先秦時期不相同。漢初的七十年，是先秦儒學轉化為董仲舒儒學的一個重要的過渡環節。」承上可知，《禮記》是漢初七十年間儒者對理想國家制度的擬定，及儒學的統整，具有重要貢獻。

⑥ （明）王夫之：《禮記章句》（《船山全書‧四》）（長沙：嶽麓書社，1991），頁11。

⑦ 唐君毅：《中國哲學原論‧原道篇二》（臺北：臺灣學生書局，1978），頁80-1。

⑧ 高明：《禮學新探‧禮記概說》（臺北：臺灣學生書局，1984），頁71-80。

〈樂記〉、〈禮運〉、〈大傳〉、〈王制〉、〈學記〉等具有重要
地位，是繼孔、孟、荀學術精神之統合，與落實於漢初政治社會背景
下，所提出的理想社會之藍圖，對於儒學思想發展之重要內涵，有諸
多值得參考之處。如牟宗三先生說：

> 儒者之學，除顯於政治社會之組織外，于思想則孔孟
> 荀為第一階段，中庸易繫樂記大學為第二階段，董仲
> 舒為第三階段。此儒學之由晚周進至秦漢大一統後表
> 現為學術文化之力量而凝結漢代之政治社會者也。兩
> 漢四百年，為後世歷史之定型時期。一經成型，則禮
> 俗傳統，于焉形成。[9]

儒者之學顯示在兩方面，一是政治社會之組織，二是思想文
化。而上舉第二階段之〈中庸〉、〈樂記〉、〈大學〉等篇，於今
皆屬《禮記》之內容，可見《禮記》思想在儒學發展中，有其代表性
地位，為研究第一期儒學發展所不可或缺的重要經典。本文即據此經
典，研究儒學之道統說。而儒學在學術文化之力量凝結為漢代政治社
會之底蘊。且禮俗傳統於兩漢四百年于焉形成。則漢初《禮記》內容
即確立此儒家理想政治學術之方向。

推原道統之說，首出於韓愈〈原道〉：「斯道也……堯以是傳之
舜，舜以是傳之禹，禹以是傳之湯，湯以是傳之文、武、周公，文、
武、周公傳之孔子，孔子傳之孟軻。」此即堯舜禹湯以降至孔孟之
傳承，而「道統」一詞則為朱熹所創立[10]，然實際上仍有所依據，即

---

[9]　牟宗三：《道德的理想主義》（臺北：臺灣學生書局，1985），頁1。

[10]　朱熹：《中庸章句序》曰：「蓋自上古聖神繼天立極，而道統之傳有自來矣。其見於經，則
　　『允執厥中』者，堯之所以授舜也；『人心惟危，道心惟微，惟精惟一，允執厥中』者，舜
　　之所以授禹也。」引自（宋）朱熹：《四書章句集註》（臺北：鵝湖出版社，1996），頁
　　14。

《尚書・大禹謨》引舜帝所言：「天之歷數在爾躬，汝終陟元后。人心惟危，道心惟微，惟精惟一，允執厥中。」⑪此中十六字心傳，指點出孔子「為仁由己」、「克己復禮」的道德實踐進路。因此，牟宗三先生說：「中國『德性之學』之傳統即名曰『道統』。」⑫而此德性之學的傳統，實即《莊子・天下》所揭櫫的內聖外王之道⑬。

　　牟宗三先生於《政道與治道・序》提出其書之中心問題有二：一為政道與治道之問題，而主要論點則在政道如何轉出，二是事功問題，即如何開出外王之問題。而此兩問題之解答繫於理性之「架構表現」與「外延表現」之轉出⑭。而關於外王及其與內聖之關聯，牟先生言之甚詳。曰：

> 夫既曰外王，則其不能背乎內聖亦明矣。並列言之，曰政道，曰事功，曰科學。總持言之，皆賅于外王。內聖之學即儒家之「心性之學」。其直接之本分乃在

---

⑪ 屈萬里：《尚書釋義》（臺北：中國文化大學出版部，1984），頁231。

⑫ 牟宗三：《生命的學問》（臺北：三民書局，2013），頁69。

⑬ 《莊子・天下》：「古之人其備乎！配神明，醇天地，育萬物，和天下，澤及百姓，明于本數，係於末度，六通四闢，小大精粗，其運無乎不在。……天下大亂，賢聖不明，道德不一，天下多得一察焉以自好。……判天地之美，析萬物之理，察古人之全，寡能備於天地之美，稱神明之容。是故內聖外王之道，闇而不明，鬱而不發，天下之人各為其所欲焉以自為方。」引自（明）王夫之：《莊子解》（《船山全書・一三》）（長沙：嶽麓書社，1993），頁464。

⑭ 牟宗三先生認為：「蓋政道之轉出，事功之開濟，科學知識之成立，皆源於理性之架構表現與外延表現也。於以知中國文化生命中，政道之不立，事功之萎縮，科學知識之停滯，（停滯於原始階段而不前），必有其故矣。中國文化生命實偏重在理性之內容表現與運用表現也。」參見牟宗三：《政道與治道・序》（臺北：廣文書局，1974），頁1。又，牟宗三：《人文講習錄》：「道德理性要滿足良知之要求科學民主，便不能一味順良知之本性而為運用之表現，它還要相應科學民主之本性而架構之表現。」錄自《牟宗三先生全集28》（臺北：聯經出版社，2003），頁140。

道德宗教之成立。然儒教之爲教與普通宗教本不同。
其以道德實踐爲中心，雖上達天德，成聖成賢，而亦
必賅家國天下而爲一，始能得其究極之圓滿。故政
道，事功與科學，亦必爲其所肯定而要求其實現。反
之，政道，事功與科學亦必統攝于心性之實學，而不
能背離此本源。⑮

　　文末提及外王之學之政道、事功、科學等三項，均必統攝於心性
之實學，可謂切要。又論及內聖與外王實爲一體兩面，而內聖之學之
蘊涵，即儒家心性之學，而且其直接之本分，終在道德宗教之成立，
必賅家國天下而爲一，此可印證以〈大學〉三綱八目之弘規，及〈中
庸〉「致中和，天地位焉，萬物育焉」之理想。

　　以上所述，已大體釐定「道統」之義，實即「德性之學」之傳
統，其中自應包含「學統」在內，及相應的「政統」之義。唯學統
在今有廣義、狹義之別，就狹義而言，固可限定言科學才是學，此是
「知識之學」。在西方自希臘哲學時期已開始發展，迄今已臻成熟之
階段，而在華族文化生命進程中，科學卻是應該開展出而尚未能眞正
建立統緒者，如牟先生云：

　　　　說中國本有學統，這當然是眞的。……但科學亦是一
　　　　種學，它有其本性與基本精神，而且源遠流長。它亦
　　　　不能充當或代表德性之學。以學統言之，所以使人正
　　　　視其本性與基本精神，亦所以限定其分位與層序，而
　　　　且所以彰「德性之學」之特殊也。故此若（按，指科
　　　　學）名曰學統，則中國「德性之學」之傳統即名曰
　　　　「道統」（西方的道統是基督教）。此只是名詞的分

---

⑮ 牟宗三：《政道與治道》（臺北：廣文書局，1974年），頁2。

限，如離開此問題而泛言「學」，則雖是「道」是
「教」，亦可言「學」。佛教亦可言佛學，儒教亦可
言儒學。而宋明理學，乃至「心性之學」，亦皆可言
學。⑯

　　承上所述，道統乃「德性之學」之傳統，對比西方科學發展中
的「知識之學」，科學並不能充當德性之學。而若不限定學統為科
學之義，則其實，道統本身亦是學，有其本性與基本精神，亦是人文
之教。牟先生言「統者貫穿承續義，故曰垂統，亦曰統緒。」⑰〈中
庸〉首章曰：「天命之謂性，率性之謂道，修道之謂教。」亦點出心
性之學的實踐，透過率性、修道，即知心性之學，是一種成德之教。
其終極目標是天地位、萬物育的和諧境界。牟宗三先生認為，對吾人
今日而言，民主政體和科學是共法，不當僅依賴由西方移入，而亦當
由民族自盡其性而開展出來，始是自本自根，由根源的文化生命予以
創造。他說：

　　然無論在構造的綜合中，或在曲折的持續中，於學術
　　方面，總是未孳生出「知識之學」來，政治方面，總
　　是停留在君主專制之型態，未孵生出「知識之學」
　　來，則在經過曲折醞釀步步逼至之今日迫使著要孳生
　　出。此「迫使」，表面觀之，好像是外在的，然若深
　　一層看，內在於自己文化生命而觀之，則是內在的：
　　文化生命開展之必然要求，心靈開啟之必然要求。此
　　內在地迫使著要孳生出「知識之學」來，是自己文化

---

⑯ 牟宗三：〈略論道統、學統、政統〉，《生命的學問》（臺北：三民書局，2013），頁68-
　9。

⑰ 牟宗三：〈略論道統、學統、政統〉，《生命的學問》，頁70。

生命發展中固有之本分事，不是西化，此「學統」一名之所以立。

在君主專制形態下，儒者理想是受委曲的，是不得已而求其次的，是就家天下之曲而求伸的。……本此認識以逼出民主政體建國的大業，乃是華族自盡其性之本分，不是西化，此即「政統」一詞之所以立。[18]

　　說出中國文化生命，內在而觀之，學術及政治均有其困限，在君主專制形態下，儒者之理想受到委曲，而只能退而求其次，故未能開展出知識之學。政治運作及文化生命只能以構造的綜合方式，曲折的持續中開展。

　　然而民主政體及科學，仍是華族的文化生命開展，及心靈開啟之必然的要求。內在於自己的文化生命，迫使著要孳生出「知識之學」來。以上說明就科學而言，「學統」一詞有確立之必要；若恪就政治而言，「政統」一詞亦有確立之必要。而民主政體建國之大業爲華族自盡其生命之本分，此即政道及事功如何轉出的問題，且仍應統攝於心性之實學。

二、《禮記》「道統」義之理想層面

（一）堯舜禹湯文武之道德生命，至誠至聖

　　前節牟宗三先生曾論及，心性之學之直接本分，乃在一道德宗教之成立。故在儒學經典中，聖王的生命，透過道德實踐，兼賅家國天下爲一，通連祖先聖賢，同時也上達天德，與天地日月同其高明悠久博厚，體現一種宗教精神。

---

[18] 牟宗三：〈略論道統、學統、政統〉，《生命的學問》，頁74-5。

堯舜禹湯文武等聖王，孔子視其爲人格之典型，值得吾人效法崇敬，且人人皆可透過道德實踐，企及其精神境界。此德性人格的生命，上契於天道，上達天德。如〈中庸・第三十章〉曰：

> 仲尼祖述堯舜，憲章文、武，上律天時，下襲水土。辟如天地之無不持載，無不覆幬；辟如四時之錯行，如日月之代明。萬物並育而不相害，道並行而不相悖。小德川流，大德敦化。此天地之所以爲大也。[19]

孔子言仁義，扣緊歷史文化而言，故不只道德，且重視客觀之實現。「憲章文武」，即表示一切典憲皆理性之客觀化。此篇贊頌孔子之德，同於天地之道。孔子的精神生命，同於天道的體現，是無限而不已的。牟宗三先生說孔子「以德行而開出價值之明，開出了眞實生命之光。……在德性生命之朗潤（仁）與朗照（智）中，生死晝夜通而爲一，內外物我一體咸寧。」[20]上文末提及「小德川流」、「大德敦化」，即闡釋於〈中庸・第三十一章〉、〈第三十二章〉曰：

> 唯天下至聖，爲能聰明睿智，足以有臨也；寬裕溫柔，足以有容也；發強剛毅，足以有執也；齊莊中正，足以有敬也；文理密察，足以有別也。
> 唯天下至誠，爲能經綸天下之大經，立天下之大本，知天地之化育。夫焉有所倚？肫肫其仁，淵淵其淵，浩浩其天。苟不聰明聖知達天德者，其孰能知之？[21]

前者言聖人之內在性情，廣大無限的心量自然流露，能體現仁、義、禮、智之旨。後篇言聖人之教化可以建立倫常，彰顯性德，

---

[19] （宋）朱熹：《四書章句集註》（臺北：鵝湖出版社，1996），頁38。

[20] 牟宗三：《心體與性體（一）》（臺北：正中書局，1979），頁220。

[21] （宋）朱熹：《四書章句集註》（臺北：鵝湖出版社，1996），頁38-9。

而有參贊天地覆載萬物之功。〈中庸・第六章〉載：

> 子曰：舜其大知也與！舜好問而好察邇言；隱惡而揚
> 善，執其兩端，用其中於民，其斯以爲舜乎！[22]

　　孔子贊頌舜能細察人言及事理，與人爲善，中正誠信，於內心作
適切的判斷。此仁且智的德行，亦如同孟子所言：「舜明於庶物，察
於人倫，由仁義行，非行仁義也。」[23]由仁義行，即理由本心自然流
露，知道如何恰當地作爲。唯此訴諸堯舜之理想政治，其實是託古立
象，不必然是歷史的實境。故牟宗三先生曰：

> 然則漢以前，則爲以氏族部落之方式取政權。封建貴
> 族政治即由氏族部落之統制與被統制而演成。孔子刪
> 書斷自堯典，而寄託其政治上之深遠理想於堯舜之禪
> 讓。極稱堯舜之盛德與無爲而治。孟子道性善，亦言
> 必稱堯舜。儒家稱堯舜是理想主義之言辭，亦即「立
> 象」之義也。未必是歷史之眞實，……儒家以「立
> 象」之義稱之，是將政治形態之高遠理想置於歷史之
> 開端。[24]

　　孔孟稱揚堯舜之禪讓政治，既是託古立象，將政治形態之高遠
理想置於歷史之開端。則《禮記・禮運》將大同理想寄託於堯、舜二
帝，透過與三代之英，小康禮治的對揚，則是理想境界與現實作爲，
二者兼顧，大同與小康相輔相成的政治社會。

---

[22] （宋）朱熹：《四書章句集註》，頁20。

[23] 《孟子・離婁下》，引自（宋）朱熹：《四書章句集註》，頁293-4。

[24] 牟宗三：《政道與治道》（臺北：廣文書局，1974），頁3。

（二）大同理想之客觀意義；政權與治權皆天下為公

　　承上節所述，堯、舜二帝及夏禹、商湯、周文武之三王，即分別對應孔子大同、小康之說，為政治理想之所託寓。牟宗三先生對於《禮記・禮運》所載「天下為公，選賢與能。⑤」嘗言：

> 可從政權與治權兩方面說，若只限於治權方面說，而政權仍屬於一家之世襲，或寄託在具體之個人上，則還不能真算是「大道之行」。以今語言之，即還不能算是真正的民主。㉖
>
> 窺孔子之言，以及其盛讚堯舜禪讓與盛德，則其所謂「天下為公，選賢與能」，似不當只限於治權方面，亦必擴及政權方面。
>
> 大道之行，政治方面，政權治權皆天下為公，選賢與能，經濟方面，則求均平。然不能單限於政權與經濟而言之，而必有普遍的德化以實之，而且其言政治與經濟，亦是以普遍的德化意識為根據。㉗

　　文中釐清大同之政治理想，認為必兼政權與治權而言。孔子讚賞堯舜禪讓與盛德，政治重視求賢，及經濟注重均平，在《論語》中亦多所記載㉘。故孟子言必稱堯舜，又言「保民而王」、「明君制民之產」㉙，可見在政治及經濟層面，符應大同社會之理想。惟更關鍵者，必須以普遍的道德教化意識做為基礎，始真能實踐之。而在實行

---

⑤ （明）王夫之：《禮記章句》（《船山全書・四》）（長沙：嶽麓書社，1991），頁537。

㉖ 牟宗三：《政道與治道》，頁10。

㉗ 牟宗三：《政道與治道》，頁11。

㉘ 《論語・季氏》：「丘也聞有國有家者，不患寡而患不均，不患貧而患不安。蓋均無貧，和無寡，安無傾。」引自（宋）朱熹：《四書章句集註》，頁170。

㉙ 《孟子・梁惠王上》，分別引自（宋）朱熹：《四書章句集註》，頁207、211。

上，則「禮」最爲關鍵。牟宗三先生曰：

> 夏商周三代，只能爲小康之局。實則此只是人文歷
> 史開始具定形之發展。在此發展中，有禮以運之。
> 故下文言「禮之急」，言禮之最高意義及作用。此
> 不但是言禮本身之進化，而實是由禮之運以觀歷史之
> 發展也。禮代表人之精神，理想以及人類之價值觀
> 念。如是，禮之運即是歷史之精神表現觀也。即以精
> 神表現，價值實現，解析歷史也。「大同」實可說是
> 在禮運之歷史發展中要逐步實現之理想。今置於歷史
> 之開端，故於言三代小康之局時，措辭稍有不妥，或
> 令人有可誤會之處，此即「謹於禮」一句之所表示
> 者。……禮是整個歷史發展中之常數。並非「大人世
> 及以爲禮，城郭溝池以爲固」之時代，始特別顯出禮
> 之急與用也。縱在天下爲公，選賢與能，政權治權皆
> 民主時，禮亦須急，亦須謹。縱天下爲公矣，而不謹
> 於禮，則大同隨時可喪矣。[30]

　　牟先生認爲一方面禮本身在進化中，另一方面，從禮之運用推
行，可藉以觀照歷史發展中之精神表現、價值理想之實現。上文中剖
析〈禮運〉篇名之義甚當，禮之運即是歷史之精神表現觀，原來在大
同之始，禮即伴隨文明俱生，屬於整個歷史發展中之常數，牟先生認
爲問題是〈禮運〉大同、小康之對比下，將「謹於禮」歸於小康之論
述中，有其弊端，因爲，若不謹於禮，則大同也不可能存在。

　　大同之理想懸置於歷史之開端，正如前節所言，託古立象，寄寓
文化之價值理想於其中。孔子即視堯舜之精神人格爲聖王典型，作爲

---

[30] 牟宗三：《政道與治道》，頁12-3。

後世嚮慕效法之目標。唯牟先生認爲〈禮運〉及後繼之孟、荀，於政權之反省仍有不足。曰：

> 託於堯舜之大同只是一普泛空懸之理想，常脫離人之意識，置之而不問，而其中之概念義理亦不復能起鑑照之作用，故後人言及政權之世及與更替，亦不復能起鑑照之作用，復不能就政權之世及與更替以審辨此中諸概念之何所是以及其所函蘊之一切。此中國前賢對於政權之反省，對於政道之建立，始終不足之故也。此未可專以歷史條件之備不備而辨，而思想義理之不轉彎，撐不開，亦正是其主要原因根本徵結之所在。故自禮運記述孔子大同小康之義後，（禮運可晚出，而其義必有傳授。）孟荀俱大儒，而對於政權政道之反省終不及。[31]

前賢之大同理想既空懸，而小康中政權之世及與更替，亦未能審辨其內涵，則無法在歷史上對後人起鑑照之作用，即以孟、荀之大儒，對於政權政道之反省亦終不及，因此牟先生慨歎中國學人對於政權之反省，及對於政道之建立，所以始終不足也。牟先生曰：

> 政權者籠罩一民族集團而總主全集團內公共事務之綱維力也。（集團範圍之大小隨時代而異，而政權所及必同其外延。）
> 依「天下者天下人之天下」一觀念，政權爲一民族集團所共有。……既已打而取之矣，歪曲之事已成，因爲現實歷史不能全合理，然學人思想家不能認識「天

---

[31] 牟宗三：《政道與治道》，頁12-3。

下人之天下」以及政權兩概念之本性及意義,且不能就之而開出義理之規模,則當然是思想史上一大缺憾。此種認識「形式的實有」之思考路數,中國學人甚欠缺。

政道者政治上相應政權之為形式上的實有,定常的實有,而使其真成為一集團所共同地有之或總持地有之之「道」也。……實現政權之為政權,政道乃必須者。此道即政權與治權分開之民主政治也。依是,無論封建貴族政治,或君主專制政治,皆無政道可言。[32]

　　以上二段分論政權與政道,政權是國家內部公共事務之綱維力,政道則相應於政權,而為形式上之實有。實現政權之為政權,政道乃必須者。因此,政道應即是政權及治權分開之民主政治,但此種思維正乃前哲所欠缺者。牟先生曾考察西方的自然法與人權運動,從斯多亞派到西塞羅、聖多瑪,以迄近代霍布斯、洛克、盧騷,找出其間共通性是對階級的不平而發:「衝破階級的限制,爭取權利上的自由平等,以實現正義公道於現實的人間之『先在的設準』。……它在政治上已表現了理想與創造的作用。此即人權運動與近代民主政體之建立。」[33]牟先生藉此期許中國未來能轉出理性之外延表現,由精神的存在進而為一「權利主體」的存在。唯中國雖無政權上之民主,而治權上之民主,早已有之。牟宗三先生曰:

名曰貴族政治,然庶民可通過士而參與治權,則即階級限制不嚴。……若還以為不足,則非治權上之問題,因治權上必須有道德知識才能也。乃為表恒常之

---

[32] 牟宗三:《政道與治道》,頁19-21。
[33] 牟宗三:《政道與治道》,頁154。

　　政權上之問題。是故民主有從治權而言，有自政權而言。從治權言，則中國已甚民主矣。自政權言，則不足也。吾人所謂中國無近代化之民主，無西方式之民主，即指無政權上之民主而言也。而民主之本質，及重要關鍵所繫，惟在自政權上言，此步轉進甚難。㉞

　　國家既爲全體人民所共有，則以往之封建貴族政治，及君主專制政治，皆無政道可言。唯本節開始云孔子稱讚堯舜禪讓及盛德，又政權治權大同理想是「天下爲公，選賢與能。」已擴及政權，不只限於治權，且有普遍的德化以實之。則可謂道統說之理想層面已然確立，其實踐層面乃可得而言。

三、《禮記》「道統」義之實踐層面

（一）道德宗教之成立

　　儒家德性之學富含宗教意識，即以神道設教㉟建立價值層面之立體生命，以宗教精神，祭拜天地祖先聖賢之心意而言，則重視報本反始之義，《禮記・祭統》曰：「凡治人之道，莫急於禮。禮有五經，莫重於祭。夫祭者，非物自外至者也，自中出於心也；心怵而奉之以

㉞ 牟宗三：《歷史哲學》（臺北：臺灣學生書局，1978），頁47-8。

㉟ 王船山解《周易》「觀，天之神道，而四時不忒，聖人以神道設教，而天下服矣。」論曰：「天以剛健爲道，垂法象於上，而神存乎其中：四時之運行，寒暑風雷霜雪，皆陰氣所感之化，自順行而不忒，以身設教，愚賤頑冥之嗜欲風氣雜然繁興。」意即借天道化育萬物之妙運作用，稱爲神道，以體現天道之繁興大用，由是創制立教，制定祭禮以溝通天人，安頓人情。參見（明）王夫之：《周易內傳》（《船山全書・一》）（長沙：嶽麓書社，1996），頁201。

禮，是故唯賢者能盡祭之義。㊱」原來古者聖王明君之治理人民，以禮最為切要，而諸禮之中又以祭禮最為重大。而其間尤重視出自內心之感動，而始以禮奉持之。又〈中庸・第十九章〉曰：

> 子曰：武王周公其達孝矣乎？夫孝者，善繼人之志，善述人之事者也。春秋，修其祖廟，陳其宗器，設其裳衣，薦其時食。宗廟之禮，所以序昭穆也……郊社之禮，所以事上帝也；宗廟之禮，所以祀乎其先也。明乎郊社之禮，禘嘗之義，治國其如示諸掌乎。㊲

以上言武王時周公制禮作樂，奠定周文的基礎，以宗法及封建制度，構成天下國家為諧和之整體，以孝祭典禮，通連人我祖先天地萬物為一體。此中寓含有極深刻的文化精神，有一文化理想作為民族趨附的目標。牟宗三先生極贊賞〈中庸・第十九章〉曰：

> 此整段，即為周文之綜括。而由以言「達孝」、「孝之至」，即謂此周文有一幅超越精神以貫注。通本末，徹費隱，貫內外，而為一諧和之整體。惟其通體是文化生命，故於一一禮儀皆能通其豐富之意義，而無一可廢。惟因其滿腔是文化理想，故於一一威儀皆能洞曉其象徵精神之指點，而無一可離。㊳

君子成德之教，必明其根本，重視祭祀天地祖先之禮，一方面因先祖與天地是吾人生命之始源，故儒家重視「報本反始」之義，藉以啟導人之宗教情懷，乃至超越意識之祈嚮，有助於人對天道性體有所

㊱ （明）王夫之：《禮記章句・祭統》（《船山全書・四》）（長沙：嶽麓書社，1991），頁1145。

㊲ （宋）朱熹：《四書章句集註》，頁27。

㊳ 牟宗三：《歷史哲學》（臺北：臺灣學生書局，1978），頁90-1。

體會。另一方面，祭禮亦可使民德歸厚，上下一心，治國甚易。《禮記·祭統》及《禮記·郊特牲》亦有義旨相似之文字曰：

> 禘嘗之義大矣，治國之本也，不可不知也。明其義者，君也；能其事者，臣也。不明其義，君人不全；不能其事，爲臣不全。
> 是故君子之教也，必由其本，順之至也，祭其是矣！故曰：祭者，教之本也。[39]
> 萬物本乎天，人本乎祖，此所以配上帝也。郊之祭也，大報本反始也。
> 社所以神地之道也。地載萬物，天垂象，取財於地，取法於天，是以尊天而親地也。故教民美報焉。家主中霤，而國主社，示本也。唯爲社事單出里，唯爲社田國人畢作，唯社邱乘共粢盛，所以報本反始也。[40]

郊爲祭天，社爲祭地之禮；禘、嘗皆爲祭先祖之禮。禘爲天子在宗廟中之大祭，五年一祭；嘗爲每年秋天一祭。祭之事係爲盡仁孝，通幽明。孝子之情，事亡如事存，不能自已。故君子之教，盡其愛敬，則足以感召人民。〈禮運〉曰：

> 故先王患禮之不達於下也，故祭帝於郊，所以定天位也；祀社於國，所以列地利也；祖廟所以本仁也；山川所以儐鬼神也；五祀以本事也。故宗祝在廟，三公在朝，三老在學，王前巫而後史，卜、筮、瞽、侑皆在左右，王中，心無爲也，以守至正。[41]

---

[39] （明）王夫之：《禮記章句·祭統》，頁1164、1156-7。

[40] （明）王夫之：《禮記章句·郊特牲》，頁642、635-6。

[41] （明）王夫之：《禮記章句·禮運》，頁567。

以上言祭祀天地、祖先、山川、五祀等各種禮儀，均有助於人神之治，先王本天道以治人情，典修官備禮而敬以行之，而人心乃得以豁醒，溝通天人關係。王則居中，無爲而治。有如《論語・衛靈公》載孔子曰：「無爲而治者，其舜也與！夫何爲哉？恭己正南面而已矣。[42]」亦符合此文中王者之無爲而治。牟宗三先生曰：

> 由其文化生命文化理想而觀其文化意義，則郊社之禮，所以通天地，由此而印證絕對精神，禘嘗之禮，所以祀先也，由此而貫通民族生命；尊個人祖先，民族祖先，則民族生命即是一精神生命，由此而印證客觀精神。精神，在周文之肯定中，全體得其彰著，見其通透，絕對精神不是隔離懸掛在天上，而是與地上一切相契接，與個人生命，民族生命相契接。其根於仁而貫通著禮所印證之絕對精神，是一充實飽滿之絕對，故吾曾謂孔子之教是盈教，而釋迦耶穌皆離教也。[43]

以上說明儒教爲盈教之意義，天人合一印證絕對精神，尊祖敬宗之民族生命印證客觀精神，個人修德踐仁印證主觀精神，則此通透的生命精神，因根於仁而貫通著禮而印證於絕對精神，是充實飽滿的文化生命。

（二）從生命禮儀導養德性人格

生命禮儀係藉由冠、昏、喪、祭等儀式，令人感知從生到死的過程中，生命的價值意義與歷史的莊嚴感，並延伸生命意義於無限。

---

[42] （宋）朱熹：《四書章句集註》，頁162。

[43] 牟宗三：《歷史哲學》（臺北：臺灣學生書局，1978），頁91。

深刻體會人與天地祖先聖賢通連爲一體，可以培養歷史意識及宗教情懷。時時眞誠修身踐仁成德，及落實愼終追遠，民德歸厚的意義。如《禮記》中之〈冠義〉、〈昏義〉、〈祭義〉、〈喪服四制〉、〈三年問〉諸篇均富含此深意。〈昏義〉曰：「夫禮始於冠，本於昏，重於喪祭，尊於朝聘，此禮之大體也。④」可以扼要勾勒諸禮的各別特性及意義。〈冠義〉曰：

> 成人之者，將責成人禮焉也。責成人禮焉者，將責爲人子、爲人弟、爲人臣、爲人少者之禮行焉。將責四者之行于人，其禮可不重歟！故孝弟忠順之行立而后可以爲人，可以爲人而後可以治人也。故聖王重禮。故曰：冠者，禮之始也，嘉事之重者也。是故古者重冠，重冠故行之於廟。行之於廟者，尊重事而不敢擅重事。不敢擅重事，所以自卑而尊先祖也。⑤

人之所以爲人，在於能實踐孝弟忠信之禮行，符合父子、兄弟、君臣、長幼等人倫之禮。能如是，方可視爲成人，立足於社會，修己安人。其次，冠禮於宗廟中舉行，重視尊祖敬宗。也表示自我謙抑，不敢專斷擅行，而養成君子人格。〈昏義〉及〈郊特牲〉曰：

> 敬、愼、重、正，而后觀之，禮之大體，而所以成男女之別，而立夫婦之義也。男女有別而后夫婦有義，夫婦有義而后父子有親，父子有親而后君臣有正。故曰：昏禮者，禮之本也。
>
> 是故婦順備而後內和理，內和理而後可長久也。故聖人重之，是以古者婦人先嫁三月，祖廟未毀，教於公

---

④ （明）王夫之：《禮記章句‧昏義》，頁1151。

⑤ （明）王夫之：《禮記章句‧冠義》，頁1507-8。

宮，祖廟既毀，教於宗室，教以婦德、婦言、婦容、
婦功。⑯

天地合而後萬物興焉，夫昏禮，萬世之始也，取於異
姓，所以附遠厚別也。幣必誠，辭無不腆，告之以直
信。信，事人也，信，婦德也。壹與之齊，終身不
改，故夫死不嫁。男子親迎，男先於女，剛柔之義。
天先乎地，君先乎臣，其義一也。執贄以相見，敬章
別也。男女有別，然後父子親，父子親，然後義生；
義生然後禮作；禮作然後萬物安。無別無義，禽獸之
道也。⑰

　　昏禮是所有禮儀之根基，是人類文化生命之起點，也是國家社
會各種關係穩固的基礎。〈中庸〉曰：「君子之道，造端乎夫婦。」
婚禮可說是立身之道及承上啓下的開始。昏禮過程重視誠信，親迎奠
鴈敬愼鄭重，明示男女有別，立夫婦之義。期能親和團結，使父子間
親愛篤厚，上下各安其位。婦女和順則家族可長可久，在親族縱向方
面，夫婦對上要同心協力，奉事宗廟祭祀、父母及親屬長輩；對下則
創造繼起之生命。在社會橫向方面，加強不同家族間連繫，所以「厚
遠附別」，增進社會的團結力。〈祭義〉曰：

　　子曰：氣也者，神之盛也；魄也者，鬼之盛也，合鬼
　　與神，教之重也。眾生必死，死必歸土，此之謂鬼。
　　骨肉斃於下，陰爲野土。其氣發揚於上，爲昭明，焄
　　蒿淒愴，此百物之精也。因物之精，制爲之極，明命
　　鬼神，以爲黔首則，百眾以畏，萬民以服。聖人以是

---

⑯　（明）王夫之：《禮記章句·昏義》，頁1511-3。

⑰　（明）王夫之：《禮記章句·郊特牲》，頁656-7。

> 爲未足也，築爲宮室，設爲宗祧，以別親疏遠邇，教
> 民反古復始，不忘其所由生也。眾之服自此，故聽且
> 速也。⑱

　　從氣與魄之聚散與盛義，說明鬼神之來由；又從人之神與萬物
之精，說明祭祀時以此憑藉，設爲禮儀，以使百姓畏服。結合宗法制
度，以祭祖祀先之禮制，延伸人的生命之客觀精神，作爲人文之教的
作用。這一套鬼神觀及祭典的設計，有助於民德歸厚之作用，主要在
於啓導人民「反古復始」的精神祈嚮，安定人的生命。

　　喪禮上也表現禮制的精神須順應自然法則，如〈喪服四制〉
云：

> 凡禮之大體，體天地，法四時，則陰陽，順人情，故
> 謂之禮。訾之者，是不知禮之所由生也。夫禮，吉凶
> 異道，不得相干，取之陰陽也。喪有四制，變而從
> 宜，取之四時也。有恩，有禮，有節，有權，取之人
> 情也。恩者，仁也；禮者，義也；節者，禮也；權
> 者，知也。仁義禮知，人道具矣。⑲

　　「禮之大體」意即：禮的大義必須根據天地自然，包括取法四
時變化，仿效陰陽法則；而另外亦必須順應人類感情，從人情出發，
「有恩，有禮，有節，有權」，意即有感情、有理性、有節限、有方
便之處，而實即取適於人心中「仁、義、禮、智」的良知良能，而有
健全人格。因此，表現性情之正，其極致亦莫非天理。由上可見禮是
順應自然法則而來，關聯著心性之學，目的在使天下萬事合乎道理，
並且培養健全人格。

---

⑱　（明）王夫之：《禮記章句・祭義》，頁1119-21。

⑲　（明）王夫之：《禮記章句・喪服四制》，頁1557-8。

四、《禮記》「道統」義在政治、教育措施之實踐原則

（一）理想政治實踐之大原則

　　中國傳統政治自周文禮樂之實施，自始即以理想貫通政治之運用爲綱領，周代開始雖封侯建國，武裝開墾殖民，但因力行禮樂制度，宗法之家庭制及等級之政治制，社會凝合爲一體，故並未走向經濟特權的階級社會。牟宗三先生曰：

> 周之社會爲宗法社會，政治爲貴族政治，經濟爲井田制。總括之，觀其現實社會生活之全體，爲氏族共同佔有被征服氏族共同體。提綱挈領，觀其動進之形成，則爲封侯建國，武裝開墾殖民。……其始也，爲征服，爲佔有，而既征服佔有以後，不向經濟特權之階級社會而趨，而急亟于制禮作樂，形成宗法之家庭制，等級之政治制，（所謂周文），則其自始即以理想貫通政治，以政治運用穩定社會，封侯建國，而統一天下，無疑，以理想之貫通于政治運用爲綱領，此一事實之凸出，誠爲中國歷史發展形態之特徵。[50]

　　以上言中國歷史發展形態之特徵，奠基於周代之宗法社會，貴族政治與井田制。總體而言，乃以理想貫通於政治運用爲綱領，周文禮樂，形成宗法之家庭制，有穩定社會之效。

　　孔子論三代之因革損益，「行夏之時，乘殷之輅，服周之冕。」及「殷因于夏禮，所損益可知也。周因于殷禮，所損益可知

---

[50] 牟宗三：《歷史哲學》，頁23。

也。其或繼周者，雖百世可知也。[51]」從其中的理解及見識，可以感知孔子的文化意識，歷史意識之深刻。漢人解析爲「夏尙忠，殷尙質，周尙文。」視此爲文質三統，牟宗三先生言：

> 須知由親親而至尊尊，由篤母弟而至篤世子，是歷史一大進步，此一進步，至周始完備。……何以言周文？傳子不傳弟，尊尊多禮文，兩句盡之矣。周公損益三代，制禮作樂，孔子稱之爲文。
>
> 孔門觀歷史，自始即以親親尊尊爲法眼，（由此轉進而至仁義），而以歷史精神文化意識爲歷史之骨幹也。……綜括言之，尊尊之義，即義道之表現。亦即客觀精神之出現。凡公私之辨，分位之等，皆義道也，亦皆客觀精神也。此周文之所以稱爲吾華族歷史發展之一大進步處也。[52]

以上言周文禮樂制度，由母系轉至父系社會，由篤母弟轉至篤世子。故周文乃以尊尊親親爲法眼，再轉進至仁義，因尊尊爲義道。《禮記・大傳》曰：

> 上治祖禰，尊尊也。下治子孫，親親也。旁治昆弟，
> 合族以食，序以昭穆，別之以禮義，人道竭矣。[53]

「上治祖禰」，其中祖是指大祖之始廟，廟號不遷最尊者爲祖，禰是指父廟。「下治子孫」即是分封子孫以表現親親之意。「旁治昆弟」指立大宗，並在廟中舉行旅酬之禮，又親疏貴賤以昭穆加以

---

[51] 以上二則分見《論語・衛靈公》及《論語・爲政》引自（宋）朱熹：《四書章句集註》，頁163-4、59。

[52] 牟宗三：《歷史哲學》，頁30-1、33。

[53] （明）王夫之：《禮記章句・大傳》，頁827。

序列，譜序不紊亂踰越，使禮義有別，人倫之道盡表現於此。末句
「人道」即立人之道，藉以別於禽狄。總之，藉尊尊、親親而推行禮
之秩序，及理之恰當。以建立大宗之法，上治下治，雖在百世，疏通
無遺。〈大傳〉續曰：

> 聖人南面而聽天下，所且先者五，民不得與焉：一曰
> 治親，二曰報功，三曰舉賢，四曰使能，五曰存愛。
> 五者一得於天下，民無不足、無不瞻者。五者一物紕
> 繆，民莫得其死。聖人南面而治天下，必自人道始
> 矣。
> 立權度量，考文章，改正朔，易服色，殊徽號，導器
> 械，別衣服，此其所得與民變革者也。其不可得變革
> 者則有矣，親親也，尊尊也，長長也，男女有別，此
> 其不可與民變革者也。[54]

以上二則，前一則為聖王治天下之前，須先注意為人民著想之五
事，一是訂立親屬關係，五是省察所親愛之人，此二者屬親親仁民之
倫理與仁愛精神。二是報酬有功之人，三是選拔賢德之人，四任用有
才能者，則著重在建構任事者之典範，發揮治事之效果。此五者於治
民之前準備好，乃以民為本之道，謂之人道，則可收「無為而治」之
效果。後一則指宗法關係即在今日，仍可退處於家族自身而為社會之
基層。故牟先生曰：

> 宗廟社稷，親親尊尊，仁與義，此為一基層之系統，
> 生命之根以及親和性俱由此出。而國家政治法律亦均
> 直接紐結于其上而為直接之顯示。
> 宗法之家庭制不可得與民變革，縱可變革，乃變其與

---

[54]（明）王夫之：《禮記章句·大傳》，頁828-9。

其他事物（如國家政治等）之關係形態，而其自身不
可廢也。⑤

由上可知周文之形成與宗法社會，影響至今日。仍可肯定家庭
為社會基層，係因生命之根源，透過宗法制度之執行，得其穩固安頓
而有親和之效。可見孝弟之道，愛敬之實，是倫理中不可變之道德修
養，而舉賢、使能、報功、存愛是治國之前須加以注重之要領。又如
《禮記·祭義》曰：

> 立愛自親始，教民睦也。立敬自長始，教民順也。教
> 以慈睦，而民貴有親；教以敬長，而民貴用命。教以
> 事親，順以聽命，錯諸天下，無所不行。⑥

以上言教導人民教弟之道，而以愛敬盡之。保民而王者，不只身
負治國大任，同時也須作萬民表率，故須以身作則，以孝弟之德統領
天下國家之治，立愛敬於天下。自己先親其親，先敬其長，則人民自
亦仿效而愛親敬長，收上行下效之功。

（二）從教育層次陶養君子人格

孔子著重教育教化，但對政治仍有相當大的關注，因政治機構有
其客觀分位及事務，以孔子正名思想言，政治上分位之等級，有其客
觀意義，對應價值之層級。故孔子在目睹魯國之僭禮時，不無慨歎。
政治上之缺失，一時難挽，亦無從著力；至於在教育方面，才是有志
之士提升人格以企及神性之最佳方法。而政、教分途，不可混雜，此
牟宗三先生評〈禮運〉中魯之僭禮曰：

---

⑤ 牟宗三：《歷史哲學》，頁38-9。

⑥ （明）王夫之：《禮記章句·祭義》，頁1114-5。

自政治機構言，則分各有當務，其禮不可僭。自教育教化言，自人之覺悟言，人人皆可與神通，致其虔誠敬畏之心于超越之天理。此兩層不可混，所以有自社會言，有自個人人格發展言，有自政治典禮言。所謂僭者自政治典禮言也。分位等級保，則價值層級保。自人格而言之，則人之道德智慧，亦層層向上而擴大。人必須超越其「形限」以上升，由較低之價值層，升至較高之價值層，最後升至與神接與天通。高低以何判？以物化之深淺判，以精神之隱顯判。[57]

儒家學術本質是教化的，重視政治與教育分途，著重從教育提撕人之覺醒，尤其孔子循循善誘，誨人不倦。孟子重視自律道德，以仁心規定善性，存養擴充，知言養氣，而有人格光輝，美大聖神之境界。牟宗三先生言：

中國歷史，發展至孔子，實爲反省時期。此種反省，吾人名曰人類之覺醒。就史實言，亦曰歷史發展之點醒，意義乃顯，意義顯，則可以明朗過去之潛在，並可垂統于來世。此意義古人所謂「道」也。此道之函義即爲上所說之一、仁義並建之主動的理性，由人性通神性所定之理性，二、即此歷史文化之肯定，視歷史文化爲實現「道」者。[58]

此段文字已揭出道統義之內涵，由內則有仁義並建之道德主體性，此理性可上通於神性。由外則對歷史文化之肯定，視其爲道之實踐場域，有禮意運行於其間。由歷史中看出光明之所在，點醒人類趨

---

[57] 牟宗三：《歷史哲學》，頁43。

[58] 牟宗三：《道德的理想主義》（臺北：臺灣學生書局，1985），頁6。

赴之目標，在於繼承此道統，垂範於後世。牟先生曰：

> 原儒家學術之所以爲常道，乃因其本質爲教化的，而
> 其所以爲教化之本質，則在主重提撕人之覺醒，（從
> 現實推移中覺醒）。自孔子之爲素王起，君師兩系即
> 已分途。此如耶穌之謂其國在天上不在地下同。孟子
> 曰：「君子所性，雖大行不加，雖窮居不損，分定故
> 也。」又謂：「君子所性，仁義禮智根于心，盎于
> 背，睟于面。」足見儒學中心自有所在。儒家言學，
> 以此爲宗，實欲在現實混沌之中透露一線光明，而爲
> 現實之指導，人類之靈魂。故其在現實社會中之作用
> 與價值，常居于指導社會，推動社會之高一層地位，
> 而不可視爲成功某事之某一特殊思想也。⑲

上文所引孟子之言，頗爲切當，君子之人格由道德心靈貫注到形
軀氣質，其價值根源即創造性心靈。本心善性的不因外在環境而影響
其價值。而其在現實社會中之作用與價值，常居於指導地位，推動社
會向上。而實則在《禮記》中亦多記錄孔子及其高弟之言。

不同於孟子心性之學爲盡心知性知天，從內到外，從人到天的道
德實踐規模，〈中庸〉的道德形上學，係由天到人，下貫而爲人性，
建立率性修道之教育方法，及致誠盡性的實踐工夫。〈大學〉以三綱
八目作爲橫通內外的弘規，其誠意慎獨，是本於盡己之忠而言；其言
治國平天下，是本於推己之恕而言。合而言之，〈大學〉及〈中庸〉
內容弘闊，爲橫通內外，縱貫天人的思想系統。

〈禮運〉則重在論人情及禮義之實踐，以求天道人情之通貫，以
致人人皆能以仁心通流。至於〈樂記〉則闡揚禮樂合德的社會文化理

---

⑲ 牟宗三：《道德的理想主義》，頁7。

想，藉以移風易俗，導養人之善性。統合以上四篇，可謂是《禮記》核心篇章。

以上為《禮記》思想內涵中，具道統義之代表，其中也涉及政治層面之理想及實施步驟，教化之內涵及實踐，可謂學統、政統均包含在內。

五、結語

「道統」之義，實即「德性之學」之傳統，其中自應包含「學統」及「政統」之義。唯中國文化生命，內在而觀之，學術及政治均有其困限，未能開展出知識之學來。政治運作及文化生命只能以構造的綜合方式，曲折的持續中開展。因此，統攝於心性實學之下，政道及事功如何轉出「架構表現」及「外延表現」的問題，值得深思。

道統義之理想層面，為堯舜二帝及大同之理境。孔、孟稱揚堯舜之禪讓政治，實為託古立象，將政治之高遠理想置於歷史之開端。又政權是國家內部公共事務之綱維力，政道則相應於政權，而為形式上之實有。實現政權之為政權，政道乃必須者。因此，政道應即是政權及治權分開之民主政治，而未來期能衝破階級的限制，爭取權利上的自由平等，以實現正義公道於現實人間；期許每一個人皆是一享有權利的主體，但此種思維正乃前哲所欠缺者。

道統義之實踐層面，係從孝祭之禮及生命禮儀的宗教意識、道德意識，省察其道統義。君子成德之教，重視祭祀天地祖先之禮，一方面因先祖與天地是吾人生命之始源，重視「報本反始」之義，藉以啟導人之宗教情懷，乃至超越意識之祈嚮，有助於人對天道性體有所體會。另一方面，祭禮亦可使民德歸厚，上下一心，治國甚易。

政治及教育層面之實踐原則，中國歷史發展形態之特徵，奠基

於周代之宗法社會，貴族政治與井田制。以理想貫通於政治運用爲綱領，周文禮樂，形成宗法之家庭制，有穩定社會之效。因家庭爲社會基層，生命之根源，透過宗法制度之執行，得其穩固安頓而有親和之效。不但孝弟之道，愛敬之實，是倫理中不可變之道德修養，而舉賢、使能、報功、存愛也是治國所須注重之要領。另外，儒家學術本質是教化的，重視政治與教育分途，著重從教育提撕人之覺醒，尤其孔子循循善誘，誨人不倦。孟子重視自律道德，以仁心規定善性，存養擴充，知言養氣，而有人格光輝，美大聖神之境界。

　　《禮記》成於漢初，總結之前四百年間儒家學派相關文獻，爲孔子及其繼承者之思想精華。不但兼綜孔、孟、荀之學理，其間亦蘊涵理想政治藍圖之設計，宗教祭祀之超越意識，生活禮儀，教育、文化與政治社會生活凝合之方法，復有理想人格之培育及養成。重要思想篇章十餘篇，均極具研究價值，且篇旨均可幅湊於「內聖成德之教」，尤其重視落實於人格生命之培養與昇進，以及實踐禮樂文化於生活、生命之中。總之，「道統」義之理想與實踐，及政、教二端之設計與實施，均蘊含於《禮記》之中，值得參酌汲取其精華。

貳

《禮記》政治思想之形上原理及其開展①

一、前言

　　自孔子上承華夏文化及周公禮樂，賦予仁心之源頭活水，奠定儒學之方向。復經由七十子後學及孟、荀的開展，以迄漢初儒家經典之確立，約四百年間之儒家學者，其人研究禮樂文化之學術業績，吾人應可從《禮記》中窺其大要。

　　古代王者之治理天下，不過政、教二端，而儒者自孔、孟以降，窮則獨善其身，達則兼濟天下，可以推知《禮記》內容大皆與政治及教化相關。歷代較受重視之《小戴禮記》四十九篇中，過半為有關禮事儀文制度之記載，然而其間探討學術思想者仍有十餘篇②，分別從不同側面探討政治及教化之思想內涵。本文即著重從政治思想的

---

① 本論文原刊載於：《經學研究集刊》，第13期，2012年10月，頁99-122。先前在2012年5月13日宣讀於高雄師範大學主辦：第二屆中華經學國際學術研討會，經修改後發表。

② 有關《禮記》內容的分類，並無定說。較合理而值得參考者，例如：高明：《禮學新探‧禮記概說》（臺北：臺灣學生書局，1984），頁81-90。綜合整理劉向、吳澄、梁啓超、蔣伯潛等諸家分類之優缺點，提出通論、通禮、專禮三大類，各大類下又分不同層次，予以區隔。其中「通論」之下分為二類，一是通論禮意的〈禮運〉、〈禮器〉、〈郊特牲〉、〈經解〉、〈哀公問〉、〈仲尼燕居〉等六篇；二是通論與禮有關的學術思想的〈孔子閒居〉、〈樂記〉、〈學記〉、〈大學〉、〈中庸〉、〈坊記〉、〈表記〉、〈緇衣〉、〈儒行〉等九篇。以上合計十五篇，係以學術思想的探討為主要內容。

層面予以探討。

《禮記》的政治思想，頗爲精微深刻而豐富，散見全書諸多篇章；眾所周知者，例如〈大學〉提出三綱八目，展開以修身爲本的內聖外王之弘規。再如〈中庸〉藉由率性修道，致誠盡性的道德實踐，達成中和位育、通貫天人的理想境地，建構一套嚴整的道德形上學③。又如〈禮運〉從歷史哲學的角度，揭出大同、小康，分述政治理想及實際作爲；即藉禮制儀文以上承天道，下治人情；達成「以天下爲一家，中國爲一人」的理想世界。或者如〈樂記〉從文化哲學的角度析論音樂的特質，及禮、樂、刑、政四達而不悖之落實運用；達到移風易俗，禮樂合德的政治理想。其他如〈王制〉係從封建體制的教化立場，表現「教本政末」的原則，及「政立而後教可行」的制度安排：提出興學教民、選賢簡不肖、養老恤孤等具體德化措施。至於教化層面，則如〈學記〉係從王者建國君民教學爲先，及化民成俗的立場，敘論教育目標及教學原則、教育方法等。另如近來因郭店楚簡出土而受重視的〈緇衣〉，其與〈表記〉、〈坊記〉之文，實爲姊妹篇，探討仁義之道在修己治人方面的運用，因此，綜合以上諸篇所論，已可以概見《禮記》政治思想之精采深刻及其重要性，而歷來學界與此有關研究成果，亦頗爲豐盛。

《禮記》政治思想之探討，本來就有諸多研究進路，本文考量從系統性入手，縱通天人及橫通人我，筆者認爲其實〈哀公問〉、〈仲尼燕居〉、〈孔子閒居〉三文，亦呈現一套周延完整，而又具系統性

---

③ 本文立場贊成王船山的觀點，視〈大學〉、〈中庸〉二文為《禮記》全書之體，而全書亦皆為此二文之大用流行。然而自朱子作《四書章句集註》，表彰〈大學〉、〈中庸〉二文之價值，使其自《禮記》原書割出來而獨立成書，致後代研究《禮記》之學者，大多未再與原書作關連性之研究，筆者認為研究《禮記》之政治思想，仍不應忽視此二文之關鍵地位，故於論述中時加引述，作為參證。參見王船山：《禮記章句·中庸》（長沙：嶽麓書社，1991），頁1245。

的政治思想，值得一探究竟。故本文之研究意圖，即嘗試從此三文所蘊藏之形上原理入手，繼言其如何開展運用。爲集中論述焦點，除了一方面作文獻分析，深入闡釋，以作爲主要立論依據；另一方面並於論述過程中，隨時與《禮記》全書相關思想義理，相互印證。其後復統合此三文之要旨，釐析其間重要觀念，及其思想系統之關連。此外，亦參酌引證《論語》、《孟子》、《易傳》等儒學重要經典，及後代學者之研究，藉以說明「禮」在政治思想的層面上，運用之意義及具體功用。

考察〈哀公問〉、〈仲尼燕居〉、〈孔子閒居〉三文之性質爲答問體，均由孔子擔任發言者之角色，或爲君臣問答，或爲師生對談。而問答內容，涉及禮學中政治思想的全面範圍，涵蘊豐富而完整。其文章眞僞於學界雖頗有疑議，不無後世學者增飾演繹之處，[④]但若視之爲西漢初年，儒學發展四百年之思想學術業績，則可無疑；其間所表述之政治思想，頗具系統性及完整性，實值得關注。

三文分而言之，〈哀公問〉爲君臣對答，表達儒家對於政治領導者之君王，上繼天道以維繫天人關係，及平治天下、安定黎民，所應表現之具體作爲。另〈孔子閒居〉、〈仲尼燕居〉二文均爲孔門師弟間之對話，前者爲孔子對子夏倡言領導者應通達禮樂之原；後者爲孔

---

④ 近來學者多認為此三文中孔子之言，原係由史官或弟子記載，其文與《大戴禮記》、《孔子家語》及上博簡〈民之父母〉等，多有重覆及文句相出入之處，但應是後世不同人之傳抄整理所致，但其中反映的應是孔子的思想無疑。詳參王鍔：《「禮記」成書考》（北京：中華書局，2007），頁25-45。筆者認為不宜直接視其全為孔子之言，因已摻入後儒增補之見解，然大致仍多為孔子之言，且不違孔子之意。例如：王船山說此三文「文詞繁縟，與《論語》、《易翼》為夫子之言者迥異，故論者疑為偽作。然《大戴記》亦載〈哀公問〉一篇，又其他篇夫子與哀公問答不一，體制皆與此篇相類，要其中正深切，非後儒之所能作，但當時坐論之際，以口說答問，門弟子遞傳而後筆之於書，則其演飾引伸，而流為文詞之不典者有之矣，固不可以其詞而過疑之矣。」參見王船山：《禮記章句·哀公問》，（《船山全書》第四冊）（長沙：嶽麓書社，1991），頁1179。

子回答子貢、子游、子張的論禮之言，即事顯理，表達誠中形外，盡理應事之道德弘規，其內涵有體有用，澈通古今上下內外，頗能表現儒學高明、博厚、悠久之思想特質。

在研究視角上，《禮記》政治思想之形上原理，或可從道器、體用、本末等關係，禮意與禮文之對比（即仁、禮二端），分析其形上原理；亦可從天人、性情、理事、禮政等範疇，探究其間內涵義蘊。因此，對於《禮記》中的〈大學〉、〈中庸〉、〈禮運〉、〈樂記〉等思想方面之核心篇章，必要時亦得適度徵引。原來政治思想涉及之層面頗廣，有關宗教祭祀、歷史文化，政教措施，社會教化，禮儀體制、倫理道德等各個層面均屬之。要言之，皆須以人之德養，作為出發點；亦即立足於仁心善性之根基，實踐人道，化導人情，安定人生，以上達天德。

在分別解析三篇文獻義理之餘，本文亦將總述此三文所共通之形上原理，約略可從四方面加以考察，其一是民本觀念之確立，因明君藉由禮治以仁民愛物，並以儉德自處；其間實有仁心禮意之貫注。其二是政教結構當中，五倫關係之安頓，以親親、尊尊為考量，必也正名，及仁者愛人為施政原則。其中禮與政二者相輔相成，具有本末體用關係。其三是宗教精神方面，超越意識之蘄嚮，禮以上承天道而治理人情，重視郊、祀、祭、喪等各種禮儀的實施；藉自強不息的人道實踐，上繼天道之亹亹。其四，統合以上三者之踐履執行，固須以領導者之修身、成身為本，而溯其根原於人人本具之天德良知，本心善性。而復因有此既超越又內在的，禮樂之原的肯定，方可下貫於廣遠的道德事業，並上企於高明之理境。

二、〈哀公問〉之思想內涵

〈哀公問〉為《小戴禮記》二十七卷，亦重複見於《大戴禮

記・哀公問於孔子第四十一》⑤。敘述魯哀公向孔子問政，孔子恭謹
而全面地回答「禮」在政治層面上的意義及其具體功用。即於君臣一
往一來地問答之間，展現儒學的最高政治原理與宗教、政治、倫理、
社會各方面的應有作爲及價值。

（一）民之所由生，禮爲大

〈哀公問〉內容大致分爲論禮、論政二大節，爲孔子回應魯哀公
之問答記錄，哀公提問曰：「大禮何如？」及「人道誰爲大？」孔子
回答之要點，分別爲「民之所由生，禮爲大。」及「人道政爲大。」
全文揭示孔子政治思想之弘旨，一者爲以禮安定人民生活，二者是以
施政作爲實踐之方，合而言之，禮爲立政之本。以下即分述此二論
題。〈哀公問〉記載：

> 哀公問於孔子曰：「大禮何如？君子之言禮，何其尊
> 也？」……孔子曰：「丘聞之，民之所由生，禮爲
> 大。非禮無以節事天地之神也，非禮無以辨君臣上下
> 長幼之位也，非禮無以別男女父子兄弟之親、昏姻疏
> 數之交也。君子以此爲尊敬然。然後以其所能教百
> 姓，不廢其會。節有成事，然後治其雕鏤文章黼黻，
> 以嗣其順之。然後言其喪算，備其鼎俎，設其豕腊，
> 修其宗廟，歲時以敬祭祀，以序宗族。即安其居節，
> 醜其衣服，卑其宮室，車不雕幾，器不刻鏤，食不貳
> 味，以與民同利。昔之君子之行禮者如此。」公曰：
> 「今之君子胡莫之行也？」孔子曰：「今之君子好
> 實無厭，淫德不倦，荒怠敖慢，固民是盡，午其眾以

---

⑤ 參看高明：《大戴禮記今註今譯》（臺北：臺灣商務印書館，1993），頁28-40。

伐有道，求得當欲，不以其所，昔之用民者由前，今之用民者由後，今之君子莫爲禮也。」⑥（《禮記章句·哀公問》，頁1180-2）

以上文字可析爲五層次，其意約言之，分別爲禮應崇尙，文質交成，喪祭收族，儉德養民，今日致敗之由等五項。

其一，孔子認爲禮是生活上與生命中最重要的憑依，而君子崇尙禮的原因，在於禮具有宗教上「節事天地之神」，政治上「辨君臣上下長幼之位」，及倫理上「別男女父子兄弟之親、昏姻疏數之交」等三方面凝結秩序的功能。文中所論，應是從「尊尊」、「親親」二角度予以解析，延伸之，則可處理喪祭典禮之天人關係，而歸其本於孝悌。

其次，透過禮文之儀節秩序，及衣裳器皿之區分所蘊含的正名思想，再以愛民爲前提，教育其面對五倫關係之客觀常軌，即可利導人情，達致化民成俗的效用。

其三，當政者化民成俗，還須提升人的心靈境界，安排精神生活，其具體方法即是透過喪祭禮儀以延伸孝道精神於無限，使人知所追慕、感懷先人德業，進而溝通天人，達到與無限者的相喻解、相感通。並體悟歷史文化中，精神生命的相續交流，超越己私而繼往開來。

從建立政教的觀點，結合倫理於政治之中，領導者愼重地執行喪祭典禮，報本返始，不忘其初，上行下效，可以啓導凡民「愼終追遠，民德歸厚。」⑦

---

⑥ 本文引述《禮記》原文所據版本，均採用王船山：《禮記章句》，（《船山全書》第四冊）（長沙，嶽麓書社，1991）。文中凡有引述，僅在引文後註明頁數，不另加註。

⑦ 《論語·學而》，參見（宋）朱熹：《四書章句集註》（臺北：鵝湖出版社，1996），頁50。

其四，孔子敘論王者以儉德自處之道，其理想人格「昔之君子」，應即是〈禮運〉所載小康六君子中之大禹。「菲飲食而致孝乎鬼神，惡衣服而致美乎黻冕，卑宮室而盡力乎溝洫。」[8]為百姓勤勞而不貪圖個人享受，也有孟子所言「與民偕樂」，「使民養生喪死無憾」，「明君制民之產」[9]之義。

以上為「親親而仁民」之義，延伸則有「仁民而愛物」之義，因禮文內蘊道德原理，君子於用物之際，不僅是要有惜物之心，而更須是了解所用器物的道德價值，此中道德價值仍須由人賦予及實現。故雖備具禮文，尤不可忘本，本則良知真心是也。此猶孔子回答「林放問禮之本」時，所謂「禮，與其奢也，寧儉；喪，與其易也，寧戚」[10]之意。

其五，用對比手法，說明當時為政者好利無厭，沈湎淫樂，迕逆眾心而窮兵黷武，希冀侵略之利以滿足欲望。正可反證小康六君子以禮治國，並以儉德固本的仁政措施。

（二）人道政為大

〈哀公問〉第二部分，記載哀公問：「人道誰為大」，孔子回說：「人道政為大」，人道是指在政治建構及社會生活中，當政者能設計出一套制度和規範，使人與人之間的情意能充分交感通流，並且能樹立人性尊嚴，表現人格價值之謂。如〈哀公問〉記載：

> 公曰：「敢問何謂為政？」孔子對曰：「政者，正
> 也。君為正，則百姓從政矣。君之所為，百姓之所從
> 也。君所不為，百姓何從？」公曰：「敢問為政如之

---

[8] 《論語・泰伯》，《四書章句集註》，頁108。

[9] 《孟子・梁惠王上》，《四書章句集註》，頁202-4。

[10] 《論語・八佾》，《四書章句集註》，頁62。

何？」孔子對曰：「夫婦別，父子親，君臣嚴。三者
正，則庶物從之矣。」（《禮記章句‧哀公問》，頁
1183）

延續前節所述正名思想，發明以正治國之意，孔子認爲政就是
正，爲政的關鍵在於當政者能夠修養自身，國君本身行得正，則百
姓以爲榜樣。以身作則，上行下效，故出令即有其客觀尊嚴而具公信
力，此如《論語》中記載，孔子回答季康子問政說：「政者，正也，
子帥以正，孰敢不正？」[11]又說：「無爲而治者，其舜也與？夫何爲
哉，恭己正南面而已矣。」[12]二者之意可相發明。

其次，申言正己而後正人的政治作爲自三綱始，夫婦有分限，
父子相親愛，君臣相敬重，如此其他事項自然跟著做好。因爲父子間
之孝道，乃宗教祭祀精神的超越意識之起點，夫婦倫之昏禮，兼爲社
會穩定之基礎。君臣之義無可逃於天地之間，忠愛國君，乃施政之要
則。此三事之義，亦見於《禮記‧大傳》所言：「親親也，尊尊也，
長長也，男女有別，此其不可與民變革者也。」[13]此不同於立權度
量、改正朔、易服色等，因時代不同而須與民變革。〈哀公問〉又記
載：

公曰：「寡人雖無似也，願聞所以行三言之道。可得
聞乎？」孔子對曰：「古之爲政，愛人爲大。所以治
愛人，禮爲大。所以治禮，敬爲大。敬之至矣，大昏
爲大，大昏至矣！大昏既至，冕而親迎，親之也。親
之也者，親之也。是故君子興敬爲親，舍敬是遺親

---

[11] 《論語‧顏淵》，《四書章句集註》，頁137。

[12] 《論語‧衛靈公》，《四書章句集註》，頁162。

[13] 王船山：《禮記章句‧大傳》，頁829。

也。弗愛不親，弗敬不正。愛與敬，其政之本與！」
（《禮記章句・哀公問》，頁1183-4）

孔子重視君主的「大昏」之禮，可以作爲人民表率。因爲對妻子有愛有敬，才是愛別人的起點，也就是政務的起點。尤其是婚禮時，人君穿著祭服及親自迎娶，是謂「冕而親迎」，以表示敬重、嚴肅之意。而愛與敬二種情感，亦分別指涉仁與禮二端的協調互動。〈哀公問〉記載：

> 公曰：「寡人願有言，然冕而親迎，不已重乎？」孔子愀然作色而對曰：「合二姓之好，以繼先聖之後，以爲天地宗廟社稷之主，君何謂已重乎。」公曰：「寡人固。不固，焉得聞此言也。寡人欲問，不得其辭，請少進。」孔子曰：「天地不合，萬物不生。大昏，萬世之嗣也，君何謂已重焉！」（《禮記章句・哀公問》，頁1185）

哀公認爲冕是人君的祭服，穿著以進行親迎之禮，似乎太過敬重其事。孔子則認爲婚姻聯合異姓宗族，上承周公制禮作樂之意，夫婦作爲郊、社、宗廟等祭典的主人，具有繼往開來的歷史意識，民族生命得以延續通流，而超越人類有限性，使其生命精神企及於無限者，此亦合於天道生生之義。

然而哀公仍因固陋不通，而再請孔了釋疑，直到孔子類比天地生萬物之意，其人方知婚姻的重大意義在於永續後嗣，創造永恆的生命之流。〈哀公問〉又記載：

> 孔子遂言曰：「內以治宗廟之理，足以配天地之神明；出以治直言之禮，足以立上下之敬。物恥足以振之，國恥足以興之。爲政先禮，禮其政之本與！」

（《禮記章句・哀公問》，頁1186）

孔子遂言曰：「昔者三代明王之政，必敬其妻子也有道。妻也者，親之主也，敢不敬與！子也者，親之後也，敢不敬與！君子無不敬也，敬身爲大。身也者，親之枝也，敢不敬與！不能敬其身，是傷其親；傷其親，是傷其本；傷其本，枝從而亡。」（頁1186）

「古之爲政，愛人爲大。不能愛人，不能有其身。不能有其身，不能安土。不能安土，不能樂天。不能樂天，不能成其身。」（頁1188）

公曰：「敢問君子何貴乎天道也？」孔子對曰：「貴其不已，如日月東西相從而不已也，是天道也；不閉其久，是天道也；無爲而物成，是天道也；已成而明，是天道也。」（頁1188-9）

上述四段引文，首先承前節昏禮國君冕而親迎之制，而推闡其義，了解君子事神治民，皆應隆禮以自立立人，有禮作爲修身保國的根本，政治事務才可據以推行。

次段曰：「三代明王之政，必敬其妻子也有道。」政，是正己而後正人之道；有道，即有禮之意。亦即以大昏、親迎之禮，作爲敬妻之道。而冠、昏之禮，父必於宗廟醮子（按，酌而無酬酢曰醮），[14] 交辦任務，冀其使命必達；喪爲長子斬衰三年等，此上即爲敬子之道。

三段推言：「古之爲政，愛人爲大。」亦呼應《論語》中「仁者

---

[14] 「醮」之運用時機見於《禮記・冠義》：「故冠于阼，以著代也。醮于客位，三加彌尊，加有成也。」《禮記・昏義》：「父親醮子而命之迎。」而「醮」之意義，可參見陳澔注：《禮記集說・冠義第四十三》（臺北：世界書局，1990），頁323。引呂氏曰：「酌而無酬酢曰醮，醮于戶西南面，賓位也。」

愛人」之意⑮，乃在說明實行禮儀，敬以成身，一皆以愛人爲基礎。

以上二、三兩段，回顧三代明王之善政，敬身愛人，才能安定國家，樂天知命而不疑，而此方爲修身、成身的完成。

第四段，乃導出敬畏天命之意，以誠敬存之的修養，效法天道之健動不已。印證《周易・乾文言》所言「大人者，與天地合其德，與日月合其明，與四時合其序，與鬼神合其吉凶。」⑯可見道德實踐之終境，藉由宗廟祭祀等禮儀，可以上提人之精神志意，與祖先、聖賢及天地通郵，安定人之超越意識。

以上所言，亦可作爲本文重視諸禮制之要旨所在。

三、〈孔子閒居〉之思想內涵

〈孔子閒居〉爲《禮記》二十九卷，陳述孔門師弟間傳承禮意、探索眞理的過程，內容上是孔子對子夏闡釋禮意的形上意義及禮文的根本原理。

（一）民之父母必達於禮樂之原，以致五至而行三無

〈孔子閒居〉認爲禮樂教化的政治原理，必須施政者具有作爲「民之父母」之體認，內具仁心善性之深厚根源，才能恢宏其外在教令之實施，而掌握「禮樂之原」，推行「五至」、「三無」，即是關鍵所在。〈孔子閒居〉記載：

> 孔子閒居，子夏侍。子夏曰：「敢問《詩》云：『凱弟君子，民之父母』，何如斯可謂民之父母矣？」孔

---

⑮ 據《論語・顏淵》載：「樊遲問仁，子曰：『愛人。』」《四書章句集註》，頁139。

⑯ 黃壽祺、張善文：《周易譯註》（上海：上海古籍出版社，1994），頁21。

子曰：「夫民之父母乎！必達於禮樂之原，以致五
至，而行三無，以橫於天下；四方有敗，必先知之。
此之謂民之父母矣。」（《禮記章句・孔子閒居》，
頁1203）

民之父母，即君子能「修己以安人」、「修己以安百姓」，[17]以
禮樂化成天下，興利除害，使四海之內無有一物不得其所之謂。其語
原出《詩經・大雅・泂酌》「豈弟君子，民之父母」，意在稱美周
成王有爽快隨和的性情，且因行此樂易之德，故能成為民之父母。[18]
至於孔子回答子夏的提問，則予以創造性地說明，認為民之父母必須
通解禮樂的原理，達致五至，實行三無，而推擴於天下。此外，還須
事先察識四方人情的缺陷，用心加以警戒。如此，才有資格成為民之
父母。王船山即以〈中庸〉所言「中和」[19]之義合釋「五至」、「三
無」。其言曰：「至，以存諸中者而言，謂根極周洽而誠盡其理也。
無，以發諸用者而言，謂未有其文而德意旁通，無不遍也。」[20]蓋因
禮樂教化的政治原理，必須領導人內具深厚根源，才能恢宏其外在運
用。「五至」所指涉者，即是「未發之中」，天道流行所賦予人的良
知善性，明德真誠。能如此，才能對人情之缺陷，加以察識而警覺於
心。

---

[17] 《論語・憲問》，《四書章句集註》，頁159。

[18] 按，孟子答梁惠王亦有「為民父母」之語，見《四書章句集註》，頁205。又《大學・傳十
章》亦引《小雅・南山有臺》：「樂只君子，民之父母。」曰：「民之所好好之，民之所惡
惡之，此之謂民之父母。」《四書章句集註》，頁10。船山《禮記章句・大學》注曰：「言
能絜矩而以民心為己心，則是愛民如子，而民愛之如父母矣。」則是更從結果言能得民心，
則民亦將愛之如父母。頁1497。

[19] 《中庸》曰：「喜怒哀樂之未發謂之中，發而皆中節謂之和，……致中和，天地位焉，萬物
育焉。」《四書章句集註》，頁17-8。

[20] 《禮記章句・孔子閒居》，頁1204。

其次，同理可推「三無」所指涉者，即是發而皆中節之和。而且「誠於中，形於外」，不必拘執外在的禮文儀式，即因有五至的內涵實質，故能德意旁通周遍，彌綸旁通於天下。而這也是〈大學〉所云：「大學之道，在明明德，在親民，在止於至善。」[21]之義，又因用而無用相，故謂之無。如〈孔子閒居〉續曰：

> 子夏曰：「民之父母既得而聞之矣，敢問何謂五至？」孔子曰：「志之所至，詩亦至焉；詩之所至，禮亦至焉；禮之所至，樂亦至焉；樂之所至，哀亦至焉。哀樂相生。是故正明目而視之，不可得而見也；傾耳而聽之，不可得而聞也。志氣塞乎天地，此之謂五至。」子夏曰：「五至既得而聞之矣，敢問何謂三無？」孔子曰：「無聲之樂、無體之禮、無服之喪，此之謂三無。」子夏曰：「三無既得略而聞之矣，敢問何詩近之？」孔子曰：「『夙夜其命宥密』，無聲之樂也。『威儀逮逮，不可選也』，無體之禮也。『凡民有喪，匍匐救之』，無服之喪也。」）《禮記章句・孔子閒居》，頁1204-6）

五至，簡言之，係指志、詩、禮、樂、哀五者，[22]是愛民之君所

---

[21] 《四書章句集註》，頁3。

[22] 「五至」在不同文獻中，其內容不盡相同，學者亦有持不同意見者。例如，根據出土文獻「《上博二》簡3-5」，季旭昇主張「五至」是「物──志──禮──樂──哀」，不同於《禮記・孔子閒居》是指「志──詩──禮──樂──哀」，季氏認為：《上博二》的「五至」較為正確，環環相扣，銜接性很夠；而由萬事萬物、民之所欲的了解，到禮樂的建立、哀樂的關懷，件件都是「民之父母」所應留意的，與簡首的「必達禮樂（不包含詩）」之源，也相合無間，故《民之父母》本是很素樸的政治理論。參見季旭昇：〈《上博二》小議（二）：《民之父母》「五至」解〉一文。（按，本文並非正式論文，原為季旭昇教授於2003年3月15日參加東吳大學郭梨華教授主持的讀書會所發表，會後擇要公佈於「簡帛研

必須達到的五項標準。其中，「志」是主眼所在，如孔子於〈禮運〉
論「大同」之後云：「丘未之逮，而有志焉。」於《論語》中言「志
於道」、「志於學」[23]。又云：「興於詩，立於禮，成於樂。」[24]
詩、禮、樂爲「五至」其中三項，因詩可興起人的好善惡惡之心，
須藉禮之恭敬節文以貞固其行爲，而至樂之化境則是義精仁熟。再
則「志氣塞乎天地」亦是關鍵文句，孟子論知言養氣時曰：「志至
焉，氣次焉。……其爲氣也，至大至剛，以直養而無害，則塞於天地
之間。」[25]志氣二字連用，實依孟子義理。另外，「正明目而視之，
不可得而見也；傾耳而聽之，不可得而聞也。」諸語，實可印證《中
庸》首段所言「君子戒愼乎其所不睹，恐懼乎其所聞。莫見乎隱，莫
顯乎微，故君子愼其獨也。」[26]的道體之義及愼獨工夫。

因此，君王「志氣塞乎天地」之義，可推闡以孟子的仁政理
想，所謂先王「以不忍人之心行不忍人之政，治天下可運之掌上。」
以及擴充四端之效用：「苟能充之，足以保四海；苟不充之，不足以
事父母。」[27]是故，志爲主眼之外，詩、禮、樂、哀四者，實亦符合
孟子四端之心的義旨，而特重其政教作用，王船山評曰：「敦詩、陳
禮、作樂、飾哀之大用，傳爲至教者」[28]，即因有其天德良知之內在
道德動源的掌握，而有王道大行，和同敦化之道德事業的體現。

究」網站，以供討論之用）。惟筆者認爲「五至」的內容與順序究竟何者正確，與本論文之
研究並無衝突，本文係針對漢初所編成之《小戴禮記》之思想作研究，〈孔子閒居〉本文具
備嚴整思想系統，有其詮釋所依之文脈，故筆者固應忠實於所研究之傳統注疏文本，學者若
有不同意見，僅錄以存參。

[23] 《論語・述而》、《論語・爲政》，《四書章句集註》，頁94、54。

[24] 《論語・泰伯》，《四書章句集註》，頁104-5。

[25] 《孟子・公孫丑上》。《四書章句集註》，頁230-1。

[26] 《四書章句集註》，頁17。

[27] 《孟子・公孫丑上》，《四書章句集註》，頁238。

[28] 《禮記章句・孔子閒居》，頁1204。

　　孔子又對三無之涵義，以《詩經》之話語印證之，其一，無爲寬大之政，即是無聲之樂。例舉《詩・周頌・昊天有成命》「夙夜其命宥密」之句，說明成王日夜積德，承受深密的天命，其寬大的治政方針，德意流貫，使舉國上下歡欣融洽，不用依靠音樂和諧的音律節奏來疏散百姓情緒，其寬大的政教本身就足以安和百姓，具有音樂的莫大效用。

　　其二，無時而不恭敬即是無體之禮，例舉《詩・邶風・柏舟》「威儀逮逮，不可選也」之句，說明仁人的威儀嫻熟端莊，始終不懈怠，不必等到賓祭大典的來臨，隨時都保持憂患意識，戒愼恐懼，敬謹修省。

　　其三，於天地民物致其同體大悲，即是無服之喪，例舉《詩・邶風・谷風》「凡民有喪，匍匐救之」之句，認爲君子視天下凡民如自己親人，常存傷痛同情的心理，來救濟憐憫死喪窮困的人，並不受限於喪服五等的親屬範圍之內，其大愛並無邊界。

（二）修行三無，猶有五起及三無私

　　誠如〈大學〉所云道德實踐須「止於至善」，君子實行「三無」的過程，係由內以發外，由近以及遠，而可析爲五個次第。〈孔子閒居〉續言「五起」之義：

> 子夏曰：「言則大矣，美矣，盛矣！言盡於此而已乎？」孔子曰：「何爲其然也，君子之服之也，猶有五起焉。」子夏曰：「何如？」孔子曰：「無聲之樂，氣志不違；無體之禮，威儀遲遲；無服之喪，內恕孔悲。無聲之樂，氣志既得；無體之禮，威儀翼翼；無服之喪，施及四國。無聲之樂，氣志既從；無體之禮，上下和同；無服之喪，以畜萬邦。無聲之

樂，日聞四方；無體之禮，日就月將；無服之喪，純
德孔明。無聲之樂，氣志既起；無體之禮，施及四
海；無服之喪，施于孫子。」（《禮記章句・孔子閒
居》，頁1206-8）

孔子所言三無之義，有五個層次，畢竟須將良知大本，貫注於道
德事業，然後道德良知才能即於形器世界之中，真正證成其自己。故
大本既定之後，再貫注於日常實事，才是「明明德」、「新民」之實
功，亦即必須指向對現實世界及人類非理性層面的改善才可以，這也
是一個永無止境的歷程。故「五起」之義亦本於孟子哲學，因浩然之
氣是「集義所生者，非義襲而取之也。行有不慊於心，則餒矣。」㉔
符合其言良心之存養擴充，所展示的義理規模。五起之義，說明如
後：

其一，「無聲之樂，氣志不違」，據孟子「知言養氣」的說
法，「志至焉，氣次焉」，志、氣並稱，交養互成。意即良心持守道
德方向之正，即可調御意氣感情的發用，達致和諧的狀態，不致有所
乖忤。「無體之禮，威儀遲遲」，則是威儀從容自得，安然中道，避
免迫促拘謹之表相。「無服之喪，內恕孔悲」是因曉得人性樂生惡
死，故經常設身處地，站在別人的立場設想，而悲情自不能已。綜此
三無之義，氣志發而皆能中節，威儀從容不迫，且能以己度人而實致
其惻怛、同情之意。

其二，「無聲之樂，氣志既得；無體之禮，威儀翼翼；無服之
喪，施及四國。」三無既備具於內，氣志寬和如理，又能擴而充之，
其用盛發，則威儀嚴正而充盛，能有恩恤及物潤物。

其三，「無聲之樂，氣志既從；無體之禮，上下和同；無服之

㉔ 《孟子・公孫丑上》，《四書章句集註》，頁232。

喪，以畜萬邦。」上節言內外之和同相得，此節言上下君民之間，能和睦而齊同，強調「盡己之性，則能盡人之性」。上位者，威儀明朗，令人親、敬；而萬邦群眾之人情雖參差不齊，皆能得到同情理解而受到關愛。

其四，「無聲之樂，日聞四方；無體之禮，日就月將；無服之喪，純德孔明。」在時間的進程中，仁心的聲譽廣為傳播，威儀隨時皆有進境，其純粹的德性及慈愛的形象天下皆知，又能精純持久而不改變。

其五，「無聲之樂，氣志既起；無體之禮，施及四海；無服之喪，施于孫子。」這說明德政的最完善境地，縱通古今，遍及上下四方。王者能以身作則，從心所欲而不踰矩，其道德之盛，化行之遠，能使凡民氣志都起而響應，道德一，風俗同，遍及四海，乃至後世子孫，這應當即是〈禮運〉「大同」的理想政治藍圖。

合此以見，禮樂原於一心，而可施展於天下，竟有如此功效。

總括上述五階段，其一說明禮樂根源於仁心，有良知立本而發用無窮。其二說明良知能存養擴充，向外發用。其三說人己上下能因內外交感通流，而情意洽浹於眾人。此偏從橫向空間上著眼。其四則在永恆無止境的實踐歷程上，說明德性的精純專一及延續性。其五則從宇宙的時空全體說明仁者臻於上下與天地同流的化境。

以上深刻內容與〈大學〉所言三綱八目之實踐規模，正可互相印證而更為具體賅博，也融合〈中庸〉極言的道德實踐及其境界。按《中庸·第二十九章》云：「君子之道，本諸身，徵諸庶民，考諸三王而不繆，建諸天地而不悖，質諸鬼神而無疑，百世以俟聖人而不惑。」[30]說明聖人君子之道的無所不包，又須以其生命活動成為道的

---

[30] 《四書章句集註》，頁37。

具體化，故對於議禮、制度、考文等須極為慎重。不僅要本諸身、還
要考察百姓，再考之於三代王者的制度，以求不悖於天地，不疑於鬼
神，即使百世之後的聖人也不以為非。

　　承上段三無、五起之旨，子夏又問三王之德何以「參於天
地」？孔子指出應「奉三無私以勞天下」。質言之，「三無私」是孔
子藉天、地、日月三者之無私，說明聖人奉行天道，亦用此無私之精
神來安撫天下。〈孔子閒居〉中記載曰：

> 子夏曰：「三王之德參於天地，敢問何如斯可謂參於
> 天地矣？」孔子曰：「奉三無私以勞天下。」子夏
> 曰：「敢問何謂三無私？」孔子曰：「天無私覆，地
> 無私載，日月無私照，奉斯三者以勞天下，此之謂
> 三無私。其在詩曰：『帝命不違，至于湯齊。湯降
> 不遲，聖敬日齊。昭假遲遲，上帝是祗。帝命式于九
> 圍。』是湯之德也。天有四時，春秋冬夏，風雨霜
> 露，無非教也；地載神氣，神氣風霆，風霆流形，庶
> 物露生，無非教也。清明在躬，志氣如神；者欲將
> 至，有開必先；天降時雨，山川出雲。其在詩曰：
> 『嵩高維嶽，峻極于天。維嶽降神，生甫及申。維申
> 及甫，維周之翰。四國于藩，四方于宣。』此文武之
> 德也。三代之王也，必先其令聞。詩云：「『明明
> 天子，令聞不已。』三代之德也。『弛其文德，協
> 此四國。』大王之德也。」子夏蹶然而起，負牆而
> 立，曰：「弟子敢不承乎！」（《禮記章句·孔子閒
> 居》，頁1208-11）

　　文中指出天、地、日月三種無私的現象，並引述《詩·商頌·長
發》詩句，說明商湯無私之德，與上帝之德委曲相應，故能受命而王

天下，爲民之父母，其後有三段申論。略述如下：

首先，「天有四時，春秋冬夏，風雨霜露，無非教也；地載神氣，神氣風霆，風霆流形，庶物露生，無非教也。」意指自然現象對人都有教育啓示之作用，人爲天地之心、萬物之靈，聖王即能表現如天地造化般的功能，此即藉無私之德，始克完成。

其次，「清明在躬，志氣如神，耆欲將至，有開必先。」著重說明王者須滿足人民欲求。又引《詩・大雅・嵩高》之句，說明聖人無私，其德施及子孫，故天必爲之生賢臣，猶如天之將雨澤，而山川先爲之出雲。

其三，「三代之王也，必先其令聞。」認爲夏商周三王皆有令聞，而周之積累尤久。並引述《詩・大雅・江漢》詩句，說明周之先祖有無私之德者，不獨文、武而已。

由上可知，古之聖王明君即因秉持「三無私」之精神，取法於天、地、日月無私之政教，滿足人民需求而同其憂樂，世代積累其德澤，故能承受天命，保民而王。

四、〈仲尼燕居〉之思想內涵

〈仲尼燕居〉是《禮記》二十八卷，藉由孔子與子張、子游、子貢三位弟子的一場學術對話，高談闊論地闡揚禮的價值及其實用功能。三人皆孔門高弟，孔子時相與談，例如孟子曾云：「子夏、子游、子張，皆有聖人之一體。」[31]對其人評價頗高。又，王船山認爲〈仲尼燕居〉與〈孔子閒居〉二文相爲表裏，內容上〈孔子閒居〉說

---

[31] 《孟子・公孫丑上》，《四書章句集註》，頁233。

「體」之微,而〈仲尼燕居〉側重在談「用」之大。[32]以下即據三位弟子的問答內容,加以闡釋。

(一)禮所以制,中也

〈仲尼燕居〉先由孔子對弟子引起話題:「禮周流,無不徧也」,即禮是照應生活中實事、周詳該徧地,一一給予安頓,指出禮的特質是即事顯理、理事合一的。首章設立宗旨,曰:

> 仲尼燕居,子張、子貢、言游侍,縱言至於禮。子曰:「居,女三人者!吾語女禮,使女以禮周流,無不徧也。」子貢越席而對曰:「敢問何如?」子曰:「敬而不中禮謂之野,恭而不中禮謂之給,勇而不中禮謂之逆。」子曰:「給奪慈仁。」……子貢越席而對曰:「敢問將何以爲此中者也?」子曰:「禮乎,禮!夫禮所以制,中也。」(《禮記章句‧仲尼燕居》,頁1191-2)

孔子認爲敬、恭、勇等三項德目,及其行事態度,應以禮節作爲準則,因爲禮之表現於實際生活中,重在優游自得,中節合度。不宜過度拘謹、莊遜或是銳意進行。否則會迫促、輕捷而違逆事理。禮非徒制度儀文之謂,而須配合主體的道義、眞誠,文中採用船山之意,斷句於「制」字,未連於「中」字,因爲「中」字是天命之性未發時的狀態。文意根據《中庸》首段中和位育的意旨,加以發揮。禮的制定是上合天理,下治人情,根據天命之性而發用於情,皆能中節合度。故「中」即是「仁」,禮以仁爲內質,則行之有本,而非虛文。

（二）禮也者，領惡而全好；禮者，即事之治

子游繼而提出禮是否有「領惡而全好」的功能，亦即能調理人情之好、惡兩端。此類似之義，亦見於〈禮運〉曰：「美惡皆在其心，不見其色，欲一以窮之，舍禮何以哉？」[33]及見於〈樂記〉曰：「先王之制禮樂也，非以極口腹耳目之欲也，將以教民平好惡而反人道之正也。」[34]於本文中，孔子仍認為調理人情之方法，為經由各種禮儀加以實現。〈仲尼燕居〉記載曰：

> 子貢退，言游進曰：「敢問禮也者，領惡而全好者與？」子曰：「然。」「然則如何？」子曰：「郊、社之義，所以仁鬼神也；嘗、禘之禮，所以仁昭穆也；饋、奠之禮，所以仁死喪也；射、鄉之禮，所以仁鄉黨也；食、饗之禮，所以仁賓客也。」
>
> 子曰：「明乎郊、社之義，嘗、禘之禮，治國其如指諸掌而已乎！是故以之居處，有禮故長幼辨也；以之閨門之內，有禮故三族和也；以之朝廷，有禮故官爵序也；以之田獵，有禮故戎事閑也；以之軍旅，有禮故武功成也。是故宮室得其度，量器得其象，味得其時，樂得其節，車得其式，鬼神得其饗，喪紀得其哀，辨說得其黨，官得其體，政事得其施，加於身而錯於前，凡眾之動得其宜。」
>
> 子曰：「禮者何也？即事之治也。君子有其事必有其治。治國而無禮，譬諸瞽之無相與，倀倀乎其何之？」（《禮記章句》，頁1193-6）

---

[33] 《禮記章句・禮運》，頁560。

[34] 《禮記章句・樂記》，頁897。

　　以上三段文字，首段子游問說，是否依禮可以通達眾人情意，作是非善惡之間的權衡判斷，而知趨善避惡，不致被物欲權勢名利所惑。得到孔子認可後，子游又欲詳知其間大用。於是孔子乃列出五組共十種禮儀（郊、社，嘗、禘，饋、奠，射、鄉，食、饗），涉及天神、人鬼、賓客之間的各種儀式，皆藉由仁以發其效用。亦即其人以「仁」心主動應幾，作存在上的呼應；真誠表達愛敬之情感，而無有隱曲。此其理想境地是禮行情達，綜括天地之間一切存在，無分幽明遠近都毫無限隔。具體而言，政治的最高理想，不外乎安頓人情，情感若能深化，則禮意彰著，影響更為深遠。

　　其次，諸禮之中以王者祭祀天地者最為重大，藉以安頓人類報本復始的宗教情懷，肯定存在的意義，具有莫大政教功能。再推擴言之，無論社會生活、親友宗族、國政、軍事各層面的實事，都須依靠禮文制度，而藉以安定人情。情達理得，各人職分安定，人際和諧，事情得以敘列而成功，其義仍歸本於《中庸》首章所言：「中也者，天下之大本也；和也者，天下之達道也。」⑤而得到天地位萬物育的功效。《禮記・禮運》曾提及人有喜怒哀懼愛惡欲七情，並可歸結為飲食男女及死亡貧苦二大端，捨禮無以治之，與此段文字互相印證。

　　復次，禮是「即事之治」，品類眾多之事物，均能藉由禮儀之實施，以成就其價值意義，原來眾物並無定制，當人之好惡能恰當表現時，心皆安之而無不宜。〈仲尼燕居〉又記載：

> 子曰：「禮也者，理也；樂也者，節也。君子無理不動，無節不作。不能詩，於禮繆；不能樂，於禮素；薄於德，於禮虛。」子曰：「制度在禮，文為在禮，行之其在人乎！」（《禮記・仲尼燕居》，頁1198-9）

---

⑤ 《四書章句集註》，頁18。

孔子揭出「理」、「節」二字，闡釋禮樂合德之功效，析言之，「理」爲事物始終遵循的條理，無理則禮不成；「節」爲性情和諧時順應表現的節度，無節則樂不和。其次，孔子說明詩、樂、德三者爲禮文之根基，因爲詩、樂二者皆是人在涵養性情的極致表現，不能詩則不能達情，與事物相乖戾；不能樂則是不能當幾表現歡欣暢豫之情，則有拘迫之感。此二者之缺失，係因內心德意貧乏而導致禮將流於虛文。換言之，禮之制度、樂之文爲，均待有德之人，推本躬行，方能掌握修德凝道之根原。

（三）明於禮樂，舉而措之

前段已觸及禮樂合德之義，孔子藉子張問政，繼言明白其理之餘，尚須舉措合宜之意。〈仲尼燕居〉記載：

> 子張問政，子曰：「師乎，前吾語女乎，君子明於禮樂，舉而錯之而已。」子張復問。子曰：「師，爾以爲必鋪几筵，升降、酌獻、酬酢，然後謂之禮乎？爾以爲必行綴兆，興羽籥，作鐘鼓，然後謂之樂乎？言而履之，禮也；行而樂之，樂也。君子力此二者，以南面而立，夫是以天下大平也。諸侯朝，萬物服體，而百官莫敢不承事也。禮之所興，眾之所治也；禮之所廢，眾之所亂也。……昔聖帝明王諸侯辨貴賤遠近長幼男女外內，莫敢相踰越，皆由此塗出也。」
> （《禮記章句・仲尼燕居》，頁1200-2）

孔子首先說，君子並非徒託空言，而是明白禮樂的實質內涵，使其舉措得宜。其次類同孔子所說：「禮云禮云，玉帛云乎哉？樂云樂

云，鐘鼓云乎哉？」㊱其具體作為是「言而履之，禮也。」禮須論定
當理，踐其所言；「行而樂之，樂也。」樂則行之而欣喜不倦。即以
禮樂履中蹈和，躬脩於上而萬民景從。所謂「聖帝明王諸侯辨貴賤遠
近長幼男女外內」，均不外乎禮樂之行事，達到「恭己正南面」的效
用，此亦前文所說人君通達禮樂之原，歸本於德性之意。

五、綜說三文政治思想之特質，並與《禮記》及儒
　　學經典互證

　　〈哀公問〉、〈仲尼燕居〉、〈孔子閒居〉三文義理既分述如
上，而其中共通之形上原理，乃可得而言之。一是仁、禮二端相輔互
成的形上原理；二是禮為體、政為用之本末終始關係；三是天人合德
以破除群己、物我之間的隔閡；四是德、業雙彰，以良知大本貫注於
道德事業。以下即從四方面加以考察：

（一）民本觀念之立基，藉仁、禮二端加以實現

　　民本觀念為中國古代思想，在《尚書》中即已呈顯，㊲也經常在
《論語》、《孟子》書中，為孔、孟所引述，並繼承發揚之。如孔
子言：「修己以安百姓」，㊳孟子亦言「保民而王，莫之能禦」㊴之
理。

㊱ 《論語・陽貨》，《四書章句集註》，頁178。
㊲ 例如根據勞思光先生分析，孔子前之古代中國思想，《書經》中已表現有關政治思想的原
　 始觀念，一是民本觀念，二是人才觀念。前者徵引〈虞書・皋陶謨〉：「天聰明，自我民聰
　 明；天明畏，自我民明威。」及〈周書・泰誓〉：「天視自我民視，天聽自我民聽。」等共
　 4則例證。以上參看勞思光：《新編中國哲學史（一）》（臺北：三民書局，2002），頁85-8。
㊳ 《論語・憲問》，《四書章句集註》，頁159。
㊴ 《孟子・梁惠王上》，《四書章句集註》，頁207。

〈哀公問〉文中，孔子回答魯哀公曰：「民之所由生，禮爲大。」「古之爲政，愛人爲大。」談到愛護人民的重要性，而論到其方法，則又非禮莫屬。析言之，禮可在倫理、政治、宗教三方面建立秩序，安頓人民生活，理順人民生命。而論其執行層面，則可從禮制之「正名」思想、婚姻之「愛敬」情感，加以落實，亦即從政治結構及倫理親情二層面相互配合、凝結。約言之，即「禮」與「仁」二觀念之互動交成，具體言之，亦是「尊尊」、「親親」二原則之綜合運用。爲達到宗教層面「節事天地之神」之目的，國君應重視大昏之禮，冕而親迎，敬重妻子，以共同主持對天地先祖的祭典，敬愼重正，以身作則，作爲天下臣民表率，南面而治天下。而其中由於對超越意識的安頓，更可向上提升人民的精神生命。

而〈仲尼燕居〉提及君子明於禮樂，舉而措之，目的在於「辨貴賤遠近長幼男女外內，莫敢相踰越。」達成以禮樂安定人民的功效，亦可呼應〈哀公問〉「民之所由生，禮爲大」之義旨。

又〈孔子閒居〉中，孔子回答子夏曰：「夫民之父母乎！必達於禮樂之原，以致五至，而達三無。四方有敗，必先知之。」「猶有五起焉」，「奉三無私以勞天下」。此篇言存心，不同於〈哀公問〉言如何發用於政事。政治領導人之存心，既然應有身爲「民之父母」之體認及責任，可見亦蘊涵民本觀念。而「禮樂之原」即是本心良知、明德善性，爲施政者應具之修養，故應以修身、成身爲本，才有作爲「民之父母」的依據及實現之可能。

其次，藉實現禮樂政制以達平治天下之成效，孔子將其分爲五個層次，加以實現，意即修行三無，「猶有五起」之義，須將良知大本，貫注於道德事業，然後道德良知才能即於形器世界之中，眞正證成其自己。成就「明明德」、「新民」之實功，這一個永無止境的歷程，可以看出仁、禮二端互動交成之義。

（二）禮與政，具本末體用關係，及其內涵之異同

　　〈哀公問〉全文揭示孔子政治思想之弘旨，文分二節，前節論禮，後節論政，以禮文安定人民生活，以政制落實禮文意義，故禮為立政之本，政為禮之終成。可見禮與政二者之關係，既密切而又有所不同，簡言之，二者具有「體、用」及「本、末」的關係。此在《禮記・禮運》行文中也有同樣安排，於大同、小康之政治理想提出之後，先言藉禮以上承天道，下治人情；其後文則繼言施政之具體作為。故亦是以禮為體，以政為用的思理之運用。

　　〈哀公問〉第二節，魯哀公問孔子：「人道何為大」，孔子曰：「人道政為大」，又曰「政者，正也。君為正，則百姓從政矣。」所謂「人道」，即如《周易・說卦傳》所說：「立人之道，曰仁與義。」[40]而仁與義的內涵，誠如《中庸・二十章》所云：「仁者，人也，親親為大；義者，宜也，尊賢為大。親親之殺，尊賢之等，禮所生也。」[41]由上可知，人道是指在政治建構及社會生活中，當政者能設計出一套客觀的制度和規範，並使人與人之間的主觀情意能和諧交流，而此即經由親親及尊賢，遂行仁義之道。

　　文中提出二要點，一是以身作則的正名思想，藉名分以安定人民生活，人民各安其分位，不致非分願外以妄爭。二是實踐「夫婦別，父子親，君臣嚴」的倫理規範，藉親愛以增厚人民生活；進而達成「庶物從之」的政事功效。

　　此意又引伸出二種具體作為，其一是重視敬愛為本的「大昏」，作為天下表率，藉以安定父子、君臣二種倫理關係。其二是論

---

[40] 黃壽祺、張善文：《周易譯註・說卦傳・第二章》（上海：上海古籍出版社，1994），頁615。

[41] 《四書章句集註》，頁28。

述「冕而親迎」的深刻意義，在於「合二姓之好，以繼先聖之後，以爲宗廟社稷之主。」呈現歷史感及宗教意識，使人的生命不限於平面之層次，而提升爲立體之精神生命。二者合而言之，則是「內以治宗廟之禮，出以治直言之禮」，其終極成效，則是達致天人關係的安頓，及實現君臣上下互相禮敬的政治倫理。後文又云：「爲政先禮，禮其政之本與？」指出禮與政二者之本末關係，禮須以愛敬爲本，政制始有確實施行之效。

此間意旨已明顯不同於《論語》之以德禮、刑政作爲對比，[42]以政、刑引導人民，則民免而無恥；故〈哀公問〉之意，反而近於《禮記・樂記》所言「禮、樂、刑、政，其極一也。」[43]可以明顯見出，本文經儒家後學增飾引伸，實已呈現融會儒、法二家思想之趨勢，已不全然是孔子原意，而有因時制宜的調整。

在道德實踐次第，及五倫關係之安排上，儒者亦重視對萬物之客觀意義的肯定。儒家主張「親親而仁民，仁民而愛物」，《禮記・中庸》也提及「盡己之性」、「盡人之性」、「盡物之性」。而須達致「贊天地之化育」、「與天地參」的境界。〈哀公問〉曰：「國君安其居節，醜其衣服，卑其宮室，車不雕幾，食不貳味以與民同利。」宮室、衣服、器物、飲食等，既有助成禮文實現之效，固然具有其道德價值，但於使用時，不應與人民利益相衝突。意即國君應愛惜民力，提倡儉德。畢竟禮雖重視文飾，不以用物爲惜，然其前提須以備物爲正，而不宜浪費。

---

[42] 《論語・爲政》：「道之以政，齊之以刑，民免而無恥；道之以德，齊之以禮，有恥且格。」《四書章句集註》，頁54。

[43] 《禮記章句・樂記》：「禮以道其志，樂以和其義，政以一其行，刑以防其姦。禮樂刑政，其極一也，所以同民心而出治道也。」頁890。

（三）超越意識之蘄嚮，及天道不已之考察

〈哀公問〉言「非禮無以節事天地之神」，及「言其喪算，備其鼎俎，設其豕腊，修其宗廟，歲時以敬祭祀，以序宗族。」均意在通連天地、祖先為一大生命體，以安定人民的超越意識；並藉祭典合族於廟中，排定昭穆的次序。此於〈仲尼燕居〉言「郊、社之義，所以仁鬼神也；嘗、禘之禮，所以仁昭穆也；饋、奠之禮，所以仁死喪也。」言之較詳而具體，二文可以交互參證補充。

其次，〈哀公問〉主張藉由「大昏」及「冕而親迎」，以妻子為宗廟之主，二種作為兼具親親、尊尊原則，融合倫理於政治制度之中，並通貫天地、聖賢、祖先、父母為一體，頗符合宗教精神，而能向上提升安定人民的精神生命。故〈哀公問〉末節又言「君子何貴乎天道」，孔子曰「貴其不已」，「不閉其久」等，亦同此用意。此因天道的外在化是人格神，故借由祭祀可通達天地鬼神；而天道的內在化是自由無限心，仁、性、本心、良知等，此亦即是禮樂之原。

〈孔子閒居〉中孔子言民之父母亦須服膺「三無私」之精神。藉由天、地、日月三者之無私奉獻，說明聖人奉行天道，應以此無私之精神來安撫天下。文中又提到「四時之教」，意即天道生生不息，公正無私以化養萬物，而聖王明君亦當奉行仿效以推行政教。如云：「天有四時，春秋冬夏，風雨霜露，無非教也。」認為宇宙秩序即是道德秩序，從天道於健行不息，四季推移之中，化養萬物，啟示人心也當有中和惻怛之根原。故聖王明君取法天道無私之原則，發用為禮樂刑政之措施，以引導萬民。如同《論語》中孔子所云：「天何言哉」之旨，[44]言四時行焉，百物生焉，莫非天地無私之至教。

〈仲尼燕居〉說到郊、祀、嘗、禘、饋、奠、射、鄉、食、饗

---

[44] 《論語・陽貨》，《四書章句集註》，頁180。

等十種禮儀，皆須以國君之仁心為本，其實施才別具意義。且有安定家族、社會、朝政、軍事的效果。故曰：「以之居處長幼辨，以之閨門三族和，以之朝廷官爵序，以之田獵戎事閑，以之軍旅武功成。」「宮事得其度，鬼神得其饗，喪紀得其哀，政事得其施，凡眾之動得其宜。」天人、群己、物我之間均得以安頓。

（四）敬以成身的思想，及禮之實施原則

〈哀公問〉中孔子云：「三代明王之政，必敬其妻、子也有道。」欲自正正人；須藉冠、昏、喪、祭等禮儀，以實踐敬身愛人之道。此義亦同於《昏義》所云：「夫禮始於冠，本於昏，重於喪祭，尊於朝聘，和於射鄉，此禮之大體也。」[45]可見冠禮為諸禮之始，昏禮乃諸禮之本。故以大昏、親迎為敬妻之道；而以冠、昏於宗廟醮子，喪為長子斬衰三年等，為敬子之道。其理由是「妻也者，親之主」，「子也者，親之後」，「君子無不敬也，敬身為大。」又說妻、子、身「三者，百姓之象也。」可見君子敬以修身，言辭合度，行為合禮，完善家族的倫理關係及宗法的政治理想，可以成為人民表率，上行下效。誠如《禮記‧大學》云：「自天子以至於庶人，壹是皆以修身為本。」可見敬以成身的重要。

惟〈大學〉所展示的內聖外王之道，是一橫向廣度的，道德實踐的框架，在超越意識，天人之間的立體關係方面，較少著墨。故須配合《禮記‧中庸》所言率性、修道之教，致誠、盡性以合天道之意，則道德的形上學才能圓滿完成。〈哀公問〉末段孔子云：「仁人不過乎物，孝子不過乎物，仁人之事親如事天，事天如事親，故曰孝子成身。」即指君子成身，身無不敬，於其所關涉的人事物，均能興敬合愛，修明人倫，合於天道，故能成為施政之本。

---

[45] 《禮記章句‧昏義》，頁1511。

〈孔子閒居〉言「達於禮樂之原」，意即當政者應以仁存心，始有資格作為民之父母。《論語》曰：「富而後教」，[46]《禮記‧學記》首段曰：「君子如欲化民成俗，其必由學乎。」次段又曰：「古之王者建國君民，教學為先。」[47]總之，經由美俗教化，重視每個人的本心善性之啟導及自我實現。當政者應以仁存心，即本篇所言之修行方式。

〈孔子閒居〉又言民之父母，應修行五至、三無，達致五起、三無私的境界。五至之義，係指志、詩、禮、樂、哀五者，是愛民之君所必須達到的五項標準。若領導者之存心（志，即恩意）係為人民著想，則由此而生起之詩、禮、樂、哀四者，無不與人民福祉息息相關。此意旨係融合《論語》、《孟子》、《中庸》之義理而有的調適上遂。詩、禮、樂、哀四者，亦相當於孟子四端之義，既有天德良知之內在道德動源，自會有王道大行，化民成俗之體現。

五至係禮樂之實事，而三無則係禮樂之本原。據清儒孫希旦曰：「無聲之樂，謂心之和而無待於聲也。無體之禮，謂心之敬而無待於事也。無服之喪，謂心之真誠惻怛而無待於服也。三者存乎心，由是而之焉則為志，發焉則為詩，行焉則為禮，為樂，為哀，而無所不至。蓋五至者禮樂之實，而三無者禮樂之原也。」[48]即是說三無本乎心，是心之「和」、「敬」、「誠」的表現，順生之則為五至。亦即本乎心是根本，重於表現，而且是實行的動力。

五起是對三無所達境界之具體說明，君子實行「三無」的過

---

[46] 《論語‧子路》：「子適衛，冉有僕。子曰：『庶矣哉！』冉有曰：『既庶矣，又何加焉？』曰：『富之。』曰：『既富矣，又何加焉？』曰：『教之。』」《四書章句集註》，頁143。

[47] 《禮記章句‧學記》，頁869-70。

[48] 孫希旦：《禮記集解‧孔子閒居》（臺北：文史哲出版社，1990），頁1276。

程，係由內以發外，由近以及遠，而可析爲五個次第。一是禮樂根源於仁心，有良知立本而發用無窮，二是存養擴充，向外發用。三是情意能內外通流而洽浹於眾人，四是實踐歷程上能精純專一而施及無限，五是仁者臻於上下與天地同流的化境。

綜上可見，〈孔子閒居〉思想的深刻精純，較諸〈哀公問〉、〈仲尼燕居〉之偏重言愛敬以成身，即事以顯理；此篇則從內在成聖之學，推致以成就外王之德業，細膩以剖析其間歷程。

〈仲尼燕居〉著重呈現禮之實施原則，由孔子總說禮是「周流而無不徧」者，分言之，一是禮以制中，如「敬、恭、勇」等德目，並非究竟；而應恰到好處，使其表現時，無過不及之患。二是禮於人情之表現，領惡而全好，各種禮文儀式均應以「仁」作爲衡斷之準則，以順導欲、惡之情。三是禮爲即事之治，無論何事何物，均有賴於禮以實現之。四是禮與樂之和諧作用。禮以理爲本質，理是事物始終循用的條理。樂以節爲本質，因人之性情不能不有所表現，應使其從容中道，無過不及地順適表現。

六、結語

本文探討《禮記》之政治思想，具體而微，藉由對〈哀公問〉、〈仲尼燕居〉、〈孔子閒居〉三文之文獻考察，及逐段解析，已可概見其政治思想之整體規模。復經由《論》、《孟》、《易》、《庸》等儒學經典，及《禮記》中諸篇文章之交互印證，亦足可見證此三文政治思想之深刻高明。

據前文所論述，此三文的政治思想，其共通之形上原理，及其實施開展，可經由四方面加以考察，一是民本觀念之確立，君主應仁民愛物，儉德自處。當政者的存心及施爲，其實即蘊涵「仁、禮」二端

相輔互成的形上原理。二是五倫關係之安頓，君主應以親親、尊尊、長長、男女有別等為準則，正名及愛人為具體施政原則。畢竟以禮安民，須借政制落實，「禮、政」二者具有本末體用的關係。三是宗教層面的超越意識之蘄嚮，明君上承天道以治理人情，應重視郊、祀、祭、喪等各種禮儀的實施。借由天道不已的考察，及對祖先聖賢的感懷，將人的精神引向無限，打破天人、群己、物我之間的隔閡。而綜合以上三者，均須以修身、成身為本。而此修身為本，固須主體有本心良知之貫注內在；復須推行於悠久廣遠，確保道德事業的完成，此即德、業雙彰，仁、禮互成之義。

論述過程中，時有舉證《禮記》其他篇章文字之情形，吾人尚須注意〈中庸〉、〈大學〉二篇之重要性及其理論定位，〈中庸〉、〈大學〉呈現道德形上學之義理規模及內聖外王之實踐的框架，以往因此二篇被朱熹列入《四書章句集註》，後世相關注解書大多不再予以註解，此甚可惜，因此二篇之義旨，理應作為《禮記》全書之體，而全書之禮儀文制，為此二篇之用，前儒已有定見。而恪就二文政治思想的形上原理而言，〈中庸〉較諸〈大學〉益顯重要，原因在於〈大學〉所展示的是一橫向廣度的內聖外王之道，而〈中庸〉更觸及天人之間的立體關係。是以〈哀公問〉、〈仲尼燕居〉、〈孔子閒居〉三文之政治思想及形上原理，雖皆各自足於文意之中，合看更顯完整而精采，然而亦應以〈中庸〉、〈大學〉的思想作為參照印證的標準，而見到其精到深刻的一面，則無可疑。研究《禮記》，若忽視此〈中庸〉、〈大學〉二文不顧，是值得商榷的。

又從儒學作為一「性情之教」之立場，〈禮運〉與〈中庸〉同等重要，因〈中庸〉論人性，而〈禮運〉談人情，二者合看，可以呈顯儒家性情之教。〈中庸〉認為人性來自天命之貫注，藉由率性修道，慎獨及致中和的工夫以位育天地萬物，以誠之及擇善固執的工夫，盡性以與天地參。〈禮運〉則經由「承天之道以治人之情」之綱

領，認爲大同與小康分別代表理想與現實，而「以天下爲一家，中國爲一人」的高遠境地，其實現並非臆測，而可經由禮制治理人情及講信修睦，以實現天下之大同、大順。藉由上文對〈孔子閒居〉五至、三無、五起、三無私等政治思想之解析，已可理解其內涵，應是融會《論語》、《孟子》、《中庸》等書義理而有之調適上遂。吾人亦可得而確知，上體天心、天道之餘，深掘人性，治理人情，二者實同等重要而不可分離。

《禮記》之政治思想，有其形上原理，及開展的實際步驟，內容豐富而含蘊深刻，無論現實政治層面，或者理想的教化層面，乃至提升吾人精神生命，安頓超越意識，在今日仍頗具參考價值，誠摯地期待有志者，共同參與研究的行列。

參

《禮記》教育哲學之總體考察①

一、前言：《禮記》內涵特色及本文研究旨趣

本文恪就《禮記》中有關教育哲學的篇章，以宏觀的角度作總體考察，有別於以往大多僅側重〈學記〉一文立論的研究概況。原來《禮記》成書於西漢初，內容纂集自孔子以降約四百年間，儒家學派論禮的重要文獻，其中蘊含許多理想的教育思想、制度、學習理論，最可貴的是能提供《論語》、《孟子》、《荀子》以外，豐富的思想及文獻資料，其中有關教育哲學方面，有著系統而深刻的論述。於《小戴禮記》四十九篇中，除了〈學記〉、〈樂記〉以往學界已有較多專業探討之外，其實，〈大學〉、〈中庸〉、〈禮運〉、〈王制〉、〈文王世子〉、〈內則〉、〈曲禮〉等篇，亦為有關教育哲學的代表性篇章，本文將一併列入研究範圍。

何謂教育哲學？簡言之，即「探究教育所根據的哲學的根本原則，並批評此根本原則在教育的理論和實施上所生的影響。」②傳統上係以「教學」代表「教育」的內涵。「教育」一詞，首見於孟子所言：「得天下英才而教育之」③，為人生三樂之一，此係立基在「施

---

① 本論文原刊登於：《鵝湖學誌》，第50期，2013年6月，頁71-115。先前在2013年5月16日宣讀於南華大學主辦：第十四屆比較哲學學術研討會，經修改後發表。

② 吳俊升：《教育哲學大綱》（臺北：臺灣商務印書館，1982），頁33。

③ 《孟子・盡心上・21》，引自楊伯峻編著：《孟子譯注》（臺北：河洛圖書出版公司，

教者」立場而言，其實教育還應包括自「學習者」立場而言的部分。
《禮記・學記》曰：

> 發慮憲，求善良，足以謏聞，不足以動眾。就賢體
> 遠，足以動眾，未足以化民。君子如欲化民成俗，其
> 必由學乎！玉不琢，不成器。人不學，不知道。是故
> 古之王者建國君民，教學爲先。[④]

「教學」二字見於末句，即今「教育」之意。因爲人若不經由
琢磨成器之學習活動，無法獲得知識，增長智慧，理解人生的意義
價值。王船山言：「王者之治天下，不外乎政教之二端。」[⑤]教育與
政治二者實密不可分，所以古代君王思欲「建國君民」及「化民成
俗」，須藉由教育機構、措施，及施以教育、學習活動，作爲必要過
程。然則，教育目標既是「化民成俗」，以俾益「建國君民」實效之
達成，重在提升人民涵養，陶冶品格，則寓含全民教育之旨，已不僅
限於學校教育。

其次，政治領導人若只是重視賢能，廣求善良，可以提升個人聲
譽，感動群眾；但不是治本之計，根本之圖還須廣泛提升全民教養。
此目標並非一蹴可幾，在古代係配合宗法及封建制度，作爲未來各級
政治領導人的培育工作，及民間精英的簡擇與培育，乃其重要課題，

1980），頁309。其實，孟子所言：「父母俱存，兄弟無故，一樂也；仰不愧於天，俯不怍
於人，二樂也；得天下英才而教育之，三樂也。」第一樂是孝弟之道，第二樂是修身之道，
二者也與教育相關，指的是學習者的道德實踐。而在此基礎上，施予教育，才有成功的可
能。

[④] 王船山：《禮記章句・學記》（收于《船山全書》第四冊）（長沙：嶽麓書社，1991），頁
869-870。

[⑤] 王船山：《禮記章句・王制》（收于《船山全書》第四冊）（長沙：嶽麓書社，1991），頁
334。

現今則由國家相關機構作整體規畫。

其三，承上，教育的施行運作，既包括人民教養及精英教育二層面，例如《禮記‧王制》中政教措施的設計即包括此二者。各階層領導人，成為社會結構中政教措施的推動者，則有各種教育機構及制度的設置，藉以發展人先天的善性，提升人格涵養。

總之，人之學習是必要的，還必須經由教育者來啓迪導引。「教」與「學」二者都是教育的內涵，而且是國家政務的首要興辦的措施，當然其詳細內涵還包括教育理念的提出，教育內容的抉擇，教學機構及合理教學制度的設計，施教對象的選擇及教育的方法等。

本論文探討的課題，採取賈馥茗先生的見解，教育哲學應包括「為什麼要教？」「教什麼？」「誰來教？」、「如何教？」四個層面的問題，[6]分類可謂簡潔切要。例如胡適之提到教育哲學的內涵是：「怎樣才可使人有知識，有思想，行善去惡呢。」[7]即涉及以上第一、四項課題；本文即採用以上四個層面的分類法，逐項予以探討。

二、以性貫情的教育哲學

本節討論「為什麼要教」的課題，因為對於人的本質之理解及肯定，是規劃各種教育過程的基礎；而透過各種教育過程，下學人事，上達天道，可以發展人先天的善性，提升人格涵養，豐富人文世界。從「以性貫情」的立場而言，本節主要以〈大學〉、〈中庸〉、〈禮運〉、〈樂記〉四篇文章作為論述依據。

---

[6] 賈馥茗：《教育哲學》（臺北：三民書局，1988），頁15。

[7] 胡適：《中國哲學史大綱》（北京：中華書局，2013），頁2。

　　首先，上繼孔、孟性情之教的傳統，《禮記》的〈大學〉、〈中庸〉二篇，述及內聖外王之道及道德形上學，無疑是最重要的綱領。尤其〈中庸〉探討人性之形上根據，以誠明之道貫通天人，對人的本質有深刻的理解。其次，〈禮運〉論人情的表現，進一步將〈中庸〉所論人性內涵，落實在社會文化各層面上予以實施；二文所論可統合爲性情之教，其三，禮原本即包含樂，〈樂記〉突顯樂之意義及教育功能，其所論禮樂合德之義，則是社會教育及音樂教育的具體實施。綜合上述四篇，對於教育哲學的內容，均有明確範圍及施行的重要步驟。

（一）〈大學〉、〈中庸〉揭示盡性知天及修己治人之道

1. 修身爲本，內聖外王爲目標的人格教育

　　〈大學〉、〈中庸〉是《禮記》四十九篇的核心篇章，二文與全書有體用關係，前者提出三綱八目，以「修身」爲中心，對於內聖外王的弘遠規模及道德實踐次第，清楚說明。〈大學〉首段曰：

> 大學之道，在明明德，在親民，在止於至善。……物格而後知至，知至而意誠，意誠而後心正，心正而身修，身修而家齊，家齊而國治，國治而後天下平。自天子以至於庶人，壹是皆以修身爲本。（〈大學・經一章〉）⑧

　　「大學」之義，一指「大人之學」的簡稱，意即修養成爲聖人君子之學問；爲宋明儒說法；另一義爲「太學」，爲教育機構，乃漢唐舊說。⑨二義可相融攝，並不衝突。

---

⑧ 岑溢成：《大學義理疏解》（臺北：鵝湖出版社，1994），頁30-44。

⑨ 詳參岑溢成：《大學義理疏解》（臺北：鵝湖出版社，1994），頁15-6。

而三綱八目，實即「修身」一目而已，散說則為諸綱目。因為明明德即是修己，新民即是治人，止於至善即修己治人之道德實踐，以最高善為目標。而八目以修身為中心，前四目之格、致、誠、正，實即修身的內容，後三目之家、國、天下，則是修身的實踐對象。

要言之，〈大學〉即以修身為本，而橫通內外，成為內聖外王之學，或曰修己治人之道，故在「人格教育」上，可謂具備弘闊規模。

2. 主體性的建立及超越意識的體認

至於後者〈中庸〉對於人的內在主體性的建立，及人格的提升，以及上達天命天道，有著完整的理論建構。〈中庸〉首章曰：

> 天命之謂性，率性之謂道，修道之謂教。……喜怒哀樂之未發，謂之中。發而皆中節，謂之和。中也者，天下之大本也；和也者，天下之達道也。致中和，天地位焉，萬物育焉。[10]

文中提到率性、修道之教育方法，其目的即在使學習者能秉持其天賦之善性，實現自我人格，參與文明社會，實現圓滿文化的創造。此天命之性，是人內在的道德主體性，亦稱「中體」，實踐為人我相通的整體和諧之境界，稱之為「和」。故說能達致中和，則天地位，萬物育。此亦同於〈大學〉的「止於至善」的境地，不過，〈大學〉所言修己治人之規模次第，固然極其完備，而尚未及〈中庸〉能澈通天人幽明之際。〈中庸〉即言：

> 宗廟之禮，所以序昭穆也；……踐其位，行其禮，奏其樂；敬其所尊，愛其所親；事死如事生，事亡如事存，孝之至也。郊社之禮，所以事上帝也；宗廟之

---

[10] 楊祖漢：《中庸義理疏解》（臺北：鵝湖出版社，1990），頁95。

禮，所以事乎其先也。明乎郊社之禮，禘嘗之義，治
國其如示諸掌乎！（〈中庸·第十九章〉）⑪

從祭祀祖先及天地之禮，縱向溝通天人之際，因此，神道設教之
方式，及下學上達之自我實踐工夫，可以通連人之生命與歷史文化及
天地萬物融爲一體，藉此安頓人之超越情懷，表現人文宗教之精神。
出發點在於行爲主體的修身之道，以身作則，上行下效，以致其功。
〈中庸〉亦有深刻論述：

哀公問政，……故爲政在人；取人以身，修身以道，
修道以仁。仁者，人也，親親爲大；義者，宜也，尊
賢爲大。親親之殺，尊賢之等，禮所生也。故君子不
可以不修身；思修身，不可以不事親；思事親，不
可以不知人；思知人，不可以不知天。天下之達道
五，所以行之者三。曰：君臣也，父子也，夫婦也，
昆弟也，朋友之交也。五者，天下之達道也；知、
仁、勇，三者，天下之達德也；所以行之者，一也。
（〈中庸·第二十章〉）⑫

文中所謂「思知人，不可以不知天」，即前一則以孝祭之道安立
宗教精神，以郊社之禮祭祀天地，宗廟之禮孝饗祖先，喪祭之禮懷念
先人等，皆能使人因天人交通而超越情懷得以安頓，而有穩固的生活
重心。

其次，「修身以道，修道以仁。」德性之學即以修身爲本，表現
智、仁、勇三達德的生命德養，以五倫關係爲通達人心之道路，此亦
即重視人與人間之溝通，而發揮孝悌忠信之涵養，故是以五倫之教建

---

⑪ 楊祖漢：《中庸義理疏解》（臺北：鵝湖出版社，1990），頁176。
⑫ 楊祖漢：《中庸義理疏解》（臺北：鵝湖出版社，1990），頁181-2。

立為日常生活之軌道，而後此言行合一的君子方能平治天下，而完成政治的最高理想。

3. 忠恕之道及五倫關係的安頓

〈中庸〉的教育思想是上承孔孟內聖之學，然又有進一步發展。言性出於天命，似是先客觀說一形而上理論，而其實仍是從忠恕之盡心、推己之實踐說上去的。此重視道德主體性之生命的學問，是談中國教育哲學，不可忽略的特點。而以道德為本的人格教育，忠恕之道及五倫關係的安頓，尤為重要內涵。〈中庸〉曰：

> 故君子以人治人，改而止。忠恕違道不遠，施諸己而不願，亦勿施於人。君子之道四，丘未能一焉。所求乎子、以事父未能也；所求乎臣、以事君未能也；所求乎弟、以事兄未能也；所求乎朋友、先施之未能也。庸德之行，庸言之謹；有所不足，不敢不勉；有餘不敢盡。言顧行、行顧言，君子胡不慥慥爾！（〈中庸・第十三章〉）[13]

引述孔子所言自處處人，須行忠恕之道，自謙未臻完美之四項原則，亦即反省自身當為子、臣、弟、朋友之處境時，是否能言行一致，勉力敬謹以實踐之孝弟忠信之功。結合上則所言，則此其實即指當人身處五倫關係之中，能否修德以俟。比較而言，〈大學〉言誠意慎獨時，是本於盡己之忠而說，言治國平天下時，是本於推己之恕而說，可知〈大學〉是本著曾子之學而作對內、對外的開展，涵攝一切修己治人之學。此與上述〈中庸〉所言者，並無二致。

---

[13] 楊祖漢：《中庸義理疏解》（臺北：鵝湖出版社，1990），頁47。

（二）禮樂合德以化成人文：〈樂記〉之樂管人情，移風
　　易俗

教育目的在於建立君子人格，對比於〈中庸〉從「天命之謂性」談「人性」，〈禮運〉兼從「人情」及形氣立論，落實於政治社會人文各層面予以完成，則顯得較爲具體而可掌握。相合而言，心凝爲性，性動爲情，情行於氣味聲色之間，而好惡由此分野，則人之情與天之道相承終始而無二。〈禮運〉承天道以治人情，是由性貫情的路數；其重點有：（一）性情之教：借禮儀治理人情，以落實大同理想。（二）身心凝合：性靈及形質之美的同體肯定。（三）合禮義以對治人情。

禮實已包含樂在內，但樂的地位獨特，實有必要深研其義，如〈樂記〉即恪就音樂具有抒情及潛移默化的教育作用，予以深入探討。其重點在於闡揚「禮樂合德」的文化整體觀，以禮樂通貫人情，進而化民成俗爲主旨。

1. 禮樂合德：以愛敬之情安頓身心

禮、樂分別經由外在的社會規範和內在的性情陶冶，來防止爭競及淨化情感，故能安定人心，進而平治天下。此旨據〈樂記〉曰：

> 先王之制禮、樂也，非以極口腹耳目之欲也，將以教
> 民平好惡，而反人道之正也。
> 樂由中出，禮自外作。樂由中出故靜，禮自外作故
> 文。大樂必易，大禮必簡。樂至則無怨，禮至則不
> 爭。揖讓而治天下者，禮樂之謂也。[14]

---

[14] 王船山：《禮記章句・樂記》，頁897、902。

指出禮樂的教育功能是「教民平好惡，而反人道之正」，文中極
爲推崇禮樂可使個人的欲望情感和社會的倫理道德，二者達到統一的
效果，〈樂記〉對於樂，較著重其社會教育功能，但又多方比較樂和
禮的不同，以及兩者的功效。此可能是增修《荀子・樂論》所說「樂
和同，禮別異」的基本觀點[15]，因禮和樂必須相輔爲用，由外而內，
又由內而外，最後達到一致的目的。〈樂記〉曰：

> 樂者爲同，禮者爲異，同則相親，異則相敬。樂勝則
> 流，禮勝則離。合情飾貌者，禮樂之事也。禮義立，
> 則貴賤等矣。樂文同，則上下和矣。
> 禮者，殊事合敬者也；樂者，異文合愛者也。禮樂之
> 情同，故明王以相沿也。
> 仁近於樂，義近於禮。……聖人作樂以應天，制禮以
> 配地。禮樂明備，天地官矣。[16]

禮樂的作用是「合情飾貌」，對人的身心內外有整體影響，透過
愛敬之情之安頓，令人有合理的行爲表現。因此，禮樂純由聖王自外
訂定，用以感動人心，變化人情。禮樂配合運用，內外和諧，達致文
質彬彬，盡善盡美的成效。

2. 樂通倫理，返情治心

教育之目的在於提升人格涵養，學爲君子，避免淪爲小人，並知
人禽之辨，挺立道德尊嚴。據〈樂記〉云：

---

[15] 參考唐君毅：《中國哲學原論・原道篇二》（臺北：臺灣學生書局，1978），頁64。其言
曰：「《禮記》之〈禮運〉、樂論，及其他文，又對荀子之言，有所增益修正。荀子之思
想，卓然成家，非襲取他人之言，以成其論者。即可證《禮記》之文與《荀子》文相同者，
乃《禮記》之襲《荀子》，非《荀子》之襲《禮記》。」
[16] 王船山：《禮記章句・樂記》，頁900-1、905、911。

> 凡音者，生於人心者也。樂者，通倫理者也。是故知
> 聲而不知音者，禽獸是也；知音而不知樂者，眾庶是
> 也；唯君子爲能知樂。是故審聲以知音，審音以知
> 樂，審樂以知政，而治道備矣。是故不知聲者不可與
> 言音，不知音者不可與言樂，知樂，則幾於禮矣。
> 禮、樂皆得，謂之有德。德者，得也。⑰

由於樂即是內心情感的表現，且必須是倫理道德的感情，特重主
體性，故音樂可以彌補制度、儀式之不足，賦有改善政治及社會的使
命。

孔孟均重視君子小人之辨及人禽之辨，上文中區分聲、音、樂三
者的高下層次，尤其與文明程度的進展相關，立論頗爲深刻。因此唯
有君子才能知樂，而透過禮樂的治心功能，喚起人們向善的情感，將
政務提升到禮的層次。〈樂記〉又載：

> 君子曰：禮樂不可斯須去身。致樂以治心，則易、
> 直、子、諒之心油然生矣。
> 樂也者，聖人之所樂也，而可以善民心，其感人深，
> 其移風易俗，故先王著其教焉。
> 樂者，樂也。君子樂得其道，小人樂得其欲。以道制
> 欲，則樂而不亂；以欲忘道，則惑而不樂。是故君子
> 反情以和其志，廣樂以成其教。樂行而民鄉方，可以
> 觀德矣。⑱

此三則談音樂教育的重要，由於樂之教化功能深遠，故曰「先

---

⑰ 王船山：《禮記章句‧樂記》，頁894-6。

⑱ 王船山：《禮記章句‧樂記》，頁948、920、927。

王著其教」及「廣樂以成其教」。分言之，其一，音樂可以對治心之偏邪；其二，音樂可以善化人心，感人深刻而移風易俗。其三，則以道、欲對比，認爲情欲之背道而馳，可以經由音樂之引導，激發心靈的道德理想，故說「反情以和其志」，可知此語最爲切要。其所達致之境界，則如〈樂記〉所云：

> 情深而文明，氣盛而化神，和順積中，而英華發外，
> 唯樂不可以爲僞。
> 樂極和，禮極順，內和而外順，則民瞻其顏色而勿與
> 爭也，望其容貌而不生易慢焉。
> 樂者，天地之和也；禮者，天地之序也。和，故百物
> 皆化；序，故群物有別。[19]

文中「氣盛而化神」說到禮樂可以對於身、心凝合之生命總體，達到和諧的生命人格之美，而自然令人尊重，不致產生易慢之情。

以道德作爲禮樂之本源，透過禮樂的運作，宇宙秩序即是道德秩序。樂之和諧功能，如同宇宙萬物皆能得到生長化育，禮之別異功能，如同宇宙萬物皆能並育而不相害，使個別人格都能得到發展成全。透過禮樂文化，個人同時能與社會與自然和諧互動，達到天人合德的最高境界。

3. 本之情性，深化樂教於無形

〈樂記〉的人性觀融攝孟子、荀子論性之旨，作者認爲血氣與心知，均是凡民生而具有之本性，易受外物感應，進而形成心意活動。如曰：「夫民有血氣心知之性，而無哀樂喜怒之常，應感起物而動，

---

[19] 王船山：《禮記章句‧樂記》，頁928、950、906。

然後心術形焉。」⑳文中血氣之性即荀子所謂「生之所以然之性」。又《禮記・三年問》曰「有知之屬莫不愛其類」。則心知不只是理智，且涵愛心，同於孟子所說性之仁端。唯孟、荀都以性攝情，著重存心養性或化性起偽，而〈樂記〉反而著重在調治「無喜怒哀樂之常」的人情。〈樂記〉曰：

> 是故先王本之情性，稽之度數，制之禮義，合生氣之和，道五常之行，使之陽而不散，陰而不密，剛氣不怒，柔氣不懾，四暢交於中而發作於外，皆安其位而不相奪也。然後立之學等，廣其節奏，省其文采，以繩德厚，律小大之稱，比終始之序，以象事行，使親疏、貴賤、長幼、男女之理皆形見於樂，故曰：「樂觀其深矣。」㉑

「本之情性」即延續上文「反情以和其志」、「情深而文明」之意旨，制定音樂教育的原則及內容。故曰「立之學等」，即因應「親疏、貴賤、長幼、男女」之人間理則，與音樂節奏、樂曲結構形成對應共鳴，而達到導引安頓人民情性的功效。以上，經由對人情性的理解，導引出一套音樂教育的具體作法，及其預期成效。因此，透過音樂的獨特性質及其功能，可以使得不同地位及處境的人們，都能對人生獲得深切的體認。

三、教育制度與教育內容

本節從〈王制〉、〈文王世子〉、〈曲禮〉、〈內則〉之相關

---

⑳ 王船山：《禮記章句・樂記》，頁920。
㉑ 王船山：《禮記章句・樂記》，頁922-3。

內容，探討教育制度與教育內容，屬於「教什麼」及「誰來教」的課題，二者須統合探討；至於所教的內容是是道德品格教育及知識技術教育，則亦交互重疊，無法截然分開。此外其內容還包含品格陶冶及修己治人之道，以下分別從「誰來教」及「教什麼」二節，析述其內涵異同。

（一）誰來教：王者興辦教育以化民成俗

本節探討「誰來教」的課題，分別從王者之政教措施、教育官員及教師、學校教育及家庭教育等方面予以論述。因為古代君王在名義上是國家整體教育規畫的統籌者，透過政教措施安定人民生活，使其尊君親上，此是廣義的社會教育。又為求長治久安，安排妥善的教育制度及實施方式，此則是學校中的精英教育。

1. 王及諸侯之推行政教措施

國家應修其政制及文教措施，王者教化民眾，移風易俗，須立基於尊重人性不齊及多元文化的基礎上，擬訂相應的政教措施，《禮記・王制》曰：

> 凡居民材，必因天地寒煖燥濕。廣土大川異制，民生其間者異俗，剛柔、輕重、遲速異齊，五味異和，器械異制，衣服異宜。修其教，不異其俗，齊其政，不易其宜。中國戎狄，五方之民皆有性也，不可推移。……中國、夷、蠻、戎、狄，皆有安居、和味、宜服、利用、備器。五方之民言語不同，達其志，通其欲。（第二十章）[22]

---

[22] 王船山：《禮記章句》，頁332-4。

　　國家整體政教措施，應考量民性材質不齊，及不同天候、地理環境所造成之器械、衣服、飲食等生活差異，要使其安居樂業，不可強加改變。重點是倫常道德的規範，及國家基本政令的宣導能正常實施即可。對於不同言語及嗜欲的族群，使其人民之願望及理想，得到滿足並促其實現。

　　理由是習俗及時地之宜，係經長久自然演變；而政令之規劃執行者，宜因勢利導，故宜透過修其文教，齊其政令，逐漸使民性向善。

　　〈王制〉又主張「分地居民」與「教民選士」，其程序必須先能安土置民，然後進而興學，才能有利於人文化成，並改善民俗的缺失；其目的在於發揚倫理道德，發揮人性價值。

　　而教育的施行運作包括人民教養及精英教育二個方面，前者人民教養的實施，在使人民能夠安居樂業，淳樸好禮，進而忠愛家國社會。《禮記‧王制》云：

> 凡居民，量地以制邑，度地以居民，地邑、民居必參
> 相得也。無曠土，無游民，食節視時，民咸安其居，
> 樂事勸功，尊居親上，然後興學。（第二十一章）[23]

　　末句所言「然後興學」，無疑是施政諸事中最根本的一環，誠如《禮記‧學記》所言「古者建國君民，教學為先。」然而在執行上的先決條件，仍是衣食物質生活，及家庭倫理上生活的安定，以備在孝弟及修身方面能有所涵養。此中寓含孟子「保民而王」、「謹庠序之教」的政治理想。亦可參證前節孟子所謂君子有三樂，以孝弟及修身為實施教育之前提。

　　文中具體提出「然後興學」的先決條件，政府須作適當土地規

---

[23] 王船山：《禮記章句》，頁334-5。

劃，「分地居民」，使土地、城邑及人民三者相得，因爲人民在現實面之需求及物欲之得以滿足，而後搭配相應的政制措施，才能潛移默化，在無形中長養人性的光明面，樂善勸功，尊君親上，提供進一步落實教育措施之可能。

　　至其所謂「興學」，則包括國學及鄉學，如《禮記・學記》云：「古之教者，家有塾，黨有庠，術（遂）有序，國有學。」[24]古者五百家爲黨，一萬兩千五百家爲遂，庠序即是鄉學（地方政府所設學校）。只有天子、諸侯的國都才設置大學。

2. 教育官員、學校教師

(1) 司徒

　　〈王制〉第二十二章言「司徒」之職責，其施教內容則有六禮、七教、八政（詳見於第三十五章），兼含直接施教，及間接的政制規劃以達致教化功能。《禮記・王制》曰：

> 司徒修六禮以節民性，明七教以興民德，齊八政以防淫，一道德以同俗，養耆老以致孝，恤孤獨以逮不足，上賢以崇德，簡不肖以絀惡。（第二十二章）
> 六禮：冠，婚，喪，祭，鄉，相見。七教：父子，兄弟，夫婦，君臣，長幼，朋友，賓客。八政：飲食，衣服，事爲，異別，度，量，數，制。（第三十五章）[25]

　　呼應〈學記〉所云教育目的有「化民成俗」之意，及〈中庸〉孝弟忠信之教，郊社之禮，禘嘗之義。〈王制〉提及司徒的任務，在以

---

[24] 王船山：《禮記章句》，頁872。

[25] 王船山：《禮記章句》，頁335、368-9。

六禮、七教、八政作爲教育之具體內容，訂定道德標準，實施倫理教化；配合養老、恤孤，興發人民孝悌之心理，教化人民於無形。

六禮由司徒掌管，藉冠、婚、喪、祭、鄉飲酒禮等生命禮儀，教導士人，並調節人民習性。

七教是在父子、兄弟、夫婦、長幼、朋友等人際關係中，學習交流溝通之道，因爲倫常道德，係根據人性中本具之良知良能，讓人民修此率性之道，完成此教育之功能。

八政看似與教育無直接關連，其實與今日「技職教育」的功能遙相呼應，呼應前段〈王制〉二十章所言：「皆有安居、和味、宜服、利用、備器。」八政之中，飲食是人生命滋養的來源，衣服則可遮蔽防護生命，二者又是區別尊卑等級之文明表徵。事爲即各種職業，異別指男女之防，度、量、數是計量的器具，制是建造宮室車服等依據之準則。綜合言之，因有齊一的規制，客觀上可藉此防範違禮犯紀之行爲。

(2) 大小樂正、大司成

前段「司徒」所掌管的類似民衆教育，重在道德教育和職業教育，「樂正」掌管的是學校教育，大學教育是培養人才的教育，「詩書禮樂」四教是知識和技能的教育。

有關「大學」機構中之精英教育，施教者爲大樂正，對象爲貴族嫡長子及民間之俊選，施教內容則是詩書禮樂，教育目標是培養未來各階層領導人（即今日各行業的精英）。〈王制〉曰：

> 樂正崇四術，立四教，順先王詩、書、禮、樂以造士。春秋教以禮、樂，冬夏教以詩、書。王大子、王子、群后之大子、卿大夫元士之適子、國之俊選，皆造焉。凡入學以齒。

> 大樂正論造士之秀者以告於王而升諸司馬，曰進士。
> 司馬辨論官材，論進士之賢者以告於王而定其論。論
> 定然後官之，任官然後爵之，位定然後祿之。大夫廢
> 其事，終身不仕，死以士禮葬之。（二十三章）㉖

　　樂正在四季中配合天候及學習心理，在教學內容上各有側重，春秋以學習禮樂爲主，冬夏以學習詩書爲主。而受教者爲貴族嫡長子及民間俊選之士，但在大學受教期間，學子間之相處並不分貴賤，唯以年輩長幼爲序。

　　後段說明從「大學」中選賢任官之法，經過嚴格的考核確認。由大樂正從造士中挑出優秀者，推薦給司馬，再經司馬考評之後上報於王，俟考評確定之後，正式任官，授以爵祿。

(3) 退休資深官員：三老五更

　　又據《禮記・文王世子》云：

> 凡祭與養老乞言，合語之禮，皆小樂正詔之於東序。
> 大樂正學舞干戚。語、說命、乞言，皆大樂正授數。
> 大司成論說在東序。㉗

　　從「乞言，合語、說命」諸用語，可看出太學的祭祀、養老典禮中，有向資深退休官員諮詢請益的舉動。因此大學中的之施教者，主體是小樂正、大樂正、大司成，如何協同合作，並配合季節、地點予以實施各種教學內容。除此之外，養老而「乞言」，有請求老者傳授教導之意，重視其人生歷練及經驗之可貴。而「合語」之禮，則係於典禮進行中，與老者旅酬互動，稱述古語，作爲獎賞及懲戒的依據。

㉖ 王船山：《禮記章句》，頁336-41。

㉗ 王船山：《禮記章句・文王世子》，頁509-10。

配合「祭祀」及「養老」二種典禮進行。

首句之「祭祀」，其用意有如〈學記〉所言：「大學始教，皮弁
祭菜，示敬道也。」之意，必須尊師重道，對於先聖先師於文化傳承
的貢獻，表達感激之意，因爲透過教學機構的運作，文化得以承先啓
後，而有歷史教育的意義。

「養老」之禮乃是大學教育過程中重要一環，以燕禮、享禮、
食禮三種方式執行，養三老五更、致仕之老於國學。《禮記・王制》
曰：

> 凡養老，有虞氏以燕禮，夏后氏以饗禮，殷人以食
> 禮，周人修而兼用之。五十養於鄉，六十養於國，
> 七十養於學，達於諸侯。……凡三王養老，皆引年。
> 八十者，一子不從政，九十者，其家不從政。（第
> 二十九章）[28]

虞、夏、商三代養老方式有別，有虞氏養老用「燕禮」，是對
老人行一獻禮，老人坐著飲酒，可以至於醉，即是允許盡量，禮數較
簡單，重點在於「愛敬」。夏后氏的「饗禮」是設宴於朝，依尊卑而
獻，禮數隆重，特別表示「尊敬」。殷人養老用「食禮」，設酒不
飲，以食爲重，重點在於「實惠」。周人則兼用此前三代養老之禮的
優點，係因前三代之禮意，分別側重愛、敬、惠。

其次，各級行政區域均有養老之禮，養老典禮的處所，是五十歲
在鄉學，由鄉大夫主持；六十歲在小學，由大司徒主持。七十歲養於
大學，由天子親自負責。其地選在學校舉行，則因學校是教育孝悌的
適當處所。而且由王者以身作則，上行下效，修明其禮以教國人，可

---

[28] 王船山：《禮記章句》，頁354-9。

說是推行孝悌之最佳方法。

其三，老人眾多，非賢者不可皆養於學，故必引戶校年，而行糜粥飲食之賜，然後所養無不遍，其中尤老者又須復除於其家。

總之，養老之禮乃是明德孝悌擴充於天下之至善保證。亦如孟子所敘論者，是仁政王道的充盡實現，其中不容忽視的意義，是學術文化業績的傳承，表達對於致仕官員之老者智慧的珍惜。

3. 父母及女師：生活禮儀教育及幼兒教育

家庭教育之施教者，為父母及家中女師，施以生活禮儀教育及幼兒教育。教育內容非常廣闊，主要包括孝弟之道及男女有別的品德教育、幼兒禮儀，以及飲食、衣服等生活起居的規矩，小學六藝之禮樂射御書數等。《禮記‧內則》曰：

> 子能食食，教以右手：能言，男唯女俞。男鞶革，女鞶絲。六年，教之數與方名。七年，男女不同席，不共食。八年，出入門戶及即席飲食，必後長者，始教之讓。九年，教之數日。十年，出就外傅，居宿於外，學書計，衣不帛襦袴，禮帥初，朝夕學幼儀，請肄簡諒。十有三年，學樂，誦詩，舞〈勺〉。成童，舞〈象〉，學射御。二十而冠，始學禮，可以衣裘帛，舞〈大夏〉，惇行孝弟，博學不教，內而不出。三十而有室，始理男事，博學無方，孫友視志。㉙

以上指古代貴族子女，在十歲以前接受家庭教育，不但學習技術性知識，如數目、方位、文字、計算等，也學樂、舞、誦詩、射、御等技術性才藝。然而，更重要的是修養品格，學習生活禮儀及道德倫

㉙ 王船山：《禮記章句》，頁717-9。

理教育，例如飲食必後長者，教導禮讓之道，朝夕習幼儀，貴在簡易誠實。

三十歲以前不可為師，以向外吸收學習為主。三十歲以後，仍應廣博學習，故能否以遜讓態度結交朋友，藉以責善自省，則可考察一己志意的得失大小。可見學習並不僅限於家庭及學校，還須自我惕勵，終身學習。

（二）教什麼：品德教育及經典教育之統合

本節探討「教什麼」的課題，分別從品德教育及經典教育、生活禮儀教育、課餘技藝活動教育、宗教意識及歷史教育等方面予以論述。

1. 孝弟忠信及詩書禮樂

品德教育的孝弟忠信之意，如〈王制〉中「司徒」之教所述。至於經典教育之詩書禮樂，〈王制〉言：「樂正崇四術，立四教，順先王詩、書、禮、樂以造士。春秋教以禮、樂，冬夏教以詩、書。」已有所論。《禮記‧文王世子》第四章亦說明詩書禮樂為教化的內容，其方法又須依季節實施，其言曰：

> 凡學（即「斆」，此處為「教」之義）世子及學士，必時。春夏學干戈，秋冬學羽籥，皆於東序。……胥鼓南，春誦夏弦，大師詔之。瞽宗秋學禮，執禮者詔之；冬讀書，典書者詔之。禮在瞽宗，書在上庠。[30]

本文雖是教育太子之法，但是太子仍須在大學中與眾多士子共同受教。因為世襲之太子既無法預期其必為賢人，為免紛爭又須預建

---

[30] 王船山：《禮記章句‧文王世子》，頁507-8。

太子，因此，後天之教育相較之下乃益形重要，平素教以中和孝友之
道，以培育德性，並且依四時所宜，令太子受教於國學，與眾士為
伍，並輔之以師保，藉由禮樂儀節的演習成就其德行。為適應陰陽寒
暑的節侯狀況及在此節侯環境下的學習成效，乃設計出四季各有不同
教學內容[31]，依序各以樂、詩、禮、書為主，再配合其他三者為輔，
且各有專人職司，其中特色為樂舞亦為教學之重要內容，不僅限於經
典之教育而已。

2. 下學上達之道，存理遏欲之方

相較而言，〈中庸〉指出人性根源於天命，教育的作用在於使人
能發揚天命之性，而〈曲禮〉所言卻是下學人事的實質內容，說明如
何在生活實踐上體現出天命之性。《禮記‧曲禮上》曰：

> 毋不敬，儼若思，安定辭，安民哉！敖不可長，欲不
> 可縱，志不可滿，樂不可極。賢者狎而敬之，畏而愛
> 之。愛而知其惡，憎而知其善。積而能散，安安而能
> 遷，臨財毋苟得，臨難毋苟免，狠毋求勝，分毋求
> 多。疑事毋質，直而勿有。若夫坐如尸，立如齊，禮
> 從宜，使從俗。[32]

---

[31] 四季教以不同的教學內容，其實是較為誇張的說法，並非完全正確。此可參看《禮記章句‧
王制》所言：「樂正崇四術，立四教，順先王詩書禮樂以造士，春秋教以禮樂，冬夏教以
詩書。」根據孔穎達的解釋說：「術是道路之名，詩書禮樂，是先王之道路；秋教禮，春教
樂，冬教書，夏教詩，……今交互言之，明四術不可暫時而闕，但視其陰陽以為偏主耳。」
（《禮記正義》，阮元校勘《十三經注疏‧五》，臺北：大化書局，頁2904）。若其說正
確，則可見其實詩書禮樂都是四季之教學內容，只是按時序而有輕重分量之不同，並非四季
之教學內容截然不同。王船山則認為是：「禮樂須執其事而習演之，極寒盛暑，易生厭倦，
故須春秋中和之侯；誦詩讀書則不避寒暑。」（《禮記章句‧王制》，頁338）。綜合二氏
之說，可知四教的學習效果與四季的陰陽節候密切相關。

[32] 王船山：《禮記章句‧曲禮上》，頁12-4。

首句「毋不敬」相當於〈中庸〉所言發而中節之和，「儼若思」相當於未發之中，「安定辭」則強調心物內外交接之際，以誠信臨之，在循事察理的過程中，定之以為辭說。持以修己正人，則有「安民哉」的成效。故王船山即認為前四句為〈曲禮〉一篇統宗[33]，類似〈大學〉之正心、誠意，及〈中庸〉「誠之者，人之道。」以上乃窮理之學。

自第五句「敖不可長」以下，則說明遏欲之事，重在節情去私。其一，自許不可驕縱及志得意滿。其二，待人處世應愛敬得宜；其三，身處名利及危疑之際，能知所進退。末四句「坐如尸，立如齊，禮從宜，使從俗。」則為以上之執行成效，有端莊合宜的容貌儀表，及權衡恰當的行為表現。

3. 重視課餘技藝，以與四時正業相輔

古代大學的教育內容是詩書禮樂，然而此課堂正業，卻須與課後游息時之藝能活動，二須相輔相成，道在器中，學藝相輔。《禮記・學記》曰：

> 大學之教也時，教必有正業，退息必有居。學：不學操縵，不能安弦；不學博依，不能安詩；不學雜服，不能安禮；不興其藝，不能樂學。故君子之於學也，藏焉，修焉，息焉，遊焉。夫然，故安其學而親其師，樂其友而信其道，是以離師輔而不反也。[34]

以上之斷句，採取船山之特殊見解，一般版本皆採「大學之教也，時教必有正業，退息必有居學。」之斷句，船山則獨持異議，而

---

[33] 王船山：《禮記章句・曲禮上》，頁12。
[34] 王船山：《禮記章句・學記》，頁875-7。

謂時教之正業不可躐等以授學者；退息之間亦須有恒守之藝事，操持勿輟，讓課堂正業與課後藝能二者相輔相成。其次，大學中所教詩禮樂之內容，學者不可僅止於課堂上之曉喻而已，還必須置入全體生活作親切的體證。即正業之詩書禮樂固須循序漸進，日有所得，此是為學日益。通過操縵、博依、雜服等藝事活動，存於心，習於行，時時體證其中之條理，領會其中意味之無窮。然後才能樂之不倦，不但能安其學，還能進一步親其師、樂其友而信其道。故若能將道藝植根於自我生命之中，畢業後雖無師友之輔佐，亦不致離經叛道。

4. 王者神道設教：宗教意識及歷史文化教育

〈學記〉曾提及：「大學始教，皮弁祭菜，示敬道也。」即以宗教儀式表現尊師重道的作為，可見宗教超越意識及歷史文化教育的傳承，也是教育內容的重要課題。〈學記〉又言「宵雅肄三，官其始也。」側重在學習伊始，即應奠定「治國、平天下」等參與社會服務人民的心願，也屬歷史文化教育的範圍。

神道設教為《周易》觀卦象傳之語，[35]為安頓人之宗教情懷，使人報本反始之情作一投射，前段曾引〈中庸〉所說：「郊社之禮，所以事上帝也；宗廟之禮，所以事乎其先也。明乎郊社之禮，禘嘗之義，治國其如示諸掌乎！」說明祭祀祖先及上帝之禮，縱通天人之際，以安頓人之超越情懷，而〈禮運〉亦肯定祭祀典禮配合政治制度之有其客觀存在意義及教化功能。發揚人性美善，乃以自然宇宙天地

---

[35] 《周易》：「觀，天之神道，而四時不忒，聖人以神道設教，而天下服矣。」王船山詮釋曰：「天以剛健為道，垂法象於上，而神存乎其中：四時之運行，寒暑風雷霜雪，皆陰氣所感之化，自順行而不忒。聖人法此，以身設教，愚賤頑冥之嗜欲風氣雜然繁興，……」引自王船山：《周易內傳》（《船山全書・第一冊》）（長沙：嶽麓書社，1996），頁201。其意蓋謂：神道即天道化育萬物之妙運作用，聖人欲體現天道之繁興大用，即是創制立教，制定祭禮以溝通天人，安頓人情，則天下萬民自然順服。

山川萬物作為人所效法的對象，在制禮過程首先從精神層面、宗教意識的層次，溝通天人之間的情意，如曰：

> 故先王患禮之不達於下也，故祭帝於郊，所以定天位也；祀社於國，所以列地利也。祖廟所以本仁也；山川所以儐鬼神也；五祀所以本事也。故宗祝在廟，三公在朝，三老在學，王前巫而後史，卜、筮、瞽、侑皆在左右，王中，心無為也，以守至正。
> 故禮行於郊而百神受職焉，禮行於社而百貨可極焉，禮行於祖廟而孝慈服焉，禮行於五祀而正法則焉。故自郊、社、祖廟、山川、五祀，義之修而禮之藏也。[36]

為安頓人的宗教情懷，讓人的報本反始之情作一投射，上文謂先王通過祭祀之典禮，啟導人心回應天道，挺立人性尊嚴。故禮行使於郊、社、祖廟、五祀，禮義修明而蘊藏於禮制之中。

《禮記》中透過諸多禮節儀文之制定，待其人秉其仁心執行之，以即事顯理，讓生活、生命禮儀中，經由人情之恰當發露，體現天道的全幅內容。此因孝弟為人之天性，而人亦莫不有報本反始之情，故孟子即言人人皆有不忍人之心，苟能擴充之，則足以保四海，苟不充之，不足以事父母。故《禮記》所載雖若無世俗型態之宗教儀式，祭祀祖先及天地之禮，卻富含宗教精神及歷史教育的意義。

四、教學方法及考核評量

教育哲學「以性貫情」、「立體達用」之大原則，前已詳述。至於「如何教」的課題，以〈學記〉作為主要論述對象，在學界雖已有

---

[36] 王船山：《禮記章句·禮運》，頁567-8。

大量研究成果，足資參考。惟因客觀需要，本節理當擇要略予論述。「如何教」的課題，指各種教學法及成效的衡量，相關人員包括施教者、學習者，及學習成效的衡量。

（一）教學原則

教學方法是多元的而各有其成效，難免會有優缺點並存的情形，吾人所當注意者是其指導原則之大本確立，由本貫末，而能大本不失。〈學記〉提及數項教學原則，頗值得「施教者」參考，分述如次。

1. 教學相長：教學過程亦是廣義的學習過程

教學時教師不免會遇到困難，然而經過反省，設法突破困境，卻可得到長進。可見教學過程亦是廣義的學習過程，寓含「終身學習」的觀念，而且「教學」更是擴大學習成效的最佳方法。〈學記〉曰：

> 雖有嘉肴，弗食不知其旨也；雖有至道，弗學不知其善也。是故學然後知不足，教然後知困。知不足，然後能自反也；知困，然後能自強。故曰教學相長也。〈兌命〉曰：「斅學半。」其此之謂乎！[37]

就學習者而言，經由學習才能知學無止境，反求諸己，繼續學習下去。文中以美食作比喻，以感官經驗證明學習的重要。總之，教與學二者，其實是互相滲透、互相促進的，因此，教學者必須能「自強」、「自反」，不但自我惕勵，亦須隨時反躬自省。

《老子·四十八章》曰：「為學日益，為道日損。」辯證地說明學無止境，學習者應有謙遜的心理之外，無論為學、為道，二者其實

---

[37] 王船山：《禮記章句·學記》，頁871。

是學習的內容，尤其學道之內容，包括自我修爲及待人處世的智慧。而且教學者能否傳達知識、智慧給他人，亦是眞知與否的驗證。船山曰：「學日益其所不足，則教不困；教以困而自強，則學益充。」「教以自強而研理日精，足以當學之半。」[38]可見教學工作不純是教，教是「成人」的工作，學是「成己」的工作，即使已作爲教師，仍須一面教，一面學，因爲學無止境，仍須不斷進修。

2. 教學成敗的因素：豫時孫摩及其反證

〈學記〉言及「大學之法」，指出大學教人的方法，有四種教學理論是造成教育興盛的原因，另有六種情況是導致教育失敗的因素，君子須全盤了解教育興廢的原因，才有資格爲人師。其言曰：

> 大學之法，禁於未發之謂豫，當其可之謂時，不陵節而施之謂孫，相觀而善之謂摩：此四者，教之所由興也。發然後禁，則扞格而不勝；時過然後學，則勤苦而難成；雜施而不孫，則壞亂而不修；獨學而無友，則孤陋而寡聞；燕朋逆其師，燕辟廢其學：此六者，教之所由廢也。[39]

上文提出教學成敗的因素，正面而言，教學過程應先定出規範，以禮約束，防範未然。其次，及時施教；再次，循序漸進；最後，彼此觀摩，互相學習彼此優點，以擴大學習成效。以上四項若有違背，則教學成效不彰。其一，因欲望情識引動之後，才加以禁制，則易遭牴牾。其二，當其憤悱求知之際，不能因勢利導，則良機不再，教學效益不佳。其三，不能循序教學，則學生易遭挫折而沮喪，學之勉強而易忘。其四，彼此未能觀摩取善，則孤陋寡聞，終成井底

---

[38] 王船山：《禮記章句・學記》，頁871。

[39] 王船山：《禮記章句・學記》，頁878。

之蛙。而總結以上根由，則因不良生活習性養成，及喜好逸樂之友誘引所致。

3. 適性教學法：長善而救其失，因材施教

〈學記〉言「學者有四失」，是指學生因心性材質的不同，而有四種不同缺失，一是貪多務得，而不求甚解；二是涉獵不廣，而所知太少；三是見異思遷，學而不專一；四是畫地自限，不求上進。教師必須充分了解學生這四種心理狀況，糾正這缺點，才能增進學生的優點。其言曰：

> 學者有四失，教者必知之。人之學也，或失則多，或失則寡，或失則易，或失則止：此四者，心之莫明也。知其心，然後能救其失也。教也者，長善而救其失也。[40]

此段言因材施教，對於學生材質差異，盡量充分客觀同情理解，分別施以對治之道。表面看來是性格及學習心理的缺點，其實也蘊含著積極的因素，教師應設法導之向善。王船山認為：「多、寡、易、止雖各有失，而多者便於博，寡者易以專，易者勇於行，止者安其序，亦各有善焉。救其失，則善長矣。」[41]可見對缺失能正確處理，也可轉失為得。亦即了解其心理狀態，因材施教，當可補救缺失，培養學生博學、專一、篤行、循序等優點。

---

[40] 王船山：《禮記章句·學記》，頁879-80。
[41] 王船山：《禮記章句·學記》，頁879-80。

（二）七大教學綱領及教學語言使用策略

1. 教之大倫：通論大學教育的七項基本要求

〈學記〉言「教之大倫」，即設教之大義，是周代大學教育在開學時，所注重的七項教學的基本原則。用意在於使學生能符合尊師重道、從政報國、恭敬求學、收束威儀、從容學習、獨立思考、循序漸進等七項基本要求，使每個學生都能高尚其志。其言曰：

> 大學始教，皮弁祭菜，示敬道也。宵雅肄三，官其始也。入學鼓篋，孫其業也。夏、楚二物，收其威也。未卜禘不視學，游其志也。時觀而弗語，存其心也。幼者聽而弗問，學不躐等也。此七者，教之大倫也。[42]

其一是學生入學時，有關官員穿著朝服，以蘋藻祭祀先聖先師，表示尊師重道，使學生知所仰慕。其二是指令學生誦習《小雅》的〈鹿鳴〉、〈四牡〉、〈皇皇者華〉三篇君臣宴樂相勞苦的詩篇，令學生感受向學的志意，最後所學可以用於服務國家。其三，授課前先擊鼓召集學生，然後學生打開書篋，用以提撕警覺，使學生肅穆向學。其四，陳列苦荼、荊條等教鞭以收束學生威儀，使其不敢怠惰傲慢。其五，入學於春天，考察成績在夏祭之後，有充分時間使學生能按自己志趣從容學習。其六，教師應時常觀察學生的勤怠，惟不干預，使學生能獨立思考而獲益。其七，按學生年紀長幼與接受能力，教師對年長者諮問，讓年幼者旁聽，等待學力累積，則自能通曉。

以上內容包括對德育（已含群育在內）、智育二方面施教的基本要求。其間言及振興鼓舞學生的方法，整齊嚴肅的用意，從容涵養的益處，但並未實際提及教學的內容，而著重在涵養、堅定學生的志

---

[42] 王船山：《禮記章句·學記》，頁873-5。

向。可見周代立大學之本意，重在啓迪學生心智，俾其立下遠大志向，發揮自動學習的精神。

2. 教師之語言使用策略：曉喻教學法及善用問答法

(1) 曉喻教學法：導而弗牽，強而弗抑，開而弗達

〈學記〉言及「君子之教」，指教師要具有道德修養、學問專長，爲人格健全的君子。故能運用良好的教育方式，符合引導、適性、啓發的教學原則，讓學生覺得教師溫和可親，學習容易，學會獨立思考，願意自動學習。其言曰：

> 故君子之教喻也，道而弗牽，強而弗抑，開而弗達。
> 道而弗牽則和，強而弗抑則易，開而弗達則思。和易
> 以思，可謂善喻矣。[43]

本段言教學重視啓發性，與上段及時施教之法相關，理想的教學效果是讓學生覺得學習過程和悅、容易，又能獨立思考。而其方法，則是能曉喻學生，善於啓發誘導之，「道而弗牽，強而弗抑，開而弗達。」引導他而不是牽著走，勉勵他而不施加壓力，指點他方向而不是全盤告知。總之，良師的教學方法必能順應學生的志趣，發掘學生的潛能，促進學生的獨立思考，達到使學生自動學習的目的。

(2) 博喻爲師及善用問答法

「能博喻然後能爲師」意指教師必須因材施教，廣泛地曉喻學生，而不拘一途。其先決條件是通曉求學入道的淺深次第，了解學生資質材性的好壞，才能達成目標。而作爲領導人才的君長，其實也應向師道取則。〈學記〉曰：

---

[43] 王船山：《禮記章句・學記》，頁879。

善歌者使人繼其聲，善教者使繼其志。其言也約而
達，微而臧，罕譬而喻，可謂繼志矣。君子知至學之
難易而知其美惡，然後能博喻，能博喻然後能爲師，
能爲師然後能爲長，能爲長然後能爲君。故師也者，
所以學爲君也。是故擇師不可不慎也。

善學者師逸而功倍，又從而庸之；不善學者師勤而功
半，又從而怨之。

善問者，如攻堅木，先其易者，後其節目；及其久
也，相說以解。不善問者反此。善待問者如撞鐘，叩
之以小者則小鳴，叩之以大者則大鳴，待其從容然後
盡其聲。不善答問者反此。此皆進學之道也。

記問之學，不足以爲人師，必也其聽語乎！力不能
問，然後語之；語之而不知，雖舍之可也。㊹

學生無論智愚賢不肖，皆可加以曉喻教導，而不可放棄，其關鍵
唯在於教師是否善於啓發誘導而已。

其次，眞正可以爲師者，必須學有所得，義理充足，才有能力鼓
勵學生發問，而當機作答。當學生沒有能力發問時，老師就要告知；
若告訴了學生還不明白，就只好暫時放棄，以待來日。

復次，教師還須善用問答法教學，印證前段所言「道而弗牽，強
而弗抑，開而弗達。」發掘學生潛能，促進其獨立思考能力；而且問
答過程中，還應保持彈性，掌握全體情境，從容不迫地加以導引。反
之，只記誦書中文字，向學生複述，又未透澈了解，未曾把握書中意
義，這種人沒有資格作老師。

㊹ 王船山：《禮記章句·學記》，頁880-4。

（三）學習考核及評量

〈學記〉提及小學及大學中的視導制度，考核智育及德育是否兼修之標準，「離經、敬業、博習、論學」屬智育；「辨志、樂群、親師、取友」屬德育（含群育）。隔年考校，其特色是考核重點兼重知識與道德，而在大學中之最高造詣時，更能對所學知識融會貫通，具有獨立自主人格，不會隨波逐流。〈學記〉曰：

> 比年入學，中年考校。一年視離經辨志，三年視敬業樂群，五年視博習親師，七年視論學取友，此之謂小成，九年知類通達，強立而不反，謂之大成。[45]

小學七年畢業為小成，其驗證是學問上已能深造有得，與人論辯學問的是非；又能心有定見，辨別學友才學之好壞，善擇益友。因已奠定研討學問之基礎，能向志同道合之朋友請益，於致知上已有成就，故稱小成。

大成是大學畢業，共九年學習成果之驗證。須考察學問能否觸類旁通，臨事堅定，不違師教；且能踐履之於行為上，則可謂大有成就。可知，大學教育的目標，在於培養優秀的領導人才，能夠教化人民，移風易俗，使天下歸心。

〈王制〉則主張「興學教民」之後，進而須有選士尚賢，簡擇不肖以絀惡的作為。因為教育的功能在於拔擢人材，作為國家治事之棟樑。然而對於不受教者則應剔除不予任用。〈王制〉第二十三章曰：

> 命鄉簡不帥教者以告。耆老皆朝於庠，元日習射上功、習鄉上齒，大司徒帥國之俊士與執事焉。不變，命國之右鄉簡不帥者移之左，命國之左鄉簡不帥教者

---

[45] 王船山：《禮記章句》，頁872。

移之右，如初禮。不變，移之郊，如初禮。不變，移
之遂，如初禮。不變，屏之遠方，終身不齒。

將出學，小胥、大胥、小樂正簡不帥教者以告於大樂
正，大樂正以告於王，王命三公、九卿、大夫、元士
皆入學。不變，王親視學。不變，王三日不舉，屏之
遠方，西方曰棘，東方曰寄，終身不齒。（二十三
章）[46]

前段「簡擇不帥教者」，係借由耆老及俊士在學校中，透過鄉射
禮及鄉飲酒禮之身教示範，提供不受教者改過自新的機會，若眞是無
可救藥，才棄去之。

後段是畢業考核制度，大學畢業之際，要簡除不帥教者，以免任
官時未能適任，反而對人民有害。

綜合上述兩段之過程及作法，係因貴族之子弟若自小即受寵而驕
縱不受教，給予機會而仍不知悔改，自須屏除之，不可復用。不過此
文字所述，只是理想作爲之設計，歷史上是否眞正實現過，則仍待考
證，然其作法仍具有參考價值。

五、結語

本文探討《禮記》教育思想、教學制度、教學理論等。在行
文架構上將教育哲學區分爲「爲什麼要教？」「教什麼？」「誰來
教？」、「如何教？」四個層面的課題，予以論述。在立論上，將
《禮記》教育哲學的特色，定位爲以性貫情，主張君子人格才是教育
的主體與重心。

---

[46] 王船山：《禮記章句》，頁336-41。

　　首先，討論「為什麼要教」的課題，因為對於人的本質之理解及肯定，是規劃各種教育過程的基礎；而透過各種教育過程，下學人事，上達天道，可以發展人先天的善性，提升人格涵養，豐富人文世界。從「以性貫情」的立場，以〈大學〉、〈中庸〉、〈禮運〉、〈樂記〉四篇文章作為論述依據，對於教育哲學的內容，提出明確範圍及實施步驟。分言之，〈大學〉提出內聖外王的教育理想，〈中庸〉揭示提升人性，上達天命的教育本質。〈禮運〉借由生命禮儀文化教育，上承天道以治理人情。〈樂記〉透過音樂教育善化人心，移風易俗。

　　值得注意者，〈樂記〉提供藝術教育（美育）的豐富觀念，雖然其中承載政治、社會、倫理功能之份量頗重，唯今日若審思其中所論音樂的抒情功能及治療效用，亦通用於音樂以外的藝術門類，仍具客觀意義及貢獻。故無論全民或學校教育，均應視之為重要一環。尤其今日教育者喜言德智體群美五育，但美育並未落實於教育實踐中。

　　其次，探討「教什麼」及「誰來教」的課題，前者「誰來教」的課題，據〈王制〉、〈內則〉，從王者之政教措施、教育官員及教師、學校教育及家庭教育等方面予以論述。後者「教什麼」的課題，據〈文王世子〉、〈曲禮〉、〈學記〉、〈禮運〉，分別從品德教育及經典教育、生活禮儀教育、課餘技藝活動教育、宗教意識及歷史教育等方面予以論述。以上教育制度及教育內容，論其如何達致建國君民及化民成俗的目標，不僅是知識及技藝的學習，還包含品格陶冶及修己治人之道。

　　最後，探討「如何教」的課題，以〈學記〉作為主要論述對象，探究其間教學原則及評量方法，包括施教者、學習者，及學習成效的衡量。教學方法是多元的而各有其成效，而尤應善用問答法輔助教學。〈學記〉提及數項教學原則，如教學相長、預時孫摩、善喻、長善救失等。以及教學綱領之尊師重道、志學從政、恭敬求學、收束

威儀、從容學習、獨立思考、循序漸進等七項基本要求，均頗值得「施教者」參考，仍具有現代意義。

以上對《禮記》中有關教育哲學的篇章，作總體考察，希望能突破以往研究偏重〈學記〉一文的侷限，而作較爲通盤具體的考察。其教育的本質以人格教育爲核心，涉及三個層面，一是天人關係及超越意識，二是人性善惡之辨，及身心凝合的觀點，三是國家整體教育規畫，實與政治密不可分。通觀《禮記》全書，對於其「以性貫情」的教育哲學，才能有較爲統整的理解。

《禮記》化民成俗思想之探究①

一、前言

　　禮的儀式由民俗轉化而來，各項禮儀都可從民俗中找到其藍本。因此從俗到禮，是民俗的禮儀化、規範化。但是禮與俗又有本質的差別，俗是區域分布而來自民間的習俗，禮則是政治層面從上而下的領導文化②。然而禮以節俗，俗以禮成，故常統稱曰禮俗。禮示其有本以提升之，俗明其必踐行於日常生活。

　　考察民俗一詞，應是出於《禮記・緇衣》：「故君民者，章好以示民俗，慎惡以御民之淫，則民不惑矣。」③（頁1368）陳澔注曰：「章其所好之善，故足以示民而成俗。」④百姓的君長必須清楚表明自己的愛好，藉以指示民眾風俗的趨向。說明從禮到俗，是由上而下的引導功能。而禮的規範功能，做為民紀，其實並無強制性，其關鍵

---

① 本論文原刊登於：《文學新鑰》（南華文學學報），第24期，2016年12月，頁1-28。先前在2016年5月14日宣讀於南華大學主辦：2016「民俗與文學」海峽兩岸學術研討會，經修改後發表。本論文原題〈《禮記》中的民俗探究〉，為照應全書義理脈絡，改為今題。

② 齊濤，劉德增：〈中國民俗的歷史分期〉《民俗研究，2000年第2期》（濟南：山東大學出版社），頁8。

③ 本文引述《禮記》原文所據版本，均採用：王船山：《禮記章句》（《船山全書》第四冊）（長沙：嶽麓書社，1991）。文中凡有引述，僅在引文後註明頁數，不另加註。

④ 陳澔：《禮記集說》（臺北：世界書局，1990），頁300-1。

仍在於主體的道德自覺，克己復禮，如《禮記・坊記》：「夫禮，坊民所淫，章民之別，使民無嫌，以爲民紀者也。故男女無媒不交，無幣不相見，恐男女之無別也。以此坊民，民猶有自獻其身。」（頁1238）一方面，人民情欲之泛濫如洪水，禮之規範如隄防，而仍不免有潰隄之患；另一方面究竟是由媒人紹介的民俗，上升爲禮，還是官方禮儀下行於民間，上行下效，做爲約定俗成的言行規範。禮、俗二者孰先孰後，仍有討論空間。毋寧說應該是民俗上升爲禮，禮復藉政治力下貫於民間，二者交互影響，關係至爲密切。

民俗學的研究範圍，烏丙安將其分爲經濟的、社會的、信仰的、游藝的四類民俗，其中《禮記》最相關者應爲「社會的」民俗，「它是以家族、親族、鄉里村鎮的傳承關係、習俗慣制爲主要內容的，其中社會往來、組織、生活禮儀等習俗是重點，近來都市社會民俗也被擴展爲對象。⑤」而「信仰的」民俗亦在《禮記》喪祭禮儀中有不少相關部分，因此，承上所述，本文之探討大致會側重在「社會的」及「信仰的」民俗二類。

任繼愈亦論及《禮記》當中有關禮的起源及與風俗的關係，他認爲：「在原始氏族社會，不一定有什麼關于冠、昏、喪祭、朝聘、鄉射的理論，但是這樣一些禮儀條文和風俗習慣是可能存在的。……爲全體氏族成員所遵守，起到維護秩序，加強氏族團結的作用。⑥」可見禮儀條文的原始型態是爲了維護秩序及加強氏族的團結，雖不見得有理論基礎，但卻是長久以來約定俗成的。他又說：「比如冠禮，就是由氏族社會的『成丁禮』轉化而來。……男子成年以後，必須通過『成丁禮』的儀式，才能取得相應的權利和義務，被承認爲氏族的正式成員。」可見從早期成丁禮到後世的冠禮，其中有一脈相承的用

---

⑤ 烏丙安：《中國民俗學》（長春：長春出版社，2014），頁11。

⑥ 任繼愈：《中國哲學發展史・秦漢》（北京：人民出版社，1985），頁166。

意，其說法是普遍被接受的，他又說到：「在這個時期，盛行著祖先崇拜和自然崇拜的原始宗教，喪禮和祭禮就是這種原始宗教的儀式。」其說頗合理，值得參考。

學者亦嘗論及禮與俗之不同，及彼此之交互關係，王貴民即認為：

> 歷史地看，人們生活中某一活動形式，反復行之，寢久則成俗；「俗」一旦形成之後，在上的采風者、製禮者認為是良風美俗，就給予一種有意識的規範，這時就成為「禮」。……在履行的過程中，還會不斷地加入某些新的「俗」。這樣，禮與俗就是一種相互吸收、結合的運動形式。⑦

俗是人們習慣所衍成的，禮則是禮儀、禮制，亦可進一步進至禮的理論，在歷史的進程中，禮與俗也相互吸收、結合。

承上可知，《禮記》作為儒家重要學術文獻，如何從中擷發禮意，指導禮儀，找出儒家學術思想中之永恆價值，借鑑為重建新禮之參考，以發揮其作用，則其意義尤為鄭重。

本論文自《禮記》中的禮文，區別禮與俗之分際，及二者之間的交涉，繼而找出制禮的原則，及如何透過禮儀達到化民成俗的功效，是本文關注重點，至於以古鑑今，提供吾人今日立身處世，善化社會，陶養君子人格之參考，則是更深層的關懷。文分六節，　是前言，撰述研究動機、目的及探討相關研究文獻，並揭示行文之架構安排。其二，根據《禮記》文獻，探討制禮之原則方法，以及禮與俗之間的關係。其三，探討生活禮儀中之社會交際禮儀、家庭生活倫理之

---

⑦ 王貴民：《中國禮俗史》（臺北：文津出版有限公司，1993），頁2。

教，以及食衣住行各層面，禮與俗之關聯。其四，探討生命禮儀，自誕生禮、幼兒教育、冠笄之禮、婚禮、喪葬禮儀等，禮與俗之關聯。其五，探討禮樂文化、宗教祭祀禮儀及民俗的內在精神。六是結語，總括全文，揭示本文要旨及撰述之學術意義。

二、制禮之原則方法，以及禮與俗之間的辯證

（一）制禮之原則方法：

根據《禮記》文獻，探討制禮之原則方法，是本於太一，報本反始，禮尚往來，時順體宜稱，立中制節的運用等。

1. 本於大一

「大一」之詞語，已常見使用在戰國晚期的文獻，《禮記》總結晚周至漢初的儒家思想，亦有禮本於太一之說，如以下《禮記・禮運》之三段文字：

> 禮必本於大一，分而爲陰陽，變而爲四時，列而爲鬼神。（頁569）
> 禮必本於天，動而之地，列而之事，變而從時，協於分藝。（頁570）
> 故聖人作則，必以天地爲本，以陰陽爲端，以四時爲柄，以日星爲紀，月以爲量，鬼神以爲徒。（頁565）

大一指禮的形上原理，其運用有分、轉、變、列等不同，見於天地、陰陽、四時、鬼神等事體，而事之序、時之宜、分藝之各效，酬酢萬變而不窮，皆能行其中和自然之節，而爲仁之所自顯，是一本而萬殊之實義。

2. 反本修古及報本反始

　　飲水思源是中華傳統美德，在典禮時所用禮器均以古爲尊，即是一項作爲，如《禮記·禮器》：

> 禮也者，反本修古，不忘其初者也。故凶事不詔，朝事以樂。醴酒之用，玄酒之尚；割刀之用，鸞刀之貴；莞簟之安而稾鞂之設。是故先王之制禮也，必有主也，故可述而多學也。（頁603-4）

　　沿襲舊制，主意在於不忘其初。因爲祭祀之禮器本是象徵之物，而祭祖用意在於慎終追遠；保持舊制，正是祭祖的本意。上引文中舉二事說明反本，舉三事說明脩古。前者如喪親之痛，不待司儀詔告而悲哀自至，又如朝廷之事先以音聲盪滌發洋，哀因於自然，音合於虛漠，都以質用。後者如醴酒雖美，賓祭卻崇尙用清水，號稱玄酒；古刀雖鈍，唯飾以鸞鈴，揮之成音，宗廟君親割牲卻仍用鸞刀；莞簟精細可以安人，郊祭用穀莖作粗席。以上所崇尙者皆不實用，唯都是遵循傳統的作法。

　　《禮記·郊特牲》曰：「郊之祭也，大報本反始也。」（頁642）郊祭係報答天地長養萬物，作爲人民食用所需，並且祈求一年的五穀豐饒。而此施報的觀念，演變成後代社會「禮尚往來」的處世原則。如《禮記·曲禮》曰：「太上貴德，其次務施報。禮尚往來。往而不來，非禮也；來而不往，亦非禮也。」（頁18）太上貴德是指大同之治，仁心充分交流，無所謂施報的問題。小康之治則是謹於禮的時代，禮尚往來，有往有來，使人心安，正是待人處世的基本原則。

3. 有本有文及時順體宜稱

　　《禮記·禮器》曰：「先王之立禮也，有本有文。忠信，禮之

本也；義理，禮之文也。無本不立，無文不行。」（頁581）制作禮文之背後實以無形的精神動源作爲依據，此內在之「仁」與外在之「禮」，兩者兼得而與時俱新，有本有文，才是完整的禮。而此內外之仁、禮二端，析其原則，即是「忠信」和「義理」。承上可知先王制禮以治人，而君子則秉禮以修己，〈禮器〉對於禮在自然世界與人文世界之間的關聯也有所論述曰：

> 禮也者，合於天時，設於地財，順於鬼神，合於人心，理萬物者也。是故天時有生也，地理有宜也，人官有能也，物曲有利也。故天不生，地不養，君子不以爲禮，鬼神弗饗也。居山以魚鱉爲禮，居澤以鹿豕爲禮，君子謂之不知禮。故必舉其定國之數以爲禮之大經，禮之大倫以地廣狹，禮之薄厚與年之上下。是故年雖大殺，眾不匡懼，則上之制禮也節矣。（頁583）

順應天時之生物，協合地理所宜，盡人之才能，用物之便利，不吝惜所能爲，不強人所不能。從自然、政治、宗教三方面之互動融合，作爲禮之建立與執行之原則。其實關鍵在於「人能弘道」，人居天地之間，秉受知、能二德，觀察天地法象，認知萬物結構，加以正德、利用、厚生[8]，成就一番道德事業。以內心之忠信之仁，與外在之禮文義理，二者相涵互成。〈禮器〉續曰：

> 禮，時爲大，順次之，體次之，宜次之，稱次之。堯授舜，舜授禹，湯放桀，武王伐紂，時也。詩云：

---

[8] 《古文尚書‧大禹謨》：「正德，利用，厚生，惟和。」正德是指端正人民德行，利用是為人民興利除弊，如交流財物，創作器物，使人民不致缺乏。厚生則是輕徭薄賦，不奪農時，讓人民豐衣足食。引自（宋）蔡沈：《書經集傳》（臺北：世界書局，2016），頁12。

> 「匪革其猶，聿追來孝。」天地之祭，宗廟之事，父
> 子之道，君道之義，倫也。社稷山川之事，鬼神之
> 祭，體也。喪祭之用，賓客之交，義也。羔豚而祭，
> 百官具足，大牢而祭，不必有餘，此之謂稱也。諸侯
> 以龜為寶，以圭為瑞，家不寶龜，不藏圭，不臺門，
> 言有稱也。（頁583-5）

「時」為承天之時，順應歷史發展理勢之自然，視其或禪讓或革命。「順」是根據倫常秩序，天人上下，尊卑長幼訂定禮儀。「體」是恪就人的心理感受或體驗，作為立禮原則，務民之義，敬神如神在，抱持真誠與敬意。「宜」是執行敬神儀式的耗費須恰到好處，及相關人員在吉禮、嘉禮都能得到滿足或慰藉。「稱」是助祭者分得的祭肉各稱其分位，或諸侯及大夫各守其本位，不可踰越。

以上這五項原則，說明禮制並非一成不變，今日如有必要改制，應以此「時順體宜稱」作為改制的依據，惟仍須遵循當初立禮的精神。

4. 立中制節

仁心之大本確立，遇事斯乘，則發乎身，及乎人事，皆能確當，則道德事業於焉完成。而達致中和之道，天地萬物得所化育，也正是道德事業的保證，《禮記・中庸》曰：「喜怒哀樂之未發謂之中，發而皆中節謂之和。中也者，天下之大本也；和也者，天下之達道也。致中和，天地位焉，萬物育焉。」（頁1250-1）中是天命之性[9]，天命流行賦予於人而為道德實踐之內在根據，和是形容人物各得其所的和諧境界。置諸人事，中亦有不偏不倚之義，成為一切禮文制作的普遍法則。

---

[9] 參見楊祖漢：《中庸義理疏解》（臺北：鵝湖出版社，1997），頁10。

　　《禮記・三年問》曰：「故先王焉爲之立中制節，壹使足以成文理。」（頁1434）說明三年之喪的制定，是因爲有些人對於父母的死亡，是終身悲哀痛苦，沒有止期；但對另一些人而言，卻是早已忘得乾乾淨淨。因此古聖先王爲了建立適當的期限，使多數人感到合情合理，乃有三年之喪的設計。《禮記・檀弓》載子思曰：「先王之制禮也，過之者俯而就之，不至焉者，跂而及之。」（頁159）在社會上因應人情的厚薄，設立一中庸的標準，以禮文制度安排行事之準則，藉以以安定人心，穩定社會秩序。

　　又如《禮記・祭義》曰：「祭不欲數，數則煩，煩則不敬。祭不欲疏，疏則怠，怠則忘。是故君子合諸天道，春禘（禴）秋嘗。」（頁1101）指的是祭祖祀先的誠敬態度，過猶不及，以季節的單位設立儀節。因爲祭祀的次數太多會令人厭煩，次數太少則令人懈怠；有德的君子乃配合自然界一年四季的循環，制定每季節一祭的原則。總之，祭祀次數須適度，過猶不及，故以季節爲基準，設立祭祀儀節。其實不只是喪禮祭禮的原則而已，《禮記・仲尼燕居》曰：「夫禮所以制，中也。」（頁1192）即通指一切政治事務中道德實踐的原則。

（二）禮與俗之關係及禮俗之推行

　　先秦時期，禮與俗關係密切，有些俗便是禮，有些禮便是俗，有學者曾加以區分，「偏重于社會上層的、貴族的、系統化的言行規範爲禮，而偏重于社會下層的、民眾的，比禮更具有廣泛性質的，屬於約定俗成的言行規範則爲俗。」[10]分別頗扼要，但未及說明二者之交涉情形，在《禮記》中大多呈現的是領導階層由上而下的規範，然亦

---

[10] 晁福林：〈先秦民俗中的幾個問題〉《民俗研究，2000年第2期》（濟南：山東大學出版社），頁25。

尊重地域性的個別差異。如《禮記・曲禮上》曰：

> 道德仁義，非禮不成。教訓正俗，非禮不備。（頁
> 16）
> 禮從宜，使從俗。……入境而問禁，入國而問俗，入
> 門而問諱。（頁77）

前者強調禮對俗有規指導的功能，後者「禮從宜，使從俗」，說明禮與俗二者根據的原則，有恰當與否（宜）與約定俗成（俗）的不同。中央的指導官員進入地方訪問時，要根據不同區域的民俗，亦應分別予以尊重。如下所述：

1. 大師陳詩，以觀民風

《禮記・王制》曰：

> 天子五年一巡守。歲二月，東巡守，至于岱宗。柴而
> 望祀山川，覲諸侯，同百年者就見之。命大師陳詩，
> 以觀民風。命市納賈，以觀民之所好惡，志淫好辟。
> 命典禮考時月，定日、同、律、禮、樂、制度、衣服
> 正之。（頁312-4）

〈王制〉是漢儒參考虞、夏、商、周四代所訂出的理想政治藍圖[11]，以殷制為主，天子每五年省視諸侯（不同於周制之十二年），諸侯則向天子述職，另一目的是對人民宣示國家領導人德威之運行，同時考核各諸侯化民成俗之成效。

在觀察民情風俗中，一則向老人請益（同百年者就見之），二

---

[11] 孫希旦：《禮記集解》（臺北：文史哲出版社，1990），頁309。孫希旦曰：「漢人採輯古制，蓋將自為一代之典，其所持以周制為主，而抑或雜有前代之法。」

則透過大師陳詩，根據由當地人民歌謠觀察其風俗好壞；三則又命令市集官員進納物價情形及生活的奢儉（命市納賈），借以了解民風良窳，人民心性的正邪。四則針對諸侯，訂正曆法及禮儀，以確保國家權力的貫徹。

2. 修其教，不異其俗；齊其政，不易其宜

理想的國家制度，因應廣土眾民，在教化人民方面，要立基於尊重人性之不齊及多元文化的基礎上，擬訂相應的政教措施，《禮記·王制》又曰：

> 凡居民材，必因天地寒煖燥濕。廣土大川異制，民生其間者異俗，剛柔、輕重、遲速異齊，五味異和，器械異制，衣服異宜。修其教，不異其俗，齊其政，不易其宜。（頁332）

尊重多元文化及生活差異，須考量民性材質的差異，予以適當安置，對於不同天候、地理環境所造成之飲食、衣服、器械等異制現象，「修其教，不易其俗；齊其政，不易其宜。」對於各地區獨特的風俗習慣，予以尊重，不必強求改變，以使人民安居樂業。

3. 經典教育有助於化民成俗

《六經》之教，其化民成俗之功效特大，而實則歸功於禮，因禮可安上治民，實見於事，不同於《易》、《詩》、《書》、《樂》、《春秋》係著重在闡述道德原理，《禮記·經解》中，孔子曰：「入其國，其教可知也。其為人也，溫柔敦厚，詩教也；疏通知遠，書教也；廣博易良，樂教也；絜靜精微，易教也；恭儉莊敬，禮教也；屬辭比事，春秋教也。」（頁1171-2）不同的經書各有其獨特性質，表現在人民的言行以至好尚，因此孔子認為到一個國家，從其風俗習慣和人民的表現，即可判定其國民的素養，推知其經由那一部經書之

薰陶教化而成。

　　原來教行自上而習成於下，爲分辯情感的貞、淫，事行的醇、疵，不可不加以慎重學習。分言之，透過學習者言行趨向的區別，《詩》教溫柔敦厚，表現在情感的諧和貞固；《書》教疏通知遠，表現在處事的通達，能辨別今古。《樂》教廣博易良，表現在志向廣博能容，心無險害，行爲不暴怒。《易》教絜靜精微，表現在安於吉凶之正命，精察性命之理。《禮》教恭儉莊敬，表現在謙遜有節制，不狎邪不懈怠。《春秋》教屬辭比事，表現在善爲辭令，比合事之始終而能謀其得失。綜上可知孔子立教之道，充盡表現在《六經》，爲君師者以此爲教，能使學習者馴習涵泳，變化氣質，成就良材美質，收效尤快。

　　〈經解〉篇末言：「故禮之教化也微，其止邪也於無形，使人日徙善遠罪而不自知也，是以先王隆之也。易曰：『君子慎始，差若毫釐，繆以千里。』此之謂也。」（頁1177）《六經》皆聖人之教，而禮的教化功能尤爲深至，對於不善之事加以防微杜漸，使人善意日崇而惡事自遠，改過遷善於無形，不捨下學而上達天道，發揮化民成俗的妙用。況且教學活動一向被儒家視爲「化民成俗」的最佳方法。《禮記・學記》曰：

> 發慮憲，求善良，足以謏聞，不足以動眾。就賢體遠，足以動眾，未足以化民。君子如欲化民成俗，其必由學乎！玉不琢，不成器。人不學，不知道。是故古之王者建國君民，教學爲先。（頁1869-70）

　　古代君王如欲達成「建國君民」及「化民成俗」的成效，必須藉由國家教育力量施以教化、及學習活動。因若不經由琢磨成器的學習活動，人民就無法獲得知識，增長智慧，了解人生的意義。王船山

曰：「王者之治天下，不外乎政教之二端。」⑫可知廣義的全民教育
與政治施爲，二者實密不可分，教育目標即是「化民成俗」，而可以
助益「建國君民」實效之達成，可見藉由經典教育，可以提升人民涵
養，陶冶品格，形成社會的良風美俗。

三、生活禮儀中禮與俗之關聯

　　生活禮儀可從《禮記》第一篇〈曲禮〉開首所說存理之原則，
及遏欲之作爲，理解其指導綱領，而後從社會交際禮儀、家庭倫理之
教，及食衣住行等各層面禮儀加以探討。

（一）社會交往禮儀

　　《禮記・曲禮上》曰：「毋不敬，儼若思，安定辭，安民
哉。」（頁12）說的是正心修身之道，「毋不敬」是動而愼，「儼
若思」是靜而安的修養。若以〈中庸〉的「中和」之道衡量之，前者
是和，後者是中，如此靜存動養，則「安定辭」是在內外心物交接之
際，能以誠信面臨之。誠能如前三句所言，則可「安民哉」，符合誠
意正心之道。〈曲禮〉續曰：「敖不可長，欲不可縱，志不可滿，樂
不可極。」（頁12）意即傲慢不可滋長，欲望不可放縱，志向不可
短淺而自滿，享樂不可無度。如此，則是在禮的節制之下，情感能恰
當表達而不汎濫。

　　與人交接之道，則應篤守善言善行，《禮記・曲禮上》曰：
「修身踐言，謂之善行。行修言道，禮之質也。」（頁15）善行是
成德的君子修身踐言所應做的事，所言者皆可修之於身，則言語順

---

⑫　王船山：《禮記章句・王制》（收于《船山全書》第四冊）（長沙：嶽麓書社，1991），頁
　　334。

當。〈曲禮〉又曰：「博學強識而讓，敦善行而不怠，謂之君子。君子不盡人之歡，不竭人之忠，以全交也。」（頁63）君子多聞識而不驕，謙讓爲懷；敦行善道，不因難成而怠惰，就能「立於禮」而成就德行。因此朋友間之燕饗贈賄，乃至一日一事的應酬交往，都應愼始善終，酌情於施受之間。

（二）家庭生活倫理之教

家庭倫理以孝悌爲主要德養，《禮記‧內則》云：

> 曾子曰：孝子之養老也，樂其心，不違其志，樂其耳目，安其寢處，以其飲食忠養之。孝子之身終，終身也者，非終父母之身，終其身也。是故父母之所愛亦愛之，父母之所敬亦敬之，至於犬馬亦然，而況於人乎？（頁701）

以父母之心爲心，善體父母的心意，即使父母去世，仍然不變，並且愛敬父母之所愛敬，此即愛的眞諦。孟子曾稱道曾子事親，不但養口體，更在養志[13]。可見孝親養老，才是眞正的人情。

《禮記‧祭義》記載曾子「孝有三」的名言有二，一曰：「大孝尊親，其次弗辱，其下能養。」（頁1127）另一曰：「小孝用力，中孝用勞，大孝不匱。」（頁1132）孫希旦認爲前者「以行之優劣而分」，後者「以位之尊卑而異」[14]，總括而言，「大孝」是立身行道，有大功大德，俾人頌美其父母而尊重之，德教施於四海，刑於百姓而不匱乏。「中孝」是生事之以禮，死葬、祭之以禮，全父母遺

---

[13] 參見《孟子‧離婁上》，引自朱熹：《四書章句集注》（臺北：鵝湖出版社，1996），頁285。

[14] 孫希旦：《禮記集解》（臺北：文史哲出版社，1990），頁1225-6。

體，沒身無悔，以品德自持，而不敢辱沒父母名聲。「小孝」事父母
盡其色養，亦即盡心孝養而已。

其實以上三者都是一個孝心實事實德的表現，雖有大小之殊，
本末終始之異，但應無優劣高下之別。如王船山評曰：「三者理之當
然，皆情之必然，即性之固然，反求諸人子之心，咸其所不得不盡，
則三者一而已矣，言大言次言下者，自其事而言之爾，讀者當以意通
之，勿重人爵而輕天性之愛也。」⑮其說頗中肯，原來孝乃出自天性
之愛，絕非公卿將相之名位爵祿可比，足供吾人警惕借鑑。

（三）食衣住行之生活禮儀

1. 坐立行走之禮

《禮記‧曲禮上》曰：「坐如尸，立如齊。」（頁14），坐要
有坐相，站要有站相，坐著時像代表神受祭的尸一樣，端端正正，站
立時要像齋戒般恭敬。「堂上接武，堂下布武，室中不翔。」（頁
34）指走路的習俗，接武是腳步接著腳步，走小碎步，因空間不
大；布步是腳步散布，尋常走路的步伐。室中不翔，是指室內走路，
臂膀的擺動要小。

《禮記‧曲禮上》曰：「遭先生于道，趨而進，正立拱手，先生
與之言則對，不與之言則趨而退。」（頁28）是走路行進時遇到長
輩的禮儀；「帷薄之外不趨，堂上不趨，執玉不趨。」（頁33）則
是三處場合不快步走，其一是因在帷薄之外，是不見尊者時，行動自
由，不必拘禮⑯；其二，堂上地方迫促，也不宜快步走；其三是心意
專注玉的安全保護，也不適宜快步走。

---

⑮ 王船山：《禮記章句‧王制》（收于《船山全書》第四冊）（長沙：嶽麓書社，1991），頁
1127-8。

⑯ 參見孫希旦：《禮記集解》（臺北：文史哲出版社，1990），頁32。

「坐必安,執爾顏,長者不及,毋儳言。正爾容,聽必恭,毋勦說,毋雷同,必則古昔,稱先王。」（頁37）坐姿安定,心神存守在中,而能自作主宰;長者未談及的話題,不從旁插話。臉色柔和端正,眼神無亂飄,不顯露怠惰的表情,恭敬的聽聞。在說話方面,又要有獨立見解,並效法古代正道。

「望柩不歌,入臨不翔,當食不歎。鄰有喪,舂不相。里有殯,不巷歌。哭日不歌。……臨喪則必有哀色,執紼不笑,臨樂不歎,介胄則有不可犯之色。君子戒慎,不失色於人。」（頁68-9）遇到喪祭之事,哀樂歌哭的不同場合,行為應有節度。君子待人之態度,不可失禮,應常存戒慎,內心有其主意,則當順應外在事物,有所應酬之際,都能恰如其分,表現哀樂剛柔均能適度的言行。

2. 飲食之禮

《禮記・曲禮上》曰:「共食不飽,共飯不澤手。毋摶飯,毋放飯,毋流歠,毋咤食,毋齧骨。……毋嘬炙。」（頁50-1）共用食器,留有餘地給別人享用;吃飯勿顯出貪食之相,例如摶飯易多食,邊食邊墜飯,長吸或口舐唇舌發出聲音等,皆是不良吃相。又,吃肉不可未經細嚼而一口嚥下,此是人禽之辨,宜心理安適而從容用餐,這也是君子建立人道尊嚴的重點。

四、生命禮儀中禮與俗之關聯

本節探討生命禮儀,自誕生禮、幼兒教育、冠笄之禮、婚禮、喪葬禮儀等,禮與俗之關聯。《禮記・昏義》曰:「夫禮,始于冠,本于昏,重于喪祭,尊于朝聘,合于射鄉;此禮之大體也。」（頁1151）此中也關涉到年齡因素,《禮記・曲禮》說到人生進程曰:「人生十年曰幼,學;二十曰弱,冠;三十曰壯,有室;四十曰強而

仕；五十曰艾，服官政；六十曰耆，指使；七十曰老而傳；八十、九十曰耄，七年曰悼。悼與耄，雖有罪不加刑焉。百年曰期，頤。」（頁19-20）由上可知二十歲行冠禮，因身體還未強壯，稱為弱；三十歲氣血已壯，稱強，可有家室，行婚禮。四十歲時，智慮和氣力皆強，可以為官。五十歲氣力已衰，頭髮蒼白，堪為大夫，專治官政。六十歲已至老境，不得執事，但可以指導別人做事。七十全至老境，傳授家事，付委子孫，不再指使。[17]承上可知，不同年齡的人各有其重要行事標記，在各階段具有不同權利、地位、聲望的習俗。

（一）誕生禮俗及幼兒教育

孩童出生時有男子設弧、女子設帨的習俗，《禮記・內則》云：「子生，男子設弧於門左，女子設帨於門右。三日始負子，男射，女否。……射人以桑弧蓬矢六，射天地四方，保受乃負之。」（頁709-10）《禮記・射義》云：「故男子生，桑弧蓬矢六，以射天地四方。天地四方者，男子之所有事也。」（頁1537）男子出生三日，用桑木作弓及蓬草作箭六枝，射向天地四方，表示做人要立志天地四方之事。

出生三月，由父命「名」，二十行冠禮，由冠賓命「字」，五十以上可作大夫，由兄弟排行伯仲冠於名字前，如《禮記・檀弓》云：「幼名，冠字，五十以伯仲，死諡，周道也。」（頁181）又古人認為兒童發育期，精氣血脈由弱轉強，不宜穿著過暖，妨害成長。如《禮記・玉藻》云：「童子之節也，緇布衣，錦緣，錦紳并紐，錦束髮。皆朱錦也。」（頁759）兒童服裝重華麗，以朱錦鑲邊，稱為采衣，但仍以布衣為主體。

---

[17] 以上說解參看孫希旦：《禮記集解》（臺北：文史哲出版社，1990），頁13。

（二）成人禮儀──冠笄之禮

「成人」在禮儀中指身心達到成熟階段時，舉行禮節儀式的名稱，如冠禮，因為若無冠裳的服制，則人和禽獸、野人無從區別；而且行過冠禮的人，行為不可苟且隨便。《禮記·冠義》曰：「成人之者，將責成人禮焉也。責成人禮焉者，將責為人子，為人弟，為人臣，為人少者之禮行焉；將責四者之行於人，其禮可不重與！」（頁1507）即一個標準的成人，其行為須符合人倫之禮，無論在親族鄉黨，或者在朝廷上與人交接，都能親親，貴貴，長長，禮儀不失，故冠禮不可不鄭重。冠禮也是一切禮節的起點，是一切美好事情中最重要的。《禮記·冠義》又曰：

> 故孝、弟、忠、順之行立，而後可以為人，可以為人而後可以治人也。故聖王重禮，故曰：冠者禮之始也，嘉事之重者也。是故古者重冠，重冠故行之於廟，行之於廟者，所以尊重事，尊重事而不敢擅重事。不敢擅重事，所以自卑而尊先祖也。（頁1507-8）

冠禮必須在宗廟裡舉行，用以表示尊重這件事，即使身為一家之主也不敢擅自作主，表示自我謙卑，尊重先祖之意。可見冠禮的薪火相傳的責任教育，是《禮記》中「不忘其所自生」、「報本反始」的一貫精神。

男子二十而冠，女子則許嫁，十五而笄。《禮記·曲禮》曰：「男子二十冠而字，父前子名，君前臣名。女子許嫁，笄而字。」（頁47）《禮記·內則》曰：「十有五年而笄，二十而嫁。」（頁720）《禮記·雜記》曰：「女雖未許嫁，年二十而笄，禮之。婦人執其禮，燕則鬈首。」（頁1039）雖既笄之後，平常在家燕居，則

去其笄。

（三）婚姻六禮

　　婚禮是成家之禮，是人類所有世代的起源。成二姓之好，章男女之別，立夫婦之義，傳宗接代，延續後嗣，是所有禮儀的基礎。《禮記·郊特牲》曰：

> 天地合而後萬物興焉，夫昏禮，萬世之始也，取於異姓，所以附遠厚別也。幣必誠，辭無不腆，告之以直信。信，事人也；信，婦德也。壹與之齊，終身不改，故夫死不嫁。男子親迎，男先於女，剛柔之義也。天先乎地，君先乎臣，其義一也。執贄以相見，敬章別也。男女有別，然後父子親；父子親，然後義生；義生然後禮作，禮作然後萬物安。無別無義，禽獸之道也。（頁656-7）

　　在縱的方面，婚禮是人類所有世代的起源。在橫的方面，婚禮具有加強社會中不同家族間聯繫的積極意義。其次，在婚禮進行過程中，須由男方採取主動，以合乎剛柔屈伸之理；納幣時不說謙讓之辭，倡示婦人以信事人的美德。又親迎奠鴈，因鴈是雌雄相守一生的候鳥，奠鴈禮極敬慎鄭重，明示男女有別，立夫婦之義。期能親和團結，使父子間更加親愛篤厚，君臣上下各安其位，因此經由婚禮可以奠定所有禮儀的基礎。《禮記·昏義》曰：

> 昏禮者，將合二姓之好，上以事宗廟，而下以繼後世也，故君子重之。是以昏禮納采、問名、納吉、納徵、請期，皆主人筵几於廟，而拜於門外，入，揖讓而升，聽命於廟，所以敬、慎、重、正昏禮也。（頁1509）

對上要同心協力，奉事宗廟社稷、父母及親屬長輩；對下則創造
繼起的生命，以延續到永遠。其次，婚禮六禮之前五項是「納采、問
名、納吉、納徵、請期」，有如今日之訂婚，皆須向祖先報備。第六
階段親迎之後，「共牢而食，合卺而酳，所以合體，同尊卑，以親之
也。」（頁1510）共食一牢之肉，有夫婦同體之義，象徵此後夫妻
尊卑相同。葫蘆分成二瓢，夫妻各執一個舀酒漱口，表示夫妻一體，
相親相愛。

（四）喪葬禮儀的原則

前文《禮記‧禮運》曾云：「禮必本於大一」（頁569），及
《禮記‧曲禮》曰：「禮從宜，使從俗。」（頁14）運用在喪禮上
表現禮制的重要精神，如《禮記‧喪服四制》云：

> 凡禮之大體，體天地，法四時，則陰陽，順人情，故
> 謂之禮。訾之者，是不知禮之所由生也。夫禮，吉凶
> 異道，不得相干，取之陰陽也。喪有四制，變而從
> 宜，取之四時也。有恩，有禮，有節，有權，取之人
> 情也。恩者，仁也；禮者，義也；節者，禮也；權
> 者，知也。仁義禮知，人道具矣。（頁1557-8）

概括禮的大義，必須本諸天地自然，取法四時變化，仿效陰陽法
則，順應人類感情。四項之中，四時、陰陽二項即在天地之中，為天
地自然之運用，另一項人情，從人情出發，以達到適合人情的道理，
故著重表現性情之正，可見禮是順應自然法則而來，目的在使天下萬
事合乎道理，培養健全人格。

五、禮樂宗教儀式中禮與俗之關聯

禮樂文化中之宗教祭祀禮儀，包括對天地日月山川及五祀（戶、竈、中霤、門、行），其中對於土地神的社祭，通行於上下層社會的重要祭祀行事。祭祀先人有其內在精神，表達追悼者的思慕心意，同時也用以寄託情感。蜡祭於歲終農事結束後舉行，因百姓終歲勤勞，恐其倦怠，藉蜡祭而聚會飲食，改變其厭倦之心，並享有豐饒之樂。

（一）宗教祭祀

1. 效法天地自然的秩序

《禮記·王制》云：「天子祭天地，諸侯祭社稷。大夫祭五祀。」（頁327）意即周代祭祀制度，天子祭天與社稷、五祀同兼，諸侯不得祭天，但兼祭社稷、五祀，係因天道尊而地道親。取法于天，係正德之用；取財于地，用以厚生。尊者統於一，故唯天子敢祭天。親者眾所親，故令民立社，而以厚報親地。五祀是戶、竈、中霤、門、行，屬一家之祀。

《禮記·祭義》曰：「祭日于壇，祭月于坎，以別幽明，以制上下。祭日于東，祭月于西，以別外內，以端其位。」（頁1116）這是朝日夕月之禮，陰陽二氣相得而成和，因陽氣暄昭，陰氣淒暗，萬物之和得之於日者多，故先王祀日月之禮仍表現扶陽抑陰之義。《禮記·月令》曰：「立春之日，天子親帥三公、九卿、諸侯、大夫，以迎日于東郊。」立夏、立秋、立冬之日，也都有迎日於南、西、北郊的禮俗。立春前三天，太史謁見天子，報告某日立春，於是天子開始齋戒。

社是土神，祭祀特定管轄範圍內的土地與耕地，與特定的社會

組織相聯繫，並非一般所謂的大地崇拜，故不可僅視之為與祭天相配的祭地。社祭在中國古代是通行於上下層社會的重要祭祀行事，自天子以至於庶民皆有社。據《禮記·祭法》云：「王為群姓立社，曰大社；王自為立社，曰王社。諸侯為百姓立社，曰國社；諸侯自立社，曰侯社。大夫以下，成群立社，曰置社。」（頁1096）文中大社、王社、國社、侯社四者為官方之社；唯大夫不自立社，與庶民共社，係因君命而建立，故稱為置社，此為民間之社。其中蘊含有因俗導民，教民成禮的政治用心。

社祭除了有敬奉農神，祈福感恩的宗教意義外，並有給予人們進行情感交流及宣洩內心情緒的機會，具有團結一方，調節農餘生活社會意義。不同於官方社祭之拘於禮儀，過於嚴肅。例如《禮記·郊特牲》云：「社祭土而主陰氣也，君南鄉於北牖下，答陰之義也。」（頁634）故未若民間社祭之生動活潑，不拘形式，如〈郊特牲〉所云：

> 社，所以神地之道也，地載萬物，天垂象，取材于地，取法于天，是以尊天而親地，故教民美報焉。唯為社事，單出里；唯為社田，國人畢作；唯社，丘乘共粢盛，所以報本反始也。（頁635-6）

意謂人取財於地，為大地所生養化育，親近土地正用以表達人民對土地報答感恩的情懷。故社祭時里中百姓全數出動[18]，並舉行田獵活動，丘閭中之庶民共同進獻粢盛。而庶民因社祭而居處同樂，行作同和，歡欣忘憂，由此可見社祭具有穩定社會的功能。

---

[18] 孔穎達疏解「單出里」曰：「單，盡也；里，居也。社既為國之本，故君祭社則合里之家並盡出，故云單出里也。」引自孔穎達：《禮記正義》《十三經注疏本》（臺北：大化書局，1976），頁3136。

2. 祭祀的內在精神

　　祭禮的法制表現於外，而蘊藏其中的禮意，才是祭祀的義旨。先王制禮，皆依據天理、人事、事宜、物變而生，而寓存恆久不易的深義在其中。除前文所引「祭不欲數，數則煩，煩則不敬。祭不欲疏，疏則怠，怠則忘。」（頁1101）《禮記・祭義》對於春禘秋嘗之禮又云：「霜露既降，君子履之，必有悽愴之心，非其寒之謂也。春，雨露既濡，君子履之，必有怵惕之心，如將見之。」（頁1102）因季節的轉變，引發人們追念思慕先人的情感，春秋舉行莊嚴隆重的祭祀儀式，表達追悼的心意，同時也用以寄託情感。

　　其次，主祭者的心理狀態在祭祀前須作調適，《禮記・祭義》曰：「致齋於內，散齋於外。齋之日，思其居處，思其笑語，思其志意，思其所樂，思其所嗜，齋三日乃見其所齋者。」（頁1102-3）先散齋七日，將外面的事物預作安排及處理；然後致齋三日，思念死者笑語、志趣、願望、嗜好，主祭者若能神清志壹以思慕之，則所要祭享的親人形貌，將會活現在眼前。《禮記・祭義》曰：

> 祭之日，入室，僾然必有見乎其位；周還出戶，肅然必有聞乎其容聲；出戶而聽，愾然必有聞乎其嘆息之聲。是故先王之孝也，色不忘乎目，聲不絕乎耳，心志嗜欲不忘乎心。致愛則存，致慤則著，著存不忘乎心，夫安得不敬乎！君子生則敬養，死則敬享，思終身弗辱也。
> 君子有終身之喪，忌日之謂也。忌日不用，非不祥也，言夫日志有所至，而不敢盡其私也。（頁1103-4）

　　在祭祀當天，孝子充盡表達其誠懇之意。在奠告時，彷彿在神位上看到親人面容；祭畢轉身出門，心情肅穆地好像聽到親人的說話聲

音等。由此可見君子對於父母的敬愛極為專一，存歿一致。在世時恭敬孝順，去世後虔誠祭享，終身不辱沒父母的名聲。

其次，對於祖先的忌日，不得安排其他事情，因為此日為親人死去的日子，並非是由於不祥而不去做其他事，而實際上是因為心志專意於想念親人，不敢分心去做自己的私事。所以說「君子有終身之喪」，當該如此表達誠懇之情意，故忌日當祭，其意旨頗為深刻。

（二）蜡祭

蜡祭起源於神農氏，周朝每十二月合聚萬物中水土草木禽獸等有功於農事的神靈，求索而盡饗之。《禮記・郊特牲》曰：

> 天子大蜡八，伊耆氏始為蜡，蜡也者，索也。歲十二月，合聚萬物而索饗之也。蜡也者，主先嗇，而祭司嗇也。祭百種以報嗇也。饗農及郵表畷，禽獸，仁之至，義之盡也。古之君之，使之必報之。迎貓，為其食田鼠也，迎虎，為食田豕也，迎而祭之也。祭坊與水庸，事也。曰：土反其宅，水歸其壑，昆蟲毋作，草木歸其澤。……八蜡以記四方，四方年不順成，八蜡不通，以謹民財也。順成之方，其蜡乃通，以移民也，既蜡而收，民息矣。故既蜡，君子不興功。（頁643-648）

天子舉行大蜡，祭祀八神，求索有功農事之神靈以盡饗之。一是先嗇，即創始農業的神農氏，二是司嗇，指主管農業的后稷，三是百穀之神，四是農官之神，田畯之有功而沒者。五是田間廬舍及阡陌之神，六是貓虎等助田除害者，七是隄防，保護川澮之水使不溢；八是水庸，指溝洫，流通田畝之水使不涸。

蠟祭須風雨和順，五穀成熟才能舉行，以表示謹用民財。目的
在於百姓終歲勤勞，恐其倦怠，故藉蠟祭而聚會飲食，而改變其厭倦
之心，而享豐饒之樂。文中前段末四句「土反其宅，水歸其壑，昆蟲
毋作，草木歸其澤。」為祝禱辭，表現了人民期待風調雨順的衷心盼
望。蠟祭完成後，即收斂積藏農作物，讓農民休息，官方不再興起勞
役。《禮記‧雜記下》曰：

> 子貢觀於蠟。孔子曰：「賜也樂乎！」對曰：「一國
> 之人皆若狂，賜未知其樂也。」子曰：「百日之蠟，
> 一日之澤，非爾所知也。張而不弛，文、武弗能也；
> 弛而不張，文、武弗為也。一張一弛，文、武之道
> 也。」（頁1029）

可見在一年農事勞苦之後，每年十二月，官方藉由八蠟之禮與民
休息，此一張一弛，相輔相成的作用，正是文、武治國的正道。人民
不宜一味緊張工作，而缺乏文化娛樂，孔子即認為蠟祭正是藉狂歡之
舉，調劑人民身心的勞逸，藉以鬆弛緊張的情緒。因此蠟祭之中，也
就寓含了「與民同樂」的思想。

六、結語

禮儀的根源雖來自民俗，然而當政治集團建立之後，其所制定的
禮節儀式，作為人民生活所遵循的軌道，乃有其指導原則，及其背後
所蘊藏的文化精神。而後禮乃反饋於俗，「化民成俗」乃成為領導集
團維繫政經社會的重要作為，不同於法制的強制性，禮則具有「自卑
而尊人」的特性，自覺自尊、恭敬撙節，內在自發的動力，成為無形
中維繫社會人群的力量。

中華禮樂文化奠基於周公制禮，而後孔子賦予源頭活水，以仁心

內蘊，及客觀義道，作爲禮樂文化的指導原則；並以忠恕、中庸之道貫注其中。經七十子後學及孟、荀思想加以開展，《禮記》文獻乃匯集先秦禮學大成，成爲融合儒學各家學派思想的重要經典。《禮記》約成於漢初七十年間，記載著自孔子及其後儒家學派四百年間的禮儀文獻及禮學思想，其中不乏透過政、教措施，寓含「化民成俗」的思想，禮以節俗，俗以禮成，禮俗傳統乃能於漢代獨尊儒術時，於焉奠定。禮示其有本以提升俗，俗明其必踐行禮於日常生活。

回顧前文，透過其一，析述制禮的原則方法，是本於太一，報本反始，禮尚往來，時順體宜稱，立中制節的運用等。以及禮與俗之分際，偏重于社會上層、系統化的言行規範爲禮，而偏重于社會下層民眾，比禮更具廣泛性，屬於約定俗成的言行規範則爲俗。其上層作爲有「大夫陳詩，以觀民風。」「修其教，不異其俗，齊其政，不易其宜。」以及藉由六藝的經典教育，提升人民涵養，陶冶性情，形成社會良好風俗。

其二，探討生活禮儀，以〈曲禮〉開首之「毋不敬」作爲指導綱領，藉以存理遏欲；而與人交接之道，則應篤守善言善行。家庭倫理教育以孝悌爲主要德養，社會交際禮儀則說明坐立行走之俗，另外，飲食之禮關涉到人禽之辨，心理安適而從容用餐，是君子建立人道尊嚴的重點。

其三，探討生命禮儀，依年齡序，說明誕生禮及幼兒教育之要點、及冠笄之禮表示成人，須自我謙卑，尊重先祖，是薪火相傳的責任教育。婚姻之禮，是人類所有世代的起源。成二姓之好，章男女之別，立夫婦之義；並且傳宗接代，延續後嗣，是所有禮儀的基礎。喪葬禮儀係順應自然法則而來，使天下萬事合乎道理，培養健全人格。

其四，探討宗教祭祀禮儀，包括對天地日月山川及五祀（戶、竈、中霤、門、行），其中，社祭是通行於上下層社會的重要祭祀行

事，其中寓含因俗導民，教民成禮的政治用心。祭祀活動有其內在精神，尤特重視對於親人忌日，表達思慕心意，用以寄託情感。另外，蜡祭於歲終農事結束後舉行，百姓終歲勤勞，恐其倦怠，藉蜡祭之聚會飲食，改變人民厭倦之心，而有豐饒之樂。

　　本文根據《禮記》中的禮文，區別禮與俗之分際及交涉，繼而尋繹出制禮的原則，及如何透過禮儀達到化民成俗的功效，冀望能以古鑑今，提供吾人在當今社會生活之借鏡。

伍

《禮記》思想系統之探究①

一、前言

　　《禮記》爲儒家重要典籍，蘊藏先秦以迄漢初數百年間，儒家學派重要思想及中華歷史文獻材料。然而歷來研究《禮記》之學者，大皆視其爲文獻之叢編，罕有視全書爲系統之作。②故有關《禮記》之思想系統是否存在，除了王船山持肯定態度之外，其實並不易得到其他學者之認同。不過以今日之研究立場，若能深入研究，透過禮學思想之系統建構，予以分疏，釐清其間內容層次之不同意涵，進而闡揚其中具有永恆價值之部分，則應可充實當今儒家學術研究，乃至抉發中華文化精神之精粹部分，以裨益當今生活世界，則此一課題當甚具研究意義。

　　以是本文探討之主題，厥爲《禮記》思想系統之建構，實宜適切運用方法論及範疇概念，以對全書之整體思想作全盤的鳥瞰觀照，

---

① 本論文原刊登於：《興大中文學報》，第25期，2009年6月，頁105-135。先前在2008年12月5日宣讀於中興大學主辦：經學與文化學術研討會，經修改後發表。

② 例如周何先生說：「這是一部專記禮事散篇雜文的叢編。……時常可以發現有彼此重複，前後不同，甚至也有相互矛盾的文字出現。所以《禮記》這部書不可能有完整的體系，也無法要求其觀念的統一。不僅是雜，甚至於亂。……這種雜亂的觀念，應該可以視作存真的特色，而給予更高價值的評定才是。」其詳請參見周何：《禮學概論》（臺北：三民書局，1998），頁118-9。

例如王船山以體用合一，本末終始的分析架構，配合仁禮互涵、微言大義、道器相須、天道人情、性情通貫等概念範疇，以對不同篇章及不同段落之間的思想，互相參證比較，並不斷迴環互注地考察恰當與否。運用於生活實踐，兼含德性人格之確立及歷史文化（傳統禮樂文化及五倫秩序）二者價值意義之傳承，簡言之，亦即仁、禮二端之如何落實於日用尋常之際，提供精神生活之途徑。

　　然而吾人何以今日有必要深入理解《禮記》內涵，設法釐清其思想系統，蓋因其一，傳統經學研究之角度，係從章句注釋出發，而後探及其大義，但時常未再進一步形成思想。因此若能藉思想研究之便，先掌握全書之系統綱維，則當可在傳統經學的基礎上，推擴加深對於禮學之理解。③其二，則可擴充當代儒學對於先秦原始儒學之研究範圍，突破原本局限於孔孟荀易庸等少數經典之現況，並可持與《郭店竹簡》之相關研究作一對照。④其三，可為當代新儒家牟宗三、唐君毅、徐復觀等已有儒家心性學之研究成果，即事以窮理，驗證儒學之為生命的學問，及為其道德形上學之確立，提供精神生活之途徑。

　　衡諸傳統諸多注家中，則唯王船山《禮記章句》能對《禮記》思想價值予以正視，並運用「仁禮合一」之思理於其章句傳注之中。具

---

③ 例如徐復觀先生說：「西漢儒生，將經的文字訓詁與大義分為兩途，至為明顯。一般儒生，多不停在訓詁及章句之上，而係由訓詁以通大義，通大義才能形成思想。」然而東漢時之博士已泛濫於章句，無法進至義理之探討。參見徐復觀：《中國思想史論集續編》（臺北：時報文化出版公司，1982），頁545。

④ 當代學者常有以《郭店竹簡》與《禮記》中重疊互見之篇章片斷，或思想相關之文字，作比較研究或思想重新釐定之工作。例如：李天虹：《郭店竹簡《性自命出》研究》（武漢：湖北教育出版社，2003）。丁四新：《郭店楚墓竹簡思想研究》（北京：東方出版社，2000）。龐樸：〈孔孟之間——郭店楚簡中的儒家心性論〉，廖名春：〈荊門郭店楚簡與先秦儒學〉，二文俱收於《郭店楚簡研究：中國哲學第二十期》（瀋陽：遼寧教育出版社，1999）。相關文章繁多，難具引。

體言之，除了對《禮記》字句訓詁之外，船山還在重要思想關鍵之處作語義串釋，甚至對照他段文意及全書奧旨，迴環關注，時時提點，以作整體性的思想詮釋。

其次，當代新儒家學者之中，則唯唐君毅先生《中國哲學原論》不僅曾對王船山著作作過全面研究，且對《禮記》之學術價值予以開發。因此，本論文即主要立基在王船山及唐君毅之研究成果上，佐以當代新儒家學者之心性學研究成果，嘗試從人性自覺及價值根源出發，建構《禮記》之思想系統，闡明全書四十九篇之有機聯繫及豐富底蘊，並闡揚其間所可蘊涵之文化精神。

要言之，《禮記》之思想系統應如何確立，吾人以為當從儒家心性之學作為根基，如此才能針對《禮記》的雜事叢編、禮制儀節，及所通論之禮意原則，予以疏通、釐清其本末先後，而後分層次確認其歸屬，安排其份位，然後蘊藏於《禮記》背後之精神意涵，可供吾人修身進德，乃至今日生活世界取資借鏡的價值意義，方可得而朗現。

二、有關《禮記》思想系統之各家說法

建立《禮記》思想系統之必要及其可能性，首先當究明其作者及其著作年代，以明《禮記》之重要地位，其次則就其思想內部分析，闡明其概念及歸屬。以下申述前人研究之重要成果。

（一）王船山主張《禮記》重視窮理盡性、修己以治人之道

王船山指出《禮記》思想為七十子及其後學繼承自孔子之「微言大義」，而由戴聖纂集之，其大旨在於「復性以立人極」，而後學者之目標則在於實踐「先王窮理盡性、修己以治人之道」，可謂提綱挈領，深得其旨。其言曰：

孔子反魯，定禮樂，引伸先王之道而論定其義，輯禮
經之所未備而發其大義，導其微言。七十子之徒，傳
者異聞而皆有所折衷，以至周末洎漢之學者，習先師
之訓，皆有紀述。小戴承眾論之後，爲纂敍而會歸
之，以爲此書。顯微同異之辭雖若不一，而於以體先
聖復性以立人極之意，其不合者鮮矣。善學者通其意
以會其同，辨其顯以達其微，其於先王窮理盡性、修
己治人之道，明而行之，亦庶乎其不遠矣。而見聞交
紐，年力不逮，姑取戴氏所記，先爲章句，疏其滯
塞，雖於微言未之或逮，而人禽之辨、夷夏之分，君
子小人之別，未嘗不三致意焉。⑤

文中首言孔子於《禮經》⑥中發其大義，導其微言（仁爲禮樂之
本，及大同之政治理想），「微言」係指孔子寄託大同理想於堯舜二
帝，「大義」則是使人以有禮，而知自別於禽獸。船山自認其著作能
上承孔、孟對道德主體性之肯定，自覺爲君子而能辨華夷、文野。船
山又強調學者須通會《禮記》之內涵並通達於其精微之處，藉以挺立
人性之價值尊嚴，並融通內聖外王之修己治人之道。

可見《禮記》之價值在於融攝孔、孟、荀思想，保存七十子及其
後學的思想發展。還記載漢朝初定天下，儒者融匯虞夏商周四代之法
制或理想，上承孔孟心性之學，所蘊涵於此極富理想性之禮樂制度背

---

⑤ 王船山：《禮記章句・卷一》（收于《船山全書・第四冊》）（長沙：嶽麓書社，1991），
頁11。

⑥ 《禮經》是指《儀禮》，六經之名最早見於《莊子・天運》：「孔子謂老聃曰：丘治
《詩》、《書》、《禮》、《樂》、《易》、《春秋》六經。」一直到西漢及西漢以前，凡
稱「禮」者，都是指《禮經》而言，《禮經》就是《儀禮》。其詳可參看周何：《禮學概
論》（臺北：三民書局，1998），頁111。

後之良法美意，頗值得吾人予以深究。以下試介紹王船山之思想立場及其所運用之概念範疇：

1. 仁、禮互爲體用──「本體、定體」及「始制、修行」之整體考察

禮爲天道所藏，人道所顯。蓋因禮雖有待於人去執行之，然而禮儀之制定卻是衡量天理人情之適切恰當與否，才能因時制宜，善盡其用。王船山曰：

> 易曰：「顯諸仁，藏諸用。」緣仁制禮，則仁體也，禮用也。仁以行禮，則禮體也，仁用也。體用之錯行而仁義之互藏，其宅固是。人之所以異於禽獸，仁而已矣；中國之所以異於夷狄，仁而已矣；君子之所以異於小人，仁而已矣。……故子曰：「復禮爲仁。」大哉禮乎！天道之所藏而人道之所顯。
>
> 故自始制而言之，則《記》所推論者體也，《周官》、《儀禮》用也；自修行而言之，則《周官》、《儀禮》體也，而《記》用也。《記》之與《禮》相倚以顯天下之仁，其於人之所以爲人，中國之所以爲中國，君子之所以爲君子，蓋將舍是而無以爲立人之本，是《易》、《詩》、《書》、《春秋》之實蘊也。[7]

其一，雖說體用合一，但體有本體、定體之分，二者可互爲體用。仁爲始制所發露之良心，故仁爲本體，而發用之於日用生活之中。禮爲修行所憑藉之制度儀節，故禮爲定體，而仁爲妙運之用。故

---

[7] 王船山：《禮記章句·序》（長沙：嶽麓書社，1991），頁9-10。

說仁、禮二者可互爲體用。文中又首引《易傳》所云「顯諸仁，藏諸用。」後引孔子「克己復禮爲仁。」之工夫，可見此中蘊含有乾坤並建之微意及性情通貫之實踐工夫，[8]而禮制儀文實即是存在於「天道、人道」之間的橋樑。

其二，禮意（《禮記》之內蘊）與禮文（《周禮》之制度與《儀禮》之儀節），互相依倚以顯天下之仁，其意實即道德良心與道德事業之互相成全，使道德意義顯豁於仁心而化用於日常生活之中，潛移默化。其三，君子修爲與文化精神所顯示的道德尊嚴，亦是《六經》全體所蘊藏之眞實內涵。

2. 《禮記》全書四十九篇皆爲〈大學〉、〈中庸〉二文之大用流行

自唐代李翱作《復性書》首先開發〈中庸〉之思想義理，惜其受佛教影響，而有「尊性而賤情」之偏差，宋儒周敦頤以〈中庸〉合釋《易傳》，張載《正蒙》暢論「天道性命相貫通」之旨，程顥《識仁》篇繼而提到「一本論」的圓頓之教，及「仁者以天地萬物爲一體」的與萬物感通不隔之感。[9]至此，〈中庸〉之道德形上學已表彰無遺，故其地位之重要可知。王船山即主張〈大學〉、〈中庸〉應還歸《禮記》原書作整體考量。其言曰：

> 〈中庸〉、〈大學〉自程子擇之《禮記》之中，以爲
> 聖學傳心入德之要典，迄於今，學宮之教，取士之

---

[8] 王船山主張即氣言體，其所言之氣，爲宇宙之全體，包含心神理性，存有的無限密藏與無限生化之創造者。且此一實體必發用而暫顯爲乾坤之兩體、陰陽之二用。「乾坤並建」即是創生原則與凝成原則並用，如此始能圓成眞實存在之氣體流行。詳參曾昭旭：《王船山哲學》（臺北：遠景出版事業公司，1983），頁339-341。

[9] 參見王邦雄等：《中國哲學史》（臺北：里仁書局，2005），頁449、454、463、487-490。

科，與言道者之所宗，雖有曲學邪說，莫能違也，則
其爲萬世不易之常道允矣。乃〈中庸〉之義，自朱子
之時，已病夫程門諸子之背其師說而淫於佛、老，蓋
此書之旨，言性，言天，言隱，皆上達之蘊奧，學者
非躬行而心得之，則固不知其旨歸之所在，而佛、老
之誣性命以惑人者亦易託焉。……凡此二篇，今既專
行，爲學者之通習，而必歸之《記》中者，蓋欲使五
經之各爲全書，以知聖道之大，抑以知凡戴氏所集
四十九篇，皆〈大學〉、〈中庸〉大用之所流行，而
不可以精粗異視也。⑩

　　〈大學〉、〈中庸〉爲儒學傳心入德之重要典籍，其所言明德新
民、率性修道皆爲上達天理之奧旨常道，因此，船山主張應使此二文
回歸其經典原書之完整性，尤其此二文乃作爲《禮記》全書之體，而
全書亦皆爲此二文之大用流行，各篇皆同等重要。

　　船山批評理學家之淫於佛、老，不過，乃懲於陽明後學之弊，有
所忌諱。其實朱子雖作《四書章句集註》，表彰〈大學〉、〈中庸〉
之價值，使其獨立成書，並作章句。然而〈大學〉、〈中庸〉二文自
《禮記》原書割裂出來獨立研究以後，後代研究者大多未再與《禮
記》原書作關連性之研究，此甚可惜。甚且，朱子還視《儀禮》爲
經，《禮記》爲傳，以前者爲根本，而後者只是枝葉，析解《禮記》
各篇，分屬《儀禮》之下，⑪而有忽略《禮記》思想價值之虞。原來

⑩ 王船山：《禮記章句‧中庸》（長沙：嶽麓書社，1991），頁1245。

⑪ 朱子曰：「熙寧以來，王安石變亂舊制，廢罷《儀禮》，而獨存《禮記》之科，棄經任傳，
遺本宗末，其失已甚。……欲以《儀禮》爲經，而取《禮記》及諸經史雜書所載有及於禮
者，皆以附於本經之下，具列注疏諸儒之說，略有端緒。」語見朱子：〈乞修三禮劄子〉
《儀禮經傳通解》，收于《朱子全書‧第貳冊》（上海：上海古籍出版社，2002），頁25。

朱子主張理先氣後，秉持形上之理，而對具體禮義思想之闡述，反視之爲枝葉，似非眞能體知禮意者。

3. 〈禮運〉、〈禮器〉二文相爲表裏——盡其道必備其器，體用合一

船山以仁、禮二端互爲體用義之特識，主張性情通貫，道器合一，理事圓融。認爲〈禮運〉、〈禮器〉二文相爲表裏，故其論〈禮器〉曰：

> 形而上者道也，禮之本也，形而下者器也，道之撰也。禮所爲即事物而著其典，則以各適其用也。此篇詳論禮制之品節盡人情而合天理者，一因於道之固然而非故爲之損益，與《禮運》相爲表裏，蓋一家之言也。運之者體也，而用行焉；成乎器者用也，而要以用其體。張子曰：「禮器者藏諸身，用無不利，修性而非小成者與！」其說是矣。
> 制禮作樂，皆以示天下後世者也。禮器之有聲容，器也，而爲道之所顯。故盡其道必備其器，器不備則道隱，而德亦因之不立矣。[12]

形上之道爲禮之所本，道藉形器開顯於形下世間，器又須藉道作爲形上根據，道與器相須相成。故禮不能離文化之各層面而有所成就，禮文、禮制、禮節、禮貌等皆在日用尋常之際，而須以人內在之天德良知爲本，而實即形上之道之內在於形器世間及禮文世界。

---

[12] 王船山：《禮記章句·禮器》（長沙：嶽麓書社，1991），頁579、611。

（二）唐君毅有關《禮記》思想之評述

1. 將《禮記》核心篇章定爲〈大學〉、〈中庸〉、〈禮運〉、〈樂記〉四篇

　　唐君毅之創見首先在於掌握《禮記》重「情」的特色[13]，以繼承孔孟的性情之教，其次則定出〈大學〉、〈中庸〉、〈禮運〉、〈樂記〉四篇文章爲《禮記》一書的思想核心[14]，視〈禮運〉、〈樂記〉爲文化哲學與形上學之和合，具有弘闊的規模。其三認爲〈中庸〉論人性，〈禮運〉談人情，二文須相配合，才可呈顯完整的儒家性情之教。唐君毅先生說：

> 先秦儒學之傳中，孔孟之教原是性情之教，……如〈中庸〉言喜怒哀樂之發而中節謂之和，明是即情以見性德之語。……今就此《禮記》一書，除其述制度者不論，其言義理之文，亦對性情皆無貶辭，其善言情並甚於言性，其言人情爲禮樂之原，則旨多通孟子，而大有進於荀子者在。[15]

　　從《禮記》即情以見性德之內容特色，以與先秦孔、孟、荀思想作比較，可見其對於性情皆無貶辭，且旨趣多通孟子，而大有進於荀子之因本源未透，而強調禮義師法之外在教化。而唐君毅更主張應使〈中庸〉及〈禮運〉配合，以圓成性情之教，其言曰：

> 今《禮記》言禮之精神，如本于天以降命，即正如承〈中庸〉之言聖以大德受命，進以言此聖人之將其所

---

[13] 詳參唐君毅：《中國哲學原論・原性篇》（臺北：臺灣學生書局，1978），頁79-80。

[14] 唐君毅：《中國哲學原論・原道篇二》（臺北：臺灣學生書局，1978），頁64。

[15] 唐君毅：《中國哲學原論・原道篇二》（臺北：臺灣學生書局，1978），頁80-81。

受之天命，再表現爲禮，以降此命于禮文之中也。
〈禮運〉之言「大順」，歸于「天不愛道，地不愛
寶」，鳥獸與人之相和，正即〈中庸〉之「盡其性、
盡物性、與天地參，而萬物並育」，「道並行而不相
悖」之境也。唯〈中庸〉于此只抽象的略言之者，
而〈禮運〉則更分之爲種種對天地、山川、鬼神、五
祀、祖廟之禮，與一般君臣父子之倫中之仁義禮樂
等，而具體的詳言之。又〈中庸〉言人性，〈禮運〉
則標人情，然固可總名之一「合天命與天地、鬼神萬
物，人心之性情及人德與人文，以言人道」之思想
也。⑯

〈禮運〉比起〈中庸〉之略說義理，更詳細具體地說明宗教祭
祀之各項禮儀，及政治社會中孝悌倫常之道，以及蘊涵仁義的禮樂文
化。因能澈通物我內外、天人幽明之際，是故眞能安頓人情，而建構
整個文化哲學。

2. 〈禮運〉、〈樂記〉能即事顯理，圓成〈中庸〉性情之教

唐君毅既肯定〈中庸〉道德形上學之地位，且又主張〈禮
運〉、〈樂記〉之價值可與〈中庸〉並列，其言曰：

儒家思想發展至〈中庸〉，即不只爲一人生之道德、
倫理、政治與人性之哲學，亦爲一形上學與宗教哲
學、歷史哲學，此即通過聖人之至德中之至道，而見
得天地萬物之所以生之天道，以至尊天崇道，而讚嘆
此道之悠久不息之形上學、宗教哲學與歷史哲學。

---

⑯ 唐君毅：《中國哲學原論‧原道篇二》（臺北：臺灣學生書局，1978），頁103。

《禮記》之〈禮運〉，則爲專論能表現人之德，與養
人之德之「禮」之運行於天地鬼神山川與萬物中、及
古今歷史之世界之著。〈樂記〉則爲論禮樂之道之兼
爲人生倫理政治之和序之道，亦爲天地萬物鬼神之和
序之道之著。此二文可稱爲文化哲學與形上學之和
合、其規模亦弘闊。⑰

　　前段文字中，唐君毅將〈中庸〉之價值從平面的人間世界，伸展
向立體的宗教及歷史文化的意識，達致儒學之最高理境，但對於禮樂
秩序的詳盡鋪陳，尚有待於後段〈禮運〉、〈樂記〉二文之論列。從
〈禮運〉可知禮意之運行於歷史文化中，呈現道德良知與宗教祭祀之
全幅內容，而從〈樂記〉則見出樂教內容可使人生倫理政治呈現和諧
秩序，及禮樂合德形上原理之建立。

（三）徐復觀與牟宗三論「中庸」及「大同」之義

　　徐復觀有關《禮記》思想的言論，主要是說出大同、小康之分
別，並談及〈中庸〉之義理，認爲忠恕即中庸，忠恕強調內心之行爲
動機，中庸則是忠恕行爲之結果。徐先生說：

按之此章（〈中庸，第十三章〉），則所謂中庸的具
體內容，實即忠恕。「言顧行，行顧言」的「慥慥
爾」是形容忠的；「施諸己而不願，亦勿施於人」，
是說明恕的。而忠恕即是庸德之行，庸言之謹，即是
中庸的實踐。……忠恕與中庸，本是一事；隨立教時
的重點所在，因而有「從言之異路」。⑱

---

⑰ 唐君毅：《中國哲學原論‧原道篇二》（臺北：臺灣學生書局，1978），頁92。
⑱ 徐復觀：《中國人性論史》（臺北：臺灣商務印書館，1978），頁114-5。

　　曾子以「忠恕」詮解孔子言仁的一貫之道，忠恕既是中庸的具體內容，則〈中庸〉可謂上承孔子思想，而與子思、孟子應屬同系義理進路之一脈相承。而在《禮記・禮運》首段即揭示孔子的政治理想爲堯舜禪讓之大同之治，以及三代家天下時之小康禮治，而此即孔子昭示後人的微言、大義之所在。徐復觀又言：

> 在現實環境所作的改良性的主張，這是孔子的大義。
> 不考慮現實環境，而直就道理的本身立說，這是孔子
> 的微言。
> 《禮記・禮運篇》貶禹湯文武的家天下爲小康之治，
> 而別於其上設天下爲公的大同世界，此眞傳孔子之微
> 言，而爲後世小儒瞠目結舌所不敢道的。[19]

　　徐先生之看法與王船山、唐君毅可謂不謀而合。因爲大同揭示公天下之理想所在，小康提出具體實行途徑，二者宜合看，才能眞正實現大同之理境，也才能見出儒家義理之永恆價値。故唐君毅即說大同揚中有抑，小康抑中有揚。而牟宗三亦曰：

> 堯舜禪讓並不是通過理性的自覺而成立的一個政治制
> 度，此後來儒者託古立象耳。[20]

　　即言孔子所稱述的堯舜之治實只是寄託人類政治理想之精神境界，屬於託古立制之作法。爲周文禮制之小康，懸立一大同理想（仁心流貫）之境界，其能否實現，當視小康禮治之執行，此所以孔子仍稱美郁郁周文，雖其仍屬小康之世代。牟宗三曾疏通宋明儒學內聖面之本源，衡定中國哲學之特質爲生命的學問，強調主體性及內在道德

---

[19] 徐復觀：《中國人性論史》（臺北：臺灣商務印書館，1978），頁64、67。

[20] 牟宗三：《歷史哲學》（臺北：臺灣學生書局，1978），頁16。

性，而特具憂患意識。牟宗三又說：

> 儒學的重點落在人「如何」體現天道上，即有我們常
> 說的重「主體性」之意義。開出主觀性，即可上下通
> 氣，……自孔子講仁，孟子講盡性，中庸大學講慎
> 獨、明明德起，下屆程朱講涵養察識，陽明講致良
> 知，直至劉蕺山講誠意，都是就這如何體現天道以成
> 德上展開其教義。……這成德的過程是無限的，故那
> 客觀的上帝及主觀的呼求之情，乃全部吸收於如何體
> 現天道上，而蘊藏於成德過程之無限中。這裡盡有無
> 限的莊嚴與嚴肅。[21]

文中強調儒家學術的特質是體現天道以成德，重視主體自覺，然
而在實踐的過程中，恆須面對人的形氣之私，克去私欲習氣情識的夾
雜，唯孟子又言「形色，天性也；唯聖人然後可以踐形。」[22]可見形
氣亦是道德實踐所憑藉的資具，而後從下學中去上達天理、天道，故
道德實踐亦是無限莊嚴的道德事業，而此即牟先生言「可上下通氣」
之實義。〈禮運〉說「夫禮，先王以承天之道，治人之情。」即謂
在具體的人情事理上，透過禮儀制度之實施，實現天道之無限內涵意
義。

（四）勞思光與楊祖漢對〈中庸〉之見解

勞思光先生側重儒家心性學之基本特色及方向，反對儒學之具
有天道論一面，故並不認同《禮記》之思想地位，甚且認為〈中庸〉

---

[21] 牟宗三：《中國哲學的特質》（臺北：臺灣學生書局，1980），頁96。
[22] 語出《孟子‧盡心上》。引自楊伯峻：《孟子譯注》（臺北：河洛圖書出版公司，1980），
頁319。

之文雜入漢儒陰陽思想及道家之說，且未以主體性立說，已非儒家之純，其持論甚堅，已難撼動。[23]不過，當代學者已多有辨正，例如楊祖漢即根據牟宗三《心體與性體》之義旨而申述曰：

> 實則孔孟之心性論哲學及成德之教，肯定道德的心性同時亦是妙萬物而為言之宇宙生化之本體，透過聖心之感通無外，頓悟道德創造與宇宙生化根本是一，是道德的形上學（由道德的進路而證成的形上學，而非形而上學的道德學）。[24]

勞思光雖誤解〈中庸〉之義理為雜入漢儒氣化宇宙論，不過卻另有貢獻，他析論孔子學說為仁義禮之基本理論，而且攝禮、義歸仁，以及引申理論為正名、直道及忠恕等，對儒學重主體性思理之掌握，卻甚明確。又強調孔子之精神方面，人格完成、義命對揚及學習理論，均甚為切當，[25]其理論框架已為大多數學者認同採用，本文擬以孔子思想為根基，析論《禮記》思想系統，對此儒學研究成果，自不容忽視。

（五）高明及任繼愈對《禮記》內容之分類

1. 高明之見解

自古以來《禮記》的分類頗為雜亂，高明先生《禮學新探》中綜

---

[23] 詳參勞思光：《新編中國哲學史（二）》（臺北：三民書局，2001），頁56-72。例如勞思光於頁61中引《中庸》朱註第二十四章「至誠之道，可以前知。……」評說：「此種論調，全與漢人符瑞讖緯之說一致，而與孔孟之義大悖。……漢承秦火之後，陰陽家言侵入儒學，而造成儒學之變質，然後此種原始信仰乃復活於兩漢。此乃史實，非一家之臆斷也。」斷言《中庸》具神祕主義之傾向。

[24] 楊祖漢：《中庸義理疏解》（臺北：鵝湖出版社，1990），頁23。

[25] 勞思光：《新編中國哲學史（一）》（臺北：三民書局，2002），頁105-151。

觀劉向、吳澄、梁啓超、蔣伯潛等人所作分類之優缺點，改爲性質分類較爲合理，雖非思想系統之分類，但其分三大類及三層次之區隔，稍具參考價值。[26]高明首先將全書四十九篇分爲通論、通禮、專禮三大類，分述如次，

其一，在「通論」之下又分二類，一是通論禮意的〈禮運〉、〈禮器〉、〈郊特牲〉、〈經解〉、〈哀公問〉、〈仲尼燕居〉等六篇；二是通論與禮有關的學術思想的〈孔子閒居〉、〈樂記〉、〈學記〉、〈大學〉、〈中庸〉〈坊記〉、〈表記〉、〈緇衣〉、〈儒行〉等九篇。

其二，在「通禮」之下又分二類，一是關於世俗生活規範的〈曲禮上〉、〈曲禮下〉、〈內則〉、〈少儀〉、〈深衣〉、〈玉藻〉等六篇，二是關於國家政令制度的〈月令〉、〈王制〉、〈文王世子〉、〈明堂位〉等四篇。

其三，在「專禮」之下，共有九類，計爲喪禮（十四篇）、祭禮（三篇）、冠禮、昏禮、鄉飲酒禮、射禮、燕禮、聘禮、投壺禮等。

綜上所分，雖可說是綱舉目張，其分類方法卻有一缺點，即《禮記》之任一篇章均有相當份量，內容頗爲豐富，因此可能同時包含不同方面的內容。故舉凡禮意之闡發，禮學之探討，禮制之設計及理想規劃，禮儀條文之列敘等，均有可能存在同一篇章之中，例如〈禮運〉、〈樂記〉、〈王制〉等皆是。倘若一定要將某一篇章歸於某一類別（通論、通禮或專禮三者）之下，則未必妥當。此種分類方法，可謂僅便利初入門者，爲理解《禮記》全書內容之概略分佈，僅供參考之用；但因行之有年，故以上略作分辨。

---

[26] 高明：《禮學新探・禮記概說》（臺北：臺灣學生書局，1984），頁71-80。

2. 任繼愈之評論

任繼愈主持編纂《中國哲學發展史・秦漢》，爲目前諸多哲學史著作中，對《禮記》最能肯定其價值，並有大量篇幅予以研究之學者。[27]該書關有專章「《禮記》的封建宗法主義思想」，文分四部分，一、禮記的時代和內容，二、《禮記》的社會政治倫理思想，三、《禮記》的宗教和哲學思想，四、《大學》和《中庸》。而此皆能依思想脈絡而言者。有關《禮記》的思想定及內容特色，任繼愈又曰：

> 漢初的這七十年，雖然沒有產生著名的儒學大師，但是綜觀《禮記》各篇的論述，可以看出形成了一股強大的思潮，這股思潮承接先秦儒學的傳統，爲董仲舒的儒學開闢道路，深刻地反映了漢初重建封建大一統帝國的客觀歷史進程。
>
> 實際上，《禮記》沒有局限于解釋《儀禮》的範圍，它所引申闡發的宗法主義思想涉及到封建社會的全套上層建築，包括社會、政治、倫理、哲學、宗教各個方面，它爲漢初的封建制度設計了一個總的規劃，劉向分類中的通論和樂記兩項，指的是關于禮樂的一般理論，不只是對于某種具體禮儀的解釋。[28]

不但專論〈大學〉、〈中庸〉二文，另亦從「社會政治倫理思想」及「宗教和哲學思想」統攝約取重要片段之關鍵文字，思理透闢，行文尚稱嚴謹，雖仍簡略，卻已頗能抉發《禮記》之思想價值；即不限於解釋禮儀而已，而有禮樂的相關理論。唯他認爲《禮記》爲

---

[27] 任繼愈：《中國哲學發展史・秦漢》（北京：人民出版社，1985），頁161-244。

[28] 任繼愈：《中國哲學發展史・秦漢》（北京：人民出版社，1985），頁165、170。

董仲舒開闢道路，則尚待檢別。

三、《禮記》核心篇章爲〈中庸〉、〈大學〉、〈禮運〉、〈樂記〉

　　有關《禮記》思想系統，本段指出全書思想系統之總體格局，綜合王船山及唐君毅之見解，將先述〈大學〉、〈中庸〉之內聖外王之道及道德形上學，其次因〈中庸〉及〈禮運〉合爲性情之教，故以〈禮運〉爲析論重點，再次則略說〈樂記〉所論禮樂合德之義。而於下節再分別通論宗教與宇宙觀、政治與倫理思想、及政教關係等三項領域。

（一）〈中庸〉之道德形上學及〈大學〉之三綱八目爲橫通內外之宏規

　　內聖外王之道爲儒家思想系統之總綱，卻是莊子首先提出[20]，同時《莊子‧天下篇》更重視道術之整全（未視儒家爲諸子之一），頗具洞見。前文提及王船山主張《禮記》全書四十九篇皆〈大學〉、〈中庸〉之大用流行，而唐君毅認爲〈大學〉、〈中庸〉二文之規模弘闊，爲橫通內外，縱通天人的思想系統。〈大學〉言誠意愼獨時，是本於盡己之忠而說，言治國平天下時，是本於推己之恕而說，可知

---

[20] 《莊子‧天下》曰：「天下大亂，賢聖不明，道德不一，天下多得一察焉以自好。……判天地之美，析萬物之理，察古人之全，寡能備於天地之美，稱神明之容。是故內聖外王之道，闇而不明，鬱而不發；……道術將爲天下裂。」其基本觀點爲道術無所不在，各家皆僅得道術之一部分，唯隱指儒家因傳承《六經》而未在其後文列敘各家思想時之批判之列。如曰：「其明而在數度者，舊法世傳之史尚多有之，其在於《詩》、《書》、《禮》、《樂》者，鄒魯之士，搢紳先生，多能明之。」引自歐陽景賢、歐陽超：《莊子釋譯》（臺北：里仁書局，1998年），頁1346、1349。

〈大學〉是本著曾子之學而作對內、對外的開展，涵攝一切修己治人之學。以下節引〈大學〉、〈中庸〉相關文字說明之，其言曰：

> 大學之道，在明明德，在親民，在止於至善。……物格而後知至，知至而意誠，意誠而後心正，心正而身修，身修而家齊，家齊而國治，國治而後天下平。自天子以至於庶人，壹是皆以修身爲本。（〈大學·經一章〉）[30]
>
> 所謂平天下在治其國者，上老老而民興孝，上長長而民興弟，上恤孤而民不倍；是以君子有絜矩之道也。……此之謂民之父母。（〈大學·傳第十章〉）[31]
>
> 故君子以人治人，改而止。忠恕違道不遠，施諸己而不願，亦勿施於人。君子之道四，丘未能一焉。所求乎子、以事父未能也；所求乎臣、以事君未能也；所求乎弟、以事兄未能也；所求乎朋友、先施之未能也。庸德之行，庸言之謹；有所不足，不敢不勉；有餘不敢盡。言顧行、行顧言，君子胡不慥慥爾！（〈中庸·第十三章〉）[32]

首先，〈大學·經一章〉言三綱八目，明明德即是修己，新民即是治人，止於至善即道德實踐以最高善爲目標，八目以修身爲中心，而前四目之格致誠正即是修身之內容，家國天下即是實踐之對象範圍。

其次，〈大學·傳第十章〉言君子（領導者）經由老老、長

---

[30] 岑溢成：《大學義理疏解》（臺北：鵝湖出版社，1994），頁30-44。

[31] 岑溢成：《大學義理疏解》（臺北：鵝湖出版社，1994），頁99-100。

[32] 楊祖漢：《中庸義理疏解》（臺北：鵝湖出版社，1990），頁47。

長、恤孤之示範，致使每一人皆能受到感染而做到孝、弟、慈之德行，此時領導者即有資格被稱爲「民之父母」。

其三，〈中庸‧第十三章〉引述孔子所言自處處人，須行忠恕之道，自謙未臻完美之四項原則，亦即反省自身當爲子、臣、弟、朋友之處境時，是否能言行一致，勉力敬謹以實踐之。結合上則所言，則此其實即指當人身處五倫關係之中，能否修德以俟。

然而〈大學〉所言修己治人之規模次第，固然極其完備，而尚未及〈中庸〉能從祭祀之禮，縱通天人之際，藉由神道設教之統治者立場，及下學上達之自我實踐工夫，通連人之生命與歷史文化及天地萬物融爲一體，藉此安頓人之超越情懷，表現人文宗教之精神。於此〈中庸〉即言：

> 宗廟之禮，所以序昭穆也；……踐其位，行其禮，奏其樂；敬其所尊，愛其所親；事死如事生，事亡如事存，孝之至也。郊社之禮，所以事上帝也；宗廟之禮，所以事乎其先也。明乎郊社之禮，禘嘗之義，治國其如示諸掌乎！（〈中庸‧第十九章〉）
> 哀公問政，……故爲政在人；取人以身，修身以道，修道以仁。仁者，人也，親親爲大；義者，宜也，尊賢爲大。親親之殺，尊賢之等，禮所生也。故君子不可以不修身；思修身，不可以不事親；思事親，不可以不知人；思知人，不可以不知天。天下之達道五，所以行之者三。曰：君臣也，父子也，夫婦也，昆弟也，朋友之交也。五者，天下之達道也；知、仁、勇，三者，天下之達德也；所以行之者，一也。（〈中庸‧第二十章〉）[33]

---

[33] 楊祖漢：《中庸義理疏解》（臺北：鵝湖出版社，1990），頁176、181-2。

　　點出中華文化之特性爲以孝道代替宗教，文中既言「思知人，不可以不知天」，故前一則以孝祭之道安立宗教精神，以郊社之禮祭祀天地，宗廟之禮孝饗祖先，喪祭之禮懷念先人等，皆能使人之超越情懷得以安頓，而有穩固的生活重心。

　　次段揭示德性之學以修身爲本，表現智仁勇的生命德養，以五倫關係爲通達人心之道路，此亦即重視人與人間之溝通，而發揮孝悌忠信之涵養，故是以五倫之教建立爲日常生活之軌道，而後此言行合一的君子方能平治天下，而完成政治的最高理想。

　　由上可知，親親之殺，尊賢之等，主、客觀二方面的仁義之道，則可經由禮儀制度安頓群生，宗法制度結合倫理親情，形成人處在不同倫理秩序時之各得其所。此亦與《孟子》言盡心知性知天，純從主觀面以言者不同，如楊祖漢曰：

> 孟子言盡心知性知天，是就此心之無外無遺，以言性與天道之意義，而中庸則由此而客觀地說一天道，又說天道下及於存在物而爲人與物之性。此性固即是仁義禮智，但同時具有作爲一切存在之本體之義，爲天下之大本，是一切價值所由出。故性是萬物一源，即是無限普遍的，其實那即是天道之本身。就宇宙生化之本原曰天道。……故中庸之言盡性，其範圍是極其廣大的，……與孟子之直截的盡心之義是不同的。
> 中庸言盡性，是以道德的進路來盡現天之所以爲天之道。即是以無限的天道爲背景而作盡心的實踐。[34]

　　由上可見，〈中庸〉的思想是上承孔孟的內聖之學，然又是進一步發展而成的。雖言性出於天命，似是先客觀說一形而上理論，而其

---

[34] 楊祖漢：《中庸義理疏解》（臺北：鵝湖出版社，1990），頁53-54。

實仍是從忠恕之盡心、推己之實踐說上去的。總之，此爲重視道德主
體性之生命的學問，仍不宜忽略。

前文已提及唐君毅表彰〈禮運〉、〈樂記〉之特殊地位及其歷史
文化觀，以其能配合〈中庸〉、〈大學〉而呈顯文化哲學與形上學之
和合，以下分論〈樂記〉之要旨。

（二）〈樂記〉闡揚「禮樂合德」的文化整體觀

1. 禮樂合德及化民成俗

禮樂通貫人情，以化民成俗爲要旨。禮、樂分別經由外在的社會
規範和內在的性情陶冶，來防止爭競及淨化情感，故能安定人心，進
而平治天下，古代聖王制定禮樂的目的，並不在滿足感性欲望，而是
爲教育百姓辨別愛憎，回歸到道德規範。此旨據〈樂記〉曰：

> 先王之制禮、樂也，非以極口腹耳目之欲也，將以教
> 民平好惡，而反人道之正也。
> 樂由中出，禮自外作。樂由中出故靜，禮自外作故
> 文。大樂必易，大禮必簡。樂至則無怨，禮至則不
> 爭。揖讓而治天下者，禮樂之謂也。[35]

文中極爲推崇禮樂，可使個人的欲望情感和社會的倫理道德，二
者達到統一的效果，此即因禮的形式約束而使行爲合乎規矩，因樂的
情感調和而使心情舒暢愉悅。內外融合，不怨不爭，成爲祥和而有秩
序的社會。在理論陳述上，〈樂記〉較著重介紹樂的社會教育功能，
但又多方比較樂和禮的不同，以及兩者的功效。此可能是增修《荀
子・樂論》所說「樂和同，禮別異」的基本觀點[36]，因禮和樂必須相

---

[35] 王船山：《禮記章句・樂記》，頁897、902。

[36] 參考唐君毅：《中國哲學原論・原道篇二》（臺北：臺灣學生書局，1978），頁64。其言

輔爲用，由外而內，又由內而外，最後達到一致的目的。〈樂記〉
曰：

> 樂者爲同，禮者爲異，同則相親，異則相敬。樂勝則
> 流，禮勝則離。合情飾貌者，禮樂之事也。禮義立，
> 則貴賤等矣。樂文同，則上下和矣。
> 禮者，殊事合敬者也；樂者，異文合愛者也。禮樂之
> 情同，故明王以相沿也。
> 仁近於樂，義近於禮。……聖人作樂以應天，制禮以
> 配地。禮樂明備，天地官矣。㊲

即禮須對於行爲方式加以規範，重視等級秩序；而樂須對人的
情感加以調合，具有同化作用；禮樂純由聖王自外訂定，用以感動人
心，變化人情。

2. 知音爲人禽之辨，知樂爲君子小人之別；天人合德

由於樂即是內心情感的表現，且必須是倫理道德的感情，特重
主體性，故可彌補制度的不足，賦予藝術以政治的使命。此義據〈樂
記〉又云：

> 凡音者，生於人心者也。樂者，通倫理者也。是故知
> 聲而不知音者，禽獸是也；知音而不知樂者，眾庶是
> 也；唯君子爲能知樂。是故審聲以知音，審音以知
> 樂，審樂以知政，而治道備矣。是故不知聲者不可與

曰：「《禮記》之〈禮運〉、樂論，及其他文，又對荀子之言，有所增益修正。荀子之思
想，卓然成家，非襲取他人之言，以成其論者。即可證《禮記》之文與《荀子》文相同者，
乃《禮記》之襲《荀子》，非《荀子》之襲《禮記》。」
㊲ 王船山：《禮記章句·樂記》，頁900-1、905、911。

言音，不知音者不可與言樂，知樂，則幾於禮矣。

禮、樂皆得，謂之有德。德者，得也。[38]

文中結合人、禽之辨及君子、小人（眾庶）之別，不但將聲、音、樂三者區分高下層次，加以統一，並且歸結與政、禮相關，肯認音樂的本質是與政治倫理相關的情感。因此，禮樂的作用尤須「治心」，藉以喚起人們向善的情感，〈樂記〉又載：

君子曰：禮樂不可斯須去身。致樂以治心，則易、直、子、諒之心油然生矣。

樂也者，聖人之所樂也，而可以善民心，其感人深，其移風易俗，故先王著其教焉。

樂者，樂也。君子樂得其道，小人樂得其欲。以道制欲，則樂而不亂；以欲忘道，則惑而不樂。是故君子反情以和其志，廣樂以成其教。樂行而民鄉方，可以觀德矣。[39]

反情以和其志，此語最為切要，說明樂能闡揚禮之本義，導養靈性生活，是自然而然的，而非是強迫性的發生引導感染的效果。人若果能節制欲望，勿流於私，則可志定於中，而不失其和，其所達致之境界，將如〈樂記〉所云：

情深而文明，氣盛而化神，和順積中，而英華發外，唯樂不可以為偽。

樂極和，禮極順，內和而外順，則民瞻其顏色而勿與爭也，望其容貌而不生易慢焉。

---

[38] 王船山：《禮記章句・樂記》，頁894-6。

[39] 王船山：《禮記章句・樂記》，頁948、920、927。

> 樂者，天地之和也；禮者，天地之序也。和，故百物
> 皆化；序，故群物有別。[40]

認爲道德是作樂之本，透過禮樂文化，個人不但與社會，而且與自然也會達到和諧統一，此亦即儒者所追求之天人合德的最高境界。

3. 人性內涵與樂教實施

孟、荀都以性攝情，著重養性或化性，而〈樂記〉反而著重在調治「無喜怒哀樂之常」的人情。人性由於先天氣質有別，又因後天風習移轉，故須愼重其感受，以恢復純潔善良的本性，此則待樂教而有其功效。〈樂記〉曰：

> 是故先王本之情性，稽之度數，制之禮義，合生氣之
> 和，道五常之行，使之陽而不散，陰而不密，剛氣不
> 怒，柔氣不懾，四暢交於中而發作於外，皆安其位而
> 不相奪也。然後立之學等，廣其節奏，省其文采，以
> 繩德厚，律小大之稱，比終始之序，以象事行，使親
> 疏、貴賤、長幼、男女之理皆形見於樂，故曰：「樂
> 觀其深矣。」[41]

文中認爲先王依據天理渾然之情性，稽考禮義，定貴賤之規範，大小、多寡之度數，和剛柔、陰陽之原則，制定出中正平和的音樂，使人人自我體認性情，各安本分。然後設置學習的等級，依年齡大小、才質高低，漸增深度、廣度。又從舞容體認外在的情致文采，品味內蘊的仁厚道德，再藉由十二音律次第、樂曲的終始條理，了解人事中親疏遠近、長幼男女的道理。所以觀賞音樂，對人生可以獲得

---

[40] 王船山：《禮記章句·樂記》，頁928、950、906。
[41] 王船山：《禮記章句·樂記》，頁922-3。

深切的體認。總之，經由對人性的認識，導引出一套樂教的具體作法及其預期成效。

四、《禮記》注重養成君子人格並踐履於倫常生活

《禮記》之文化內涵，上承先秦孔孟儒學，下開後世儒統。故而建立《禮記》思想系統之前提必須立基於孔孟心性之學及道德主體性的自覺。如此則可進而論析《禮記》思想中所蘊涵之文化精神。以下試分二方面論述之，一是透顯君子人格養成之途徑及其具體目標，二是在五倫社會中盡道，藉由禮樂生活安定人生，以呈顯中華文化之精神價值。

（一）君子人格之養成

〈大學〉言修身為本，以三綱八目為道德實踐之體段，〈中庸〉言誠明率性及擇善固執，皆欲使人自覺實現道德人格之永恆價值，成人（成聖成賢）之學誠可謂是《禮記》所蘊涵之文化精神，以下即以大學教育內涵及冠禮為例說明之：

1. 大成之學

〈學記〉的小成及大成，係小學及大學中的視導制度，考核智育及德育是否兼修之標準，在各區域學校隔年考校，其特色是考核重點兼重知識與道德，而在大學中之最高造詣時，更能對所學知識融會貫通，具有獨立自主人格，不會隨波逐流。〈學記〉曰：

> 古之教者，家有塾，黨有庠，術有序，國有學。比年
> 入學，中年考校。一年視離經辨志，三年視敬業樂
> 群，五年視博習親師，七年視論學取友，此之謂小

成，九年知類通達，強立而不反，謂之大成。㊷

可知小成之論學，是學問上已能深造有得，且能與人論辯學問的是非；取友是指心中有定識，能辨別學友才學之好壞，而能善擇益友。如此既已奠定研討學問之基礎，復能向志同道合之朋友請益，於致知上已有成就，故稱小成。大成則是考察學問能否觸類旁通，臨事堅定，不違師訓；且能踐履之於行為上，則可謂大有成就。由上可知，大學教育的最終目標，在於培養優秀的政治人才，進而教化人民，移風易俗，使天下歸心。

2.〈冠義〉的「人之所以為人」及「成人之」

人之所以為人，即人禽之辨，故行冠禮一則須有標準之冠裳服制，言行不苟；二則與人交接之際，皆能親親、貴貴、長長，禮儀不失。於〈冠義〉曰：

> 凡人之所以為人者，禮義也。禮義之始，在於正容體，齊顏色，順辭令。容體正，顏色齊，辭令順而後禮義備，以正君臣，親父子，和長幼。君臣正，父子親，長幼和而後禮義立。故冠而後服備，服備而後容體正，顏色齊，辭令順。故曰：冠者，禮之始也，是故古者聖王重冠。
>
> 成人之者，將責成人禮焉也；責成人禮焉者，將責為人子、為人弟、為人臣、為人少者之禮行焉。將責四者之行于人，其禮可不重與！故孝弟忠順之行立，而後可以為人；可以為人，而後可以治人也。故曰：冠者，禮之始也，嘉事之重者也。是故古者重冠。重冠

㊷ 王船山：《禮記章句》，頁872。

故行之於廟，行之於廟者，所以尊重事。尊重事而不
敢擅重事。不敢擅重事，所以自卑而尊先祖也。[43]

首先言人之所以爲人，是指人或立或坐之姿態、儀容、言談
等，皆能合乎應有規範，如：軀體坐立端直，儀容端莊和平，言談謙
恭和善，如此外在形象能自樹立，則可進而追求「正君臣，親父子，
和長幼。」於倫常體系中恰如其分地與人交往。

其次，能實踐孝弟忠順之禮行，符合人倫之禮，才是標準的成
人，也才有資格服務社會，管理別人。復次，冠禮還重視尊祖敬宗，
背負提倡歷史教育的任務。由上可知君子人格的養成，在今日仍具有
極爲重要的價值意義。

（二）五倫社會與文化精神——以禮樂安頓生活秩序，開
出精神生活之領域

孔孟之道倡行仁心善性，故儒家之道，起始即以「立人極」爲其
特色。尤其在日用尋常之中，於人間倫常之際，誠身敬德，行其應然
之道。故自孔子立說開始，即奠定喻於義之「君子」，爲人格修養之
模範，故明辨義利，履行義務，即應爲每個人終身奔赴的目標。誠如
〈大學〉云：「自天子以至於庶人，壹是皆以修身爲本」，而修身之
內容即由三綱八目衡定之，三綱是明明德，新民，止於至善；八目的
內在層面是格物、致知、誠意、正心，四事之一時並了，此即修身之
內容。落實在生活踐履中，在社會生活倫常結構中，做好每個人本份
之內應做好之事，明明德以修身，而凸顯人之道德主體性，此外在面
之齊家治國平天下，即是新民之工作，故內外兩面均能達致「止於至
善」之地步。此之謂「爲人君，止於仁；爲人臣，止於敬；爲人子，

---

[43] 王船山：《禮記章句》，頁1505-8。

止於孝；爲人父，止於慈；與國人交，止於信。」（傳第三章），其實即是在五倫關係中，經由個人德養及禮樂生活，呈現人性之價值，及歷史文化傳承的莊嚴意義。故牟宗三曰：

> 一個文化不能沒有它的最根本的內在心靈。這是創造文化的動力，也是使文化有獨特性的所在。……儒教若當作一宗教來看時，我們首先要問一宗教之責任或作用在那裡。宗教之責任有二，第一，它須盡日常生活軌道的責任，……即禮樂（尤其是祭禮）與五倫等是。……禮樂、倫常之爲日常生活的軌道既是「聖人立教」，又是「化民成俗」，或「爲生民立命」，或又能表現「道揆法守」，……第二，宗教能啓發人的精神向上之機，指導精神生活的途徑，是不能離作爲日常生活軌道的禮樂與五倫的。它從此指點精神生活之領域。……廣度地講，或從客觀方面講，它能開文運，它是文化創造的動力。深度地講，或從個人方面講，就是要成聖成賢。（故宗教總起來可從兩方面看，一、個人人格的創造，二、歷史文化的創造）。[44]

以上由最根本的內在心靈，揭示文化精神之底蘊，其實在前文析論《禮記》之思想系統時，已多所觸及，《禮記》全書諸多篇章，成於孔門學脈多人之手，其思想要旨，約言之，即復性以立人極，其思想內涵則是窮理盡性，修己治人的內聖外王之道。

---

[44] 牟宗三：《中國哲學的特質》（臺北：臺灣學生書局，1980），頁89。

五、結語

　　以上本文從義理的角度，嘗試爲《禮記》建立思想體系，藉以呈現其思想系統之整體綱維爲目標，而並非讓《禮記》之每一文章都得到分類上的歸屬。因此在研究進路上，參酌王船山及唐君毅二位大儒之獨具慧眼，揭出〈大學〉、〈中庸〉、〈禮運〉、〈樂記〉四文作爲《禮記》之核心篇章，且作較多文本內涵之詮釋，而後才開展《禮記》全書中相關思想之論述，故在論述上頗能呈顯出明確的主線。

　　首先，從王船山的立場，透過〈大學〉、〈中庸〉與《禮記》全書作對比，考量其「復性以立人極」之悲願，運用其仁禮互涵，道器合一的辯證方式，釐析出《禮記》思想的大體統緒。

　　其次，根據唐君毅的創見，以〈中庸〉與〈禮運〉作對比，呈現「性情之教」的整體內涵，另亦詮解〈樂記〉的文化觀點，點出禮樂合德，及其有助於化民成俗的教化功能，以闡發禮樂文化的意義價值。

　　其三，《禮記》思想在生活上之實踐，厥爲君子人格之養成及在禮文生活中，五倫關係的重新正視及每個人的眞誠參與。

　　總上可知，《禮記》思想，要言之，即是內聖外王，修己治人之道。而其中所蘊涵的文化精神，則是君子人格的重視，及五倫關係所拓展之禮樂文化。而《禮記》之思想地位，上承先秦孔、孟、荀儒學，下啓後世儒統，吾人固可徵知，若欲鑽研其思想奧義，必須先立基於孔孟心性之學及道德主體自覺，肯定良心善性，並確立人、禽之辨，義、利之分，及君子、小人之別，繼承先聖「復性立人極」之弘願，傳揚文化道統。另外，理事圓融、道器互涵，及性情之教的落實於生活世界之實踐，則是《禮記》不同於其他儒家經典的著作特色，尤值得優予檢別，並對其思想價值加以重視。

陸

《禮記‧禮運》的政教文化觀——以人情爲核心的考察①

一、前言

　　《禮記‧禮運》歷來因篇首大同世界理想之提出而倍受重視，其實全文思想深刻，體系嚴密，對於歷史文化的發展觀點及政治教化的具體措施，具有通盤而完整的論述，本文即嘗試從人情爲核心，說明其全篇的政教文化觀，如此理論進路有其客觀意義。其理由有四：一是先秦儒家文獻鮮少對於人情的內容有較具體的陳述，且對於人情提出對治之方策，以證成一內聖外王之道的弘偉規模。二是與〈中庸〉、〈樂記〉、《孟子》等所言性情理論相較，〈禮運〉之談論人情論與其相似，但又自具特色，與新近出土郭店竹簡的《性自命出》所言之人情又可相互比較參證。三是〈禮運〉著成年代，學者原多定於西漢，及其學派歸屬或有因其言及大同，而質疑其非儒家思想，乃頗有值得商榷之餘地。四是因原始儒家原是性情並尊之教，而後世受佛老影響之宋明新儒家，則有尊性賤情的傾向，又囿於內聖學之畛域，未及拓宇於外王學的講論。以上諸點考量，若考察〈禮運〉一文，應可獲得深刻的啓示。

① 本論文原刊登於：《揭諦》（南華哲學學報），第9期，2005年6月，頁39-74。先前在2004年5月14日宣讀於南華大學主辦：第五屆比較哲學學術研討會，經修改後發表。

二、〈禮運〉人情論的思想背景

（一）《禮記》與孟、荀人情論之比較

本文雖重在探討〈禮運〉的人情理論，但仍須兼顧《禮記》全書之立場，《禮記》全書論及人情之處頗多，如與孟子、荀子所說之情相較，似又有所不同，但因其成書年代雖定在漢初，而文獻資料實質上也可能來源自先秦時代之孔門弟子，故學者或許認為《禮記》融合孟、荀之人性論，但其實也可能是不同於孟、荀之其他儒家學派之說，因此，今日之研究立場，較妥當之作法，或許是就《禮記》本身所顯示之文獻，如實以論，再與其他相關文獻相互參照，以顯示《禮記》論情的獨自特色，先秦時之思想家常將道、心、性、情、才、欲等字混合使用，欲比較其人情理論，仍不外乎從其人性論說起。

孟子主張性善，即心說性，從四端之心發露處肯定仁義禮智之性，注重人之異於禽獸者幾希的道德之性。故孟子所言之情係直承其性善說而來，例如《孟子・告子上》記載孟子之言曰：「乃若其情，則可以為善矣，乃所謂善也。若夫為不善，非才之罪也。」此處之情、才二字，實即指性而言，「情」是人本性之實情，而「才」是指人本性中為善之良能，依孟子，「心、性、情、才」只是一事，「心、性」是實位字，「情、才」是虛位字。[2]

而荀子則力主性惡說，認為人之自然生命若順其欲求而無所節制，將導致社會動亂，故須藉由師法之化、禮義之導，化性起偽，以求平治。故荀子亦常將情、性二字連用，例如《荀子・性惡》曰：「若夫目好色，耳好聲，口好味，心好利，骨體膚理好愉佚，是生於

---

[2] 詳盡之疏釋請參見牟宗三：《圓善論》（臺北：臺灣學生書局，1985），頁22-27。牟先生義旨又簡述於蔡仁厚：《孔孟荀哲學》（臺北：臺灣學生書局，1988），頁205。

人之情性者也。」而荀子又將「性、情、欲」三者看做是同質同層的，如《荀子・正名》曰：「性者，天之就也。情者，性之質也。欲者，情之應也。」故三者並無實質上的差異，而「以欲爲性」亦遂成荀子論性的最大特色。③

至於《禮記》則未如孟、荀二子對人性作善惡之明確判斷，而是講究如何理解人情之欲求，放在實際生活中去積極面對因應，故惟須以禮文儀節安頓人情，疏導欲望。又認爲禮之制定原則在於順承天道，故可治理人情，似也隱含性善論之肯定，但並未明言性善，也未採納孟子之論證方式。最大的區別是孟子是盡心知性知天之進路，從主體性的自由無限心出發，通向客體性。而《禮記》則是從天道下貫至人道。《禮記》與荀子又有不同，因爲《荀子・天論》說：「天行有常，不爲堯存，不爲桀亡。」荀子認爲天無形上意味，只是天體自然的蠢然之物。而《禮記》書中常言天道一詞。如《禮記・中庸》說：「天命之謂性，率性之謂道，修道之謂教。」「誠者，天之道也；誠之者，人之道也。」「自誠明，謂之性；自明誠，謂之教。」又如〈禮運〉人情論以「夫禮，以承天之道，以治人之情。」一語爲主軸，如參照〈中庸〉之意，則「禮」之意即是「人之道」。

如上所述，《禮記》的人情論，可以肯定是與孟、荀不同的路數，而《禮記・禮運》乃以「人情」爲核心，發展爲一套政教文化觀，在《禮記》全書四十九篇中別具特色，爲本論文所欲闡述的重點。

（二）郭店竹簡《性自命出》與〈禮運〉人情論的參照

郭店楚墓竹簡爲1993年新出土文獻，學者研究成果大多發表於1998年之後，大致將其墓葬年代下限定爲紀元前三百年，約爲戰國

---

③ 蔡仁厚：《孔孟荀哲學》（臺北：臺灣學生書局，1988），頁389-390。

中晚期，因墓主身份為東宮之師，殉葬之鳩杖可判定其年約八九十歲，故再往前追溯其墓中文獻之著作年代，則當更早上一百年，其中儒家著作的部分與今本《禮記》頗多重複之處，或可補足以往孔子與孟子之間的思想空白，或許為孔門第二、三代弟子的思想亦未可知，有人則認為大多數竹簡文獻應是反映子思子的思想。④竹簡中所記載的人情理論一方面可以與〈禮運〉參照，另一方面對〈禮運〉的著作年代亦可有新的定位。例如本文〈禮運〉篇首即為子游與孔子有關大同小康的問答，過去常有人質疑其真實性，如今或許更能提高其可信度。下文將以二者對人情內容的比較探討為主。

根據李天虹的看法⑤：「傳統研究以為儒家的心性學說至孟子方成體系，《性自命出》則證明，孟子之前，儒家已經形成一套比較成熟的、細緻深入的心性理論」，李氏又謂郭店竹簡共十四篇儒家著作中，「情」字凡26見，其中20次出現于《性自命出》，「傳統以為先秦儒家言情多為「實」之義，很少帶有情感色彩，《性自命出》一突出的特點是該文改變人們這一認識，對比於〈禮運〉之情，都是情性之情，根源于人之天性，誠實、質樸，同時又以情感為主要內涵。《禮記》全篇情字共約六十六見，這樣用法的情字多至三十八例，通常是指真摯的情感，古人據以制禮作樂，目的主要是治理、疏導人的情感，使之和諧融洽。」李氏在文中以數據作為佐證，認為《性自命出》與〈禮運〉之言情類似，頗具說服力。而學者也大多肯認《中庸》為子思所作，其中所說喜怒哀樂之四情，當亦與〈禮運〉之七情意旨相當，說詳後。不過李天虹認為孟子之前，儒家已形成一套較為成熟細緻的心性理論，或恐推論太過。

---

④ 持此一看法的代表性學者是李學勤，附和贊成的學者頗多，但實際年代之推斷則互有出入。
　參見邢文編譯：《郭店老子：東西方學者的對話》（北京：學苑出版社，2002）。

⑤ 李天虹：《郭店竹簡《性自命出》研究》（武漢：湖北教育出版社，2003）。

　　淺野裕一也認爲《性自命出》中有與《中庸》思想極爲近似的表述⑥，如《性自命出》原文曰：

　　　喜怒哀悲之氣，性也。及其見於外，則物取之也。性
　　　自命出，命自天降，道始於情，情生於性。始者近
　　　情，終者近義，知情者能出之，知義者能納之。
　　　四海之內，其性一也。其用心各異，教使然也。
　　　體其義而節度之，理其情而出入之，然後覆以教。

　　「性自命出，命自天降，道始於情，情生於性。」展現了「天─命─性─情─道」的發生順序，酷似《中庸》開頭的「天命之謂性，率性之謂道，修道之謂教。」淺野裕一又依「喜怒哀悲之氣，性也」之意，謂「天命所賦予而內在於人的性，時而內蘊又時而外現、兼有內外特徵的情，以及誘發情的外在教化手段而作了區分，並且闡發了三者間的關係。」說明了性、道、教與人情的密切關係。

　　丁四新則說「〈禮運〉實已直接指出情即人情，人情乃天性自身本來涵有，非惟後天習爲的結果，人情的內涵遠過於情感，它反映的是人之爲人的諸種實際情狀，與性之爲人之所以爲人的本原不同」，「情乃性之落實、外顯，是人的內在生命的自然流露，所反映的是人之爲人的諸種實際情狀，而偏重指向喜怒哀樂好惡的情感義，情即人情，人情的本質在於信，由信有眞實、眞誠等義。……現代語義的情感是表面化、膚淺化的心理學概念，在先秦，情字的生命本原性意謂頗濃。」「簡書以情、欲、理、力、能五素理解人性的內涵，即是對情感本體論或惟情論直接而強有力的否定。」⑦以上諸段論述從生命本原的自然流露，了解人性內涵的豐富底蘊，其實不同於孟、荀對人

---

⑥　淺野裕一：《戰國楚簡研究》（臺北：萬卷樓圖書出版公司，2004），頁75-77。

⑦　丁四新：《郭店楚墓竹簡思想研究》（北京：東方出版社，2000），頁280、400。

性的善惡之截然地推斷。這也符合〈禮運〉從政教文化立場以禮治人情的篤實作法。

龐樸即認爲《性自命出》所言「喜怒哀悲之氣，性也。及其見於外，則物取之也。」這一段文字所謂的性「既非食色自然之性，亦非善惡道德之性，而是存于中、未及見於外的氣，一些可以姑且名之曰情氣的氣。這樣的氣，無所謂善不善的問題，頂多是一些可以爲善爲不善的素材。」「在天—性—命—情—道的程式中，性是居中的核心；命和情，是性之所自出與所出；天，不是外在的自然或上帝，而是人道；這是此一學派很重要的特色。」⑧，上文中提到性即是情氣，性與情經常是混用的，並未發展至孟子專指道德之性的革命性說法。比較獨特的是道居於情之後，其實依前節所引《中庸》本文，道有天道及人道二種，分別象徵聖人所達致之理想境界，以及凡人擇善固執之實際作爲。而在此文中之道應是講人道，這也代表人的謙遜，也隱涵孟子所說的性善之義。故就〈禮運〉小康之世特別重視政治教化之層面而言，固須以禮治情，以上合天命或說天道。

廖名春則提及簡文認爲性就是「喜怒哀悲之氣」，就是「好惡」，表現出來就是「情」。這種「性」，要以「群善之絕」的「義」去磨礪，要以「心術爲主」的「人道」去統率，與《中庸》「率性之謂道」是一致的。比較之下，《中庸》說更精練，應出于簡文。⑨其實《中庸》說「誠者天之道，誠之者人之道。」，同時談到天道及人道，與〈禮運〉所言「禮所以承天之道以治人之情」是相應的。

---

⑧ 龐樸：〈孔孟之間——郭店楚簡中的儒家心性論〉《郭店楚簡研究：中國哲學第二十期》（瀋陽：遼寧教育出版社，1999），頁22-35。

⑨ 廖名春：〈荊門郭店楚簡與先秦儒學〉《郭店楚簡研究：中國哲學第二十期》（瀋陽：遼寧教育出版社，1999），頁60。

　　綜合以上諸說，如果該出土文獻之年代斷定大致可信，而〈禮運〉所言人情又與《性自命出》相類似，則《禮記》的成書年代雖在漢初，其中部分文獻的思想來源則甚至可能上提到孔子與孟子之間，或許可以判定在孟、荀之外，另有不同進路的人性理論，在談人情方面又著重在肯定來自天性，而制定一套完整的政教結構與歷史文化觀，以安頓人情爲務，那麼〈禮運〉的理論特色及其溝通天人、兼重德業的客觀意義，是非常值得探究的。

（三）〈禮運〉人情論的內涵

　　依〈禮運〉前半篇文字所述，吾人雖可掌握到《禮記・禮運》內涵是以人情爲核心的政教文化觀。但〈禮運〉後半篇才對「人情」論有較具體描述，這是與落實「天下爲一家」的政治理想及其實踐步驟密切關連的，此中明顯呈現儒家思想色彩，而其他諸子所提出的大同世界僅爲空想而不切實際，二者是大相逕庭的。〈禮運〉曰：

> 故聖人耐以天下爲一家、中國爲一人者，非意之也，必知其情，辟於其義，明於其利，達於其患，然後能爲之。
>
> 何謂人情？喜、怒、哀、懼、愛、惡、欲，七者弗學而能。何謂人義？父慈、子孝、兄良、弟弟、夫義、婦聽、長惠、幼順、君仁、臣忠，十者謂之人義。講信修睦，謂之人利。爭奪相殺，謂之人患。故聖人之所以治人七情，修十義，講信修睦，尚辭讓，去爭奪，舍禮何以治之？
>
> 飲食男女，人之大欲存焉；死亡貧苦，人之大惡存焉。故欲惡者，心之大端也。人藏其心，不可測度也。美惡皆在其心，不見其色也，欲一以窮之，舍禮

何以哉？⑩

首先，「以天下爲一家，中國爲一人」是大同理想境界的另一表述方式，而「非意之也」一句則進一步指出儒家的政治理想，並非只是憑空臆想，而是落實於小康禮制，具有實際的施行步驟，此即「必知其情，辟於其義，明於其利，達於其患，然後能爲之。」因此，人情、人義、人利、人患四者，是聖人藉禮所施治的對象，故說「治人七情，脩十義，講信修睦，尚辭讓，去爭奪。」文中對於四者雖皆分述其內容，但無疑地又以「人情」爲核心，以其屬於弗學而能，與生俱來的人性質素。其次，吾人應知關於七情的分類，並無必然性，亦可以僅二分爲欲、惡二大類，如清儒孫希旦曰：

> 《中庸》言「喜、怒、哀、樂」，《左傳》言「喜、怒、哀、樂、好、惡」爲六情，此言「喜、怒、哀、懼、愛、惡、欲」爲七情。蓋人值所好則喜，值所惡則怒，得所愛則樂，失所愛則哀，而於所怒所哀之將至而未至也則懼，故總之爲四，析之則爲六，又析之則爲七也。
>
> 愚謂情者，心之所發；心者，情之所具。情雖有七，而喜也，愛也，皆欲之別也；怒也，哀也，懼也，皆惡之別也。故情七而欲惡可以該之，故曰「欲惡者，心之大端也」。人心之欲惡不可見也，而惟禮可以窮之。⑪

---

⑩ 引自王船山：《禮記章句·禮運》（收于《船山全書》第四冊）（長沙：嶽麓書社，1991），頁558-60。後文論述爲求一貫，所引述之《禮運》原文，原則上依據此版本。因船山此書依經立注，分章斷句常能以其獨特之哲學見解加以判定，故採用之。另在解說文義時，亦參酌孔穎達《禮記正義》，陳澔《禮記集說》，孫希旦《禮記集解》等書，俱詳見後文之論述。

⑪ 孫希旦：《禮記集解》（臺北：文史哲出版社，1990），頁607-8。

依上文之說，七情為心氣所發（應係本於宋儒程朱之說），其中含有可通的特質，而依外顯現象有不同分類，四分、六分或七分均無不可，故欲、惡二大類亦足可概括七情，孫氏之說頗清楚。〈禮運〉文中即從飲食男女、死亡貧苦二種事體著眼，探討其對於人生中最具關鍵影響力的心理反應，但又不直接顯露在外表形色上。於是作者又從心、色二端之別，說明此中禮之所以重要，則因欲、惡兩者係潛藏於人心深處，並不易從外表考察測度之故，其歸結乃逼顯出禮儀節度能安排人間生活，讓人間情意可以交流。因此，小康之禮制才是治人七情修人十義，營造講信修睦的大同世界，之最為具體可行的憑藉。

三、「天道、人情」是掌握〈禮運〉全文的綱領

〈禮運〉中有一段文字提到「天道、人情」是掌握全文的綱領，因為禮儀的實踐目的在於疏導節制人情，而其所實施對象則是政教文化等生活的全部範疇，故禮是天下國家能否平治的關鍵所在。其文曰：

> 夫禮，先王以承天之道，以治人之情，故失之者死，得之者生。……是故夫禮，必本於天，殽於地，列於鬼神，達於喪祭射御冠昏朝聘，故聖人以禮示之，故天下國家可得而正也。[12]

其中提到天道是禮的形上依據，而禮的制定即是順承大道，以治理人情，是故禮乃為政治安定與否的關鍵。其次，禮是通連天地萬物鬼神為一體的，有其形上依據及宗教功能。透過喪祭典禮的宗教祭祀，射禮鄉飲酒禮的社會交際，冠禮昏禮的生命儀式，乃至國際間朝

---

[12] 王船山：《禮記章句・禮運》，頁540-1。

聘政治外交典禮等，各種禮儀的實質功能，是國家正常運作的原因。

此一整段文字在〈禮運〉文中常重複出現，當然繁簡有別，文字上也略有出入參差，但主意不變，以下試從理想作爲、歷史文化、政治設施等方面分別予以探討。

（一）「天道、人情」是「大同、小康」所貫注的內涵

〈禮運〉的後半篇文字才對人情之內容有較具體陳述，其實全篇均以人情爲核心，論述其政教文化的觀點。對於〈禮運〉前半篇文字在此仍須扼要予以概述，作爲後文論述之基礎。因此本節乃先歸結出「天道、人情」爲掌握〈禮運〉全文的綱領，而且實際上「天道、人情」即是「大同、小康」所象徵的內涵，也可說是孔子思想中仁、禮二端之辯證融合之表現。要言之，吾人可先據〈禮運〉前半篇文字揭櫫數義，首先，大同、小康不可分割，必須二者合看，才是儒家思想的特色，三代之英（小康之禮制）持載大同之公（禮意流布天下）以運行於歷史之中。在〈禮運〉原文開端談大同小康之前，記載孔子參與蜡祭時，游目而望，發現魯國僭設天子之兩觀，乃不禁慨歎魯國徒具禮文，卻不符合禮之實質。於是藉由與弟子言偃（子游）的答問而曰：「大道之行也，與三代之英，丘未之逮也，而有志焉。」即點出大同、小康二者皆是孔子志意嚮往的理想政治。大同之實現託始在堯舜二帝的大道之行，小康之執行則反映在夏商周三代之英；二者並列爲政治型態的理想典範，兼重理論及實踐，則可謂是儒家思想不同於諸子之處。此因先秦思想中類似大同的政治境界，各家學派均能言之[13]。唯有小康之禮治，其他學派不言，獨有儒家能夠「極高明而道

---

[13] 例如陳正焱，林其錟：《中國古代大同思想研究》（香港：中華書局，1988），頁15-85。書中提到諸家的理想世界有：《墨子·尚賢下》所載「有力者疾以助人，有財者勉以分人」。《老子》的「小國寡民」，《莊子·天地》的「民如野鹿，上如標枝」，農家的「君

中庸」[14]地加以論述，提出具體可行的方案、措施。於是〈禮運〉後文乃分述大同與小康的具體境況，眾所周知，茲不贅述。

　　析言之，禮依本末內外可分爲禮意、禮文二個層面，如孔子所言：「人而不仁，如禮何？」又言「克己復禮爲仁。」可見孔子雖主仁爲本禮爲末，但也並重仁、禮二端。而且仁心即是禮意，貫注於禮制儀節之背後作爲其內在的依據。王船山即認爲〈禮運〉之篇名即顯示一涵義（引文詳後），即禮意（仁心）之運行於歷史之進程中，而禮文（禮樂文制）日益發皇，以啓導人心日趨美利。回溯〈禮運〉篇首揭出大同、小康二種政治型態，看似有高下之分，其實二者分述理想與現實而互爲體用，必須相合以見其爲儒家思想之特點，如此既有大同之理想境界，又有小康之具體施行步驟，才是儒學內聖外王之道的全面展現，此中關鍵即在於天道之啓迪人心，人情之講信修睦以實踐禮制。必如此方可推論〈禮運〉得名之由，則是禮之有所自運（所運者仁心禮意），而運行於歷史之中（運行者禮制文明），以是仁（禮意）、禮（禮制）二端呼應天道、人情，而構建成一套歷史哲學。而此即篇首大同小康代表儒家思想特點所蘊藏的微言大義。通觀歷史文化的因革損益，復須認知禮文背後有禮意之運行，在變化的現象中，有不變的因素存在。而此即〈禮運〉一文得名之由也。〈禮運〉的名義，徵諸古註，如《禮記正義》記載鄭玄之說曰：

　　名曰禮運者，以其記五帝三王相變異，陰陽轉旋之
　　道。[15]

民并耕」、「國中無偽」（載見《孟子・滕文公上》），《尉繚子・治本》的「使民無私則王天下一家」等。

[14] 引自《中庸・第二十七章》，楊祖漢：《中庸義理疏解》（臺北：鵝湖出版社，1990），頁228-231。

[15] 孔穎達：《禮記正義》《十三經注疏本》（臺北：大化書局，1976），頁3058。

陳澔《禮記集說·禮運》云：

> 此篇記帝王禮樂之因革，及陰陽造化流通之理。⑯

二說皆從客觀面說到禮之運行符合自然世界的規律，而在主觀面說到
禮有待於聖王因時創造，而後運行於人文世界。但此二家說法仍屬片
面，皆尚未能落實至孔、孟所主張的人人皆有仁心自覺，皆可以爲堯
舜之主體性的肯定，故無法體會仁、禮互動且交養互成的深意。此或
不如王船山在〈禮運〉之前序所言：

> 運者，載而行之之意。此篇言禮所以運天下而使之各
> 得其宜，而其所自運行者，爲二氣五行三才之德所發
> 揮以見諸事業，故洋溢周流於人情事理之間而莫不順
> 也。蓋唯禮有所自運，故可以運天下而無不行焉。本
> 之大，故用之廣，其理一也。⑰

與前二說的最大差異，應是禮文的創制者已不再是限於聖王，而
是具有德養的君子，或者說是具有理解、詮釋天道之能力的君子。在
已創建的禮文制度中，持載著聖王君子的天德良知，以安頓長養天下
一一民物，而在華夏文明光環映照下，一代一代的子民，乃得以藉由
禮文制度，修養成爲端凝穩重、術德兼修的君子，發揮其創造性，以
日新又新的盛德，共創粲然美備的富有大業，以承先啓後，並躋斯民
於至善的境地。

（二）「天道、人情」藉由禮通貫於歷史文化

禮的作用在於承天之道而治人之情，故天道、人情理應是二而

---

⑯ 陳澔：《禮記集說》（臺北：世界書局，1990），頁120。
⑰ 王船山：《禮記章句·禮運》，頁535。

一，一而二的。放在歷史進程之中，禮有其因革損益，故孔子觀夏、
殷之道，得坤乾之義及夏時之等，由是掌握到制禮之原本即是人心。
因此，禮在於禮壞樂崩之世，特別具有急迫性。據〈禮運〉原文所載
師生間之數段對話，其一是：

> 言偃又問：「如此乎，禮之急也？」孔子曰：「夫
> 禮，先王以承天之道，以治人之情，故失之者死，得
> 之者生。……是故夫禮，必本於天，殽於地，列於鬼
> 神，達於喪祭射御冠昏朝聘，故聖人以禮示之，故天
> 下國家可得而正也。」[18]

孔子說明禮之制定有其急迫性，其一因禮是順承天道化育萬物
的生生之德，及用此天道所賦予人之良善稟賦，藉以治理政經社會倫
理生活中，人之道德偏差與情感的放逸失衡，故將禮視為生死存亡的
關鍵，並無不當。其二因禮之本質通連天地萬物鬼神為一體，及在政
治社會上具有實質的教育功能，故說明禮是根據天地的知能，參考鬼
神的效用，運用於政治社會生活的各種場合，而制定生命禮儀，以教
導人民參與各項政治活動，而參與於歷史文明的創造。值得注意的是
「禮，必本於天，殽於地，列於鬼神」等一系列文字在後文仍一再出
現，是有關天道的一種宇宙論之表述方式，俟後文再論。〈禮運〉下
文則延續師生間的又一段對話，說明禮制有其因革損益，但禮意通貫
其間而不變，〈禮運〉記載曰：

> 言偃復問曰：「夫子之極言禮也，可得而聞與？」孔
> 子曰：「我欲觀夏道，是故之杞，而不足徵也，吾得
> 夏時焉。我欲觀殷道，是故之宋，而不足徵也，吾得

---

[18] 王船山：《禮記章句‧禮運》，頁540-1。

坤、乾焉。坤、乾之義，夏時之等，吾以是觀之。」⑲

孔子既盛稱禮爲天道人情的極致，言偃仍想追問禮運行於歷史中的終始過程。孔子則從夏、商二代可徵考者得到夏時的歷法（天之時）和商代的坤乾之義（地之義），以呼應前文「禮本於天、效於地」之論述。如是由夏、商二代再往前回溯禮之始源及其意義，則可推知火之發現是歷史文明的起點，其所引起之飲食方式的改革，因能安頓人情，穩固生活，由是人類乃有表達感恩之情的祭禮出現，順此而後有各種禮制之次第出現，最後達致禮之大成。此義據〈禮運〉之記載曰：

> 昔者先王未有宮室，冬則居營窟，夏則居橧巢；未有火化，食草木之實、鳥獸之肉，飲其血、茹其毛；未有麻絲，衣其羽皮。後聖有作，然後修火之利，范金，合土，以爲臺榭宮室牖戶；以炮以燔，以烹以炙，以爲醴酪；治其麻絲，以爲布帛，以養生送死；以事鬼神上帝，皆從其朔。⑳

從對比手法指出火的發現與利用，是先民由草昧進入文明的關鍵起點。其後有宮室衣食等人文制作，此時制作者之仁心初始即已寓於其中，開顯天道，利導人情，安排人群生活以別於禽獸，且知感恩天地鬼神。此中已產生養生送死的生命禮儀及事奉鬼神上帝的宗教禮儀。其次，〈禮運〉後文乃分別推究喪葬、祭禮之起源及其發展曰：

> 及其死也，升屋而號，告曰「皋某復」，然後飯腥而苴熟，故天望而地藏也。體魄則降，知氣在上，故死

---

⑲ 王船山：《禮記章句·禮運》，頁542。
⑳ 王船山：《禮記章句·禮運》，頁543。

者北首，生首南鄉，皆從其初。

夫禮之初，始諸飲食，其燔黍捭豚，汙尊而抔飲，蕢
桴而土鼓，猶若可以致其敬於鬼神。[21]

上引二段，前段指點出喪禮來源甚早，招魂之動作及「天望而地藏」之語意，亦合於天道秩敘與人情所安。因此，後來三代王者之制禮，仍只是循此招魂及喪葬古禮予以修飾，吾人從中可見歷史傳承中因革損益之義。

次段文字則推論祭禮起源，其中值得注意的是「蕢桴而土鼓」已是音樂的原始表達型態，配合最原始的祭禮，偕同表達致敬鬼神之意。飲食安定有常，使人民感恩而知報本之時，祭祀之禮致敬鬼神之事即此而在。雖然所用祭品及音樂形式極其簡單樸質，卻無礙於其禮敬之意的表達，因此被推測是後代禮樂制度的濫觴。於是〈禮運〉在下一節又探討祭禮的完備型態曰：

故玄酒在室，醴醆在戶，粢醍在堂，澄酒在下，陳其
犧牲，備其鼎俎，列其琴、瑟、管、磬、鐘、鼓，修
其祝嘏，以降上神與其先祖，以正君臣，以篤父子，
以睦兄弟，以齊上下，夫婦有所，是謂承天之祜。[22]

首先，四種酒類中因玄酒是上古所飲，用於最尊重的典禮位置。其次，「祝」是主人饗神之辭，「嘏」是尸酢主人已，摶黍致福而祝爲之辭。祝嘏爲的是溝通天上的神與先祖，指禘祫大祖及所自出之帝，以至祖禰，從中可看出宗教意識係經由孝道所延伸。第三，宗教祭祀中也兼有倫理政治功能，王船山即認爲「正君臣」是君率臣民

---

[21] 王船山：《禮記章句・禮運》，頁543-4。此二段引文之順序，船山與其他版本相反，蓋以自家義理衡定之。

[22] 王船山：《禮記章句・禮運》，頁545。

以事其祖考，「篤父子」是報答本始之義，「睦兄弟」指同一宗族合昭穆於廟中。「齊上下」是可以界定異姓尊卑之位。「夫婦有所」是君在阼，夫人在房，獻薦交錯而有別也。[23]而綜合上述可見儀文事義之繁盛，而都是源本於上古飲食致敬之意，合乎天道人情的發用。

（三）「禮為體、政為用」是安頓「天道、人情」的政治架構

生活繁興大用之後，乃有政治體制之出現以安排各種禮儀，藉以安頓人情。此時又須本諸「禮為體，政為用」之基本原則，其實也不外乎是合乎天道、人情的基本綱領。因理想的政治中必是聖人在位為政，必定是他內在的德性實有其誠意，故能謹守祭禮中應盡之職責。而注意尊卑上下名分等級應守的秩敘，則是當政者修身正己，作為楷模而後可，否則僭禮越份導致上行下效，國家將永無寧日。後文又提出政治哲學的根本是以禮治為核心原則。〈禮運〉曰：

> 故天子祭天地，諸侯祭社稷，祝嘏莫敢易其常古，是謂大假。[24]
> 故天子有田以處其子孫，諸侯有國以處其子孫，大夫有采以處其子孫，是謂制度。[25]
> 是故禮者，君之大柄也，所以別嫌明微，儐鬼神，考制度，別仁義，所以治政安君也。……故政者，君之所以藏身也。[26]

---

[23] 其詳參看王船山：《禮記章句・禮運》，頁546。

[24] 王船山：《禮記章句・禮運》，頁549。

[25] 王船山：《禮記章句・禮運》，頁552。

[26] 王船山：《禮記章句・禮運》，頁552-3。

首先，從正面申說祭祀應各守份位，誠意在中。故謂「天子祭天地，諸侯祭社稷」是禮法的大綱，各從其分際，不可改易。其次，又從政治上說明禮的功用有四，而可以成爲國君最重要的憑藉，使其安身無虞。詳言之，一是區別尊卑上下的名份，使社會倫常、人際關係不相紊亂。二是祭祀鬼神，溝通天人上下幽明內外爲一體，使人能致其誠敬，安定心靈。三是考訂制度，確立客觀社會秩序來安排民眾的生活軌道，使其有準則可循。四是仁心良知能循適當管道充盡實現，「我欲仁，斯仁至矣」，由近及遠，及物潤物，而實現仁義之道。

復次，〈禮運〉從「承天之道」奠定禮的形上根據，認爲理想的政治哲學即是禮學，理想的政治型態即是以禮治國，並且有其形上基礎，此即順天應人，寓託神道以設立教化之意，〈禮運〉曰：

> 是故夫政，必本於天，殽以降命，命降於地之謂殽地，降於祖廟之謂仁義，降於山川之謂興作，降於五祀之謂制度，此聖人所以藏身之固也。故聖人參於天地，並於鬼神，以治政也。
> 處其所存，體之序也。玩其所樂，民之治也。
> 故天生時而地生財，人其父生而師教之，四者君以正用之。故君者立於無過之地也。[27]

呼應前文「禮，本於天，殽於地」之一段文字，政治亦然。簡言之，仍是從自然秩序中擷取治政的原則，並對人力所不可及不可知的部分，表達基本的尊重及謙讓，使得人在天地間知道如何安放自己的位置，既「祭神如神在」，又「敬鬼神而遠之」。此徵之於周朝禮制，在政治上則相應地分配由天子及各級貴族，分工祭祀天地、山川、五祀、先人等，如此自可在天地間安置自身職責，如魚游水中，

---

[27] 王船山：《禮記章句‧禮運》，頁553-6。

安適自得。

　　其後，「處其所存，體之序也。玩其所樂，民之治也。」四句話分別就「承天」與「治人」二端，說明道德秩序與道德事業之相需相成。前者言唯人能依據天地之尊卑與鬼神之合散，體悟其中原則以制定人間禮儀秩序。後者觀察此禮儀秩序能依人情所安而普遍實施，發揮於道德事業，達到施政治民的成效。

　　最後，君者乃能立於無過之地（天時地財父生師教，四者君以正用之），既從自然的天時地材，說明人既在物質生命層面得到滋養潤化，同時也在倫常生活及社會人文等精神層面得到教導裁成，落實到政治上，綜上所述，則可說是理想的最高政治領導人，乃是聖、王一體，兼有「天時、地財、父生、師教」等四種重責大任，藉以安定群生，使其形質日以長養，神性日以滋潤。

四、「禮義」並用以治「人情」的宗教祭祀觀

　　本節〈禮運〉文字又較前節有所增益，亦即「禮、義」二者之連用，或連貫二者之意旨，合以論證其治理人情之實效。例如以下諸語句：

> 禮義以爲器，故事行有考也。人情以爲田，故人以爲奧也。
> 故自郊、社、祖廟、山川、五祀，義之修而禮之藏也。
> 聖王修義之柄，禮之序，以治人情。
> 禮也者，義之實也，協諸義而協，則禮雖先王未之

有，可以義起也。㉘

其間「義」字有修行、把柄、因時制宜等意旨，此雖不同於孟子常「仁、義」二字連用，但吾人可參照以孟子之言：「仁也者，人也，合而言之，道也。」「仁，人心也；義，人路也。」「仁，人之安宅也。義，人之正路也。」㉙語中也凸顯出人能盡其理當踐行的人道，以身體道；「義」是身心活動的軌道，作為人際之間，傳達情意，或心意交流的通道。

類比而言，吾人也許可說禮義二字連用，其實是將前文所謂「承天之道」之意旨吸納進來，因為天之道本即是人的真心誠意，惟聖人能先天本具，「盡心知性知天」地從容實現之，而修此「率性之道」，亦可說是「禮義」的另一種詮釋方式罷了。換言之，或許前節所言「禮以承天之道，以治人之情」，至本節乃直接將前一語化約為「禮義」二字。

（一）「禮義以為器，人情以為田」是政教結構的形成基礎

〈禮運〉原文又從人的內涵來探討其政教文化觀，此類同於《易傳》、《中庸》的人性觀點，不同於孟、荀的人性理論。係從身、心凝合，形氣與性理並重地討論人性，而〈禮運〉又如《易傳》一般作本體宇宙論式地整體舖排說明。因此，〈禮運〉乃肯定人是天地之間最具靈性及最美材質者，人文世界乃一禮義文制為內涵的社會，並且是以天地自然宇宙作為其範本。其文曰：

> 故人者，其天地之德，陰陽之交，鬼神之會，五行之秀氣也。故天秉陽，垂日星，地秉陰，竅於山川，播

㉘ 王船山：《禮記章句・禮運》，頁565-573。

㉙ 以上引文分見《孟子・盡心下16》、《孟子・告子上11》、《孟子・離婁上10》。

五行於四時，和而后月生也。是以三五而盈，三五而
闕。五行之動，迭相竭也。五行、四時、十二月，還
相爲本也。五聲、六律、十二管，還相爲宮也。五
味、六和、十二食，還相爲質也。五色、六章、十二
衣，還相爲質也。

故人者，天地之心也，五行之端也，食味、別聲、被
色而生者也。故聖人作則，必以天地爲本，以陰陽爲
端，以四時爲柄，以日星爲紀，月以爲量，鬼神以爲
徒，五行以爲質，禮義以爲器，人情以爲田，四靈以
爲畜。……

故先王秉蓍龜，列祭祀，瘞繒，宣祝嘏辭說，設制
度。故國有禮，官有御，事有職，禮有序。㉚

以上兩段分別對於人的內涵作出界定，從道、器合一的觀點，對
於人爲心、身凝合爲一的存在，作出整體肯定，亦即人不只是天地之
德、天地之心，同時也生存在宇宙萬物之間，在陰陽二氣屈伸往來之
際，以其稟受五行之秀氣，與天地同其呼吸。而另一方面對於人能制
作衣食禮樂有一套本體宇宙論地說明，亦即五行四時十二月經由人的
靈心慧質抉發其義蘊，在人文世界也相應制定了五聲六律十二管、五
時六和十二食、五色六章十二衣，互相和合錯綜而無所偏用，以成就
生物的大化。

次段肯定人同時兼具道德生命及自然生命，這可說是孟、荀所肯
定的人性內涵，〈禮運〉同時蘊含二者之意。故文中說明人是天地之
心，五行之端，食味、別聲、被色而生，其後乃有聖人對禮樂文制的
創建，以及有衣食的發明，物質的豐美，政治制度的設立，乃至祭祀

㉚ 王船山：《禮記章句・禮運》，頁560-7。

禮儀的安頓天人關係，而統稱之日禮樂文明。而其實亦是對於天地生物之化的效擬，藉以安定人文秩序。原來人不僅爲五行之端，天理亦著於人心，而對於四時寒暑啓閉及日月紀數等，亦唯有人之良知良能可以加以衡定，並非其他萬物所能參與。

　　此上二段文字，吾人復可與〈中庸〉從「天命之謂性」談「人性」作爲對比，〈禮運〉兼從「人情」及形氣立論，則顯得較爲具體而可掌握。二者相合而言，則心凝爲性，性動爲情，情行於氣味聲色之間，而好惡由此分野，則人之情與天之道相承終始而無二。再者，〈中庸〉言性偏重言體，以天命之性，中和之化，愼獨之修養，參贊天地，化育萬物爲終極，屬於踐仁成聖的道德實踐，雖不捨言外王學，但畢竟較偏向內聖學之極致發揚。故相對來看，〈禮運〉的價值是較著重在外王層面的，以人情爲起點，延伸至各種人際關係，重視不同人之間交往溝通的恰當作爲，講究誠信和睦，此乃人間社會之利益，大利，公利，及以義爲利。

　　上文另外也肯定了祭祀典禮及政治制度之有其客觀存在意義及教化功能。此係因禮能發揚人性的美善（才質之美及性靈之善），乃以自然宇宙天地山川萬物作爲人所效法的對象，是故在制禮過程乃首在於從精神層面、宗教意識的層次，溝通天人之間的情意，如〈禮運〉日：

> 故先王患禮之不達於下也，故祭帝於郊，所以定天位也；祀社於國，所以列地利也。祖廟所以本仁也；山川所以儐鬼神也；五祀所本事也。故宗祝在廟，三公在朝，三老在學，王前巫而後史，卜、筮、瞽、侑皆在左右，王中，心無爲也，以守至正。
> 故禮行於郊而百神受職焉，禮行於社而百貨可極焉，禮行於祖廟而孝慈服焉，禮行於五祀而正法則焉。故

自郊、社、祖廟、山川、五祀，義之修而禮之藏也。[31]

　　爲安頓人的宗教情懷，讓人的報本返始之情作一投射，於是有祭祀天地、祖先、山川、五祀等祭祀活動來溝通天人關係。在行事方法上，王居於中，以無爲而治的方式，在其週遭則安排不同名分及任務的官員環繞王者以完成之。意旨猶如孔子所說「無爲而治，其舜也與，夫何爲哉？端己正南面而已矣。」[32]及「爲政以德，譬如北辰，居其所而眾星拱之」[33]。故上文謂先王通過祭祀之典禮，啓導人心回應天道，挺立人性尊嚴。故禮行使於郊、社、祖廟、五祀，禮義修明而蘊藏於禮制之中。義乃客觀的通道，介於仁、禮之間，爲人心所開顯，而卻是藉禮制以發揮其作用，末句所言「義之修而禮之藏」，誠然呼應《易傳》所言之「顯諸仁，藏諸用」的盛德大業。

（二）禮義是「達天道、順人情」的重要管道

　　前文已言聖人作則必以天地爲本，下文乃謂禮之有其形上根源，而又必落實於人倫之各種儀節，故禮即作爲「上達天德、下順人情」，以構建歷史文化之唯一憑藉。〈禮運〉曰：

> 是故夫禮必本於大一，分而爲天地，轉而爲陰陽，變而爲四時，列而爲鬼神。其降曰命，其官於天也。
> 夫禮必本於天，動而之地，列而之事，變而從時，協於分藝。其居人也曰養，其行之以貨力、辭讓、飲食、冠昏、喪祭、射御、朝聘。
> 故禮義也者，人之大端也。所以講信修睦而固人肌膚

[31] 王船山：《禮記章句・禮運》，頁567-8。

[32] 語出《論語・衛靈公6》，引自楊伯峻：《論語譯注》（臺北：華正書局，1990），頁169。楊氏又引趙歧注：「任官得其人，故無為而治。」作為徵證。

[33] 語出《論語・為政1》，引自楊伯峻：《論語譯注》（臺北：華正書局，1990），頁12。

> 之會、筋骸之束也，所以養生送死、事鬼神之大端
> 也，所以達天道、順人情之大竇也，故唯聖人爲知禮
> 之不可以已也。故壞國、喪家、亡人，必先去其禮。㉞

首先提出禮的最高形上根據是大一，經由天地陰陽四時等分轉變列的自然規律，落實於貨力（生活中的物質資具）、辭讓（講信修睦避免爭奪）、飲食（禮儀文明之始源）及各種生命禮儀（冠昏喪祭）生活禮儀（射鄉朝聘）。值得注意的是「其居人也曰養」一句呼應篇首大同章所說「老有所終，壯有所用，幼有所長，矜寡孤獨廢疾者皆有所養。」而「貨力、辭讓」二者也與「講信修睦，……貨惡其棄於地也，不必爲己。」之語意相應，因此大同理想境地與小康所施禮制，如前文所言，二者其實是不容分割的。

要言之，以上一段文字對於禮之文明起源於飲食，以至於禮樂制度粲然大備之小康之世，涵蓋時間進程作一扼要陳述。其次說明禮義是人生吉凶得失的關鍵，講信修睦以通達人我；所謂禮義可以「固人肌膚之會、筋骸之束也」，其實亦不違離人性人情之內涵，故可「養生送死、敬事鬼神」，以確立政教文化生活中的宗教意識。

綜合上述可見，禮義即是人類生活的根本，無論倫理、修身、生活、宗教各層面皆然，一者須「講信修睦」以溝通人我，來往通情。二是約束人之行爲，達致「克己復禮」的要求，三是「養生送死」，善事鬼神上帝，在生活歷程中以各種生命、生活禮儀作爲憑藉。總之，是溝通天人，以禮作爲上達天德，下順人情的重要管道。於是下文乃強調禮更有待人執行，而須歸本於仁心之意涵，〈禮運〉曰：

> 故禮之於人也，猶酒之有糵也。君子以厚，小人以
> 薄。故聖王修義之柄，禮之序，以治人情。故人情

㉞ 王船山：《禮記章句‧禮運》，頁569-71。

者，聖王之田也，修禮以耕之，陳義以種之，講學以
耨之，本仁以聚之，播樂以安之。

故禮也者，義之實也。協諸義而協，則禮雖先王未之
有，可以義起也。義者，藝之分，仁之節也。協於
藝，講於仁，得之者強。仁者，義之本也，順之體
也，得之者尊。⑤

上文先用一譬喻說明禮待人而行，猶如酒之待糱而釀成，唯君子
能敦厚仁德以行禮。聖人「修義之柄，禮之序，以治人情」，因義為
心物交接之際制衡之權柄，而禮則為呈顯在外的規條，合言之禮義，
則可承天之道，治人之情。下文又以另一譬喻說明「人情」即禮所自
植之田，必須予以修治、播種、去除似義而非道者，此中關鍵即在依
於仁而立本。

故後段分別就禮、義、仁三者加以定義，禮須緣義而起，而義由
學而精熟，其原則又依仁心而立。故可謂是「攝禮歸義」，「攝禮歸
仁」⑥，王船山特別稱述此段文字曰：

蓋仁者大一之蘊，天地陰陽之和，人情大順之則，而
為禮之所自運，此一篇之樞要也。子曰：「人而不
仁，如禮何！」明乎此，則三代之英所以治政安君，
而後世習其儀者之流於倍逆僭竊，其得失皆緣於此，
所謂「道二，仁與不仁而已」也。⑦

上文叩緊〈禮運〉篇名之旨，將真心誠意之「仁」，作為禮之所
以自運的根據，並以此一特點作為全文的樞要。可見其收歸為孔孟思

---

⑤ 王船山：《禮記章句・禮運》，頁571-3。
⑥ 語見勞思光：《新編中國哲學史（一）》（臺北：三民書局，2002），頁109。
⑦ 王船山：《禮記章句・禮運》，頁573。

想特色爲以心性論爲中心的哲學，而未偏差地流於漢儒以宇宙論爲中心的哲學系統[38]。而元代陳澔則特別重視前段中「講學以耨之」的重要性。他說：

> 此五者（按即：脩禮、陳義、講學、本仁、播樂）聖王脩道之教，始條理終條理如此，而講學居其中，以通貫乎前後。蓋禮耕義種，入德之功，學之始條理也。仁聚樂安，成德之效，學之終條理也。自始至終，於仁義禮樂無所不講，至其成也，則禮義之功著於先，仁樂之效見於後焉。[39]

王者治理天下不過政、教二端，可見教育之重要性，也呼應〈學記〉所言「君子如欲化民成俗，其必由學乎！……古之王者建國君民，教學爲先。」[40]陳澔認爲在仁義禮樂的道德實踐上，學習活動貫串其間，以成其始終條理，的確有其卓見。

（三）禮藉「持情而合危」達成「大順」的最高理想

〈禮運〉後文即以「肥」字爲喻，以人之營養充盈類比地說明，自天子以至於百姓，若皆得其所以自處的常道，即爲「大順」。其文曰：

> 四體既正，膚革充盈，人之肥也。父子篤，兄弟睦，夫婦和，家之肥也。大臣法，小臣廉，官職相序，君

---

[38] 勞思光先生屢言漢儒混入陰陽五行思想，使中國哲學思想退入「宇宙論中心之哲學」之幼稚階段，致孔孟心性論之義闇昧不明。參見勞思光：《新編中國哲學史（二）》（臺北：三民書局，2001），頁3-41。

[39] （元）陳澔：《禮記集說》（臺北：世界書局，1990），頁129。

[40] 引自《禮記章句·學記》，頁870。

臣相正，國之肥也。天子以德爲車，以樂爲御，諸侯
以禮相與，大夫以法相序，士以信相考，百姓以睦相
守，天下之肥也。是謂大順。大順者，所以養生送
死、事鬼神之常也。……故明於順，然後能守危也。
故禮之不同也，不豐也，不殺也，所以持情而合危
也。⑪

文中所稱人之肥、家之肥、國之肥、天下之肥，與〈大學〉所說
修身、齊家、治國、平天下，實爲相應之施行架構。其次，從事社會
生活及祭祀等所有禮儀皆能各得其所，也合乎中庸之道，無過與不及
之弊，關鍵即在於把握人情作爲權衡的中心，藉以消弭危難；此所謂
「禮，所以持情而合危也」。一方面呼應上文「治人七情，脩十義，
講信修睦」之意旨。另一方面，「大順」實即〈禮運〉篇首「大同」
之義，二者遙相相呼應。而〈禮運〉下文更指出「修禮以達義，體信
以達順」則是具體實踐大同（大順）的原則。其言曰：

故天不愛其道，地不愛其寶，人不愛其情，故天降膏
露，地出醴泉，山出器、車，河出馬、圖，鳳凰、麒
麟皆在郊椒，龜、龍在宮沼，其餘鳥獸之卵胎，皆可
俯而闚也。則是無故，先王能脩禮以達義，體信以達
順故。此順之實也。⑫

文中謂天不愛其道，地不愛其寶，鳥獸與人相和，其理境正與
〈中庸・第二十四章〉所謂之「國家將興，必有禎祥；國家將亡，必
有妖孽；見乎蓍龜，動乎四體」之意相應。又與盡己性，盡物性，與
天地參，而萬物並育等語意相通。而相較而言，〈中庸〉只是抽象地

---

⑪ 王船山：《禮記章句・禮運》，頁574-5。
⑫ 王船山：《禮記章句・禮運》，頁576。

概略說明，而〈禮運〉前文則詳細地分就種種對天地、山川、鬼神、五祀、祖廟之禮，及君臣父子之禮具體說明。[43]篇末三語則畫龍點睛地指出大順即是大同之實，而「講信修睦」理境之體現，即是依據「修禮以達義」的具體原則。王船山即總結上文曰：

> 此章承上三章而言禮之一本於天，而唯體天德者，爲能備大順之實，以治政安君而天人無不順焉，三代之英所由紹大道之公而繼天立極也，乃推求其本，則一言以蔽之曰仁。蓋此章之言仁與中庸之言誠，一也，是禮之所自運而運於天下則順者也。故夫子答顏子問仁而曰「復禮」，學者由是而體察之，則天德王道體用合符之理，可不昧其要歸矣。[44]

文中指點出人之所以能秉禮，以承天之道，以治人之情，不外乎是因人能體察天德而有其仁心內蘊，「仁心」（或曰「禮意」）即是禮文背後之根據，而爲禮所自運而運於天下者也；而此即〈禮運〉一文之篇旨所在及其得名之由。故無論是大同、小康，抑或是此後文明的開展，禮文之「用」恆須以仁心爲「體」，落實於生活生命禮儀之踐履中，以成就天下無不大順之實行。尤其船山以儒家最精要的理論予以參照印證，如孔子所說「克己復禮爲仁，一日克己復禮，天下歸仁焉。」及及〈中庸〉「誠者，天之道也；誠之者，人之道也。」能進一步將儒家內聖外王之道的崇高理想，透過各種禮制治理人情的具體步驟，加以實現，更能顯示出〈禮運〉一文的價值所在，而這也正是儒家思想中「天德王道體用合符之理」的弘深旨趣。

---

[43] 參看唐君毅：《中國哲學原論・原道篇二》（臺北：臺灣學生書局，1978），頁103。
[44] 王船山：《禮記章句・禮運》，頁577。

五、結語：本文之回顧與展望

本文首先對先秦原始儒家的人情理論作一文獻考察，認為〈禮運〉的人情論是上承孔門義理，但又不同於孟、荀對人性作善惡之截然判定，而只是面對人情在生活中的存在事實，恆須借助禮文予以安頓的另一系統，除了在義理思想予以區別之外，也參考新出土文獻郭店竹簡及相關學者之研究成果，以藉此釐清〈禮運〉人情論的內涵，並揭示〈禮運〉的理論旨趣在於以「人情」為核心，而構建出一套凝合道器、通貫天人的政教文化觀，以呈顯「禮」能跨越時空、持載歷史文明的價值意義。

其次指出禮之功能，在於「承天之道，以治人之情」，讓人可藉以養生送死，敬事鬼神。因此，「天道、人情」是掌握〈禮運〉全文的綱領，既是「仁、禮」二端的辯證融合，也是「大同、小康」所貫注的內涵，大同與小康二者必須合看，分別喻指理想政治境界與具體實踐步驟。故再放入歷史時空中予以考察，各時代的禮有其因革損益，從文明始於火食，及喪葬典禮由簡易趨於完備，乃至於施政原則須「禮為體，政為用。」以上所述都指向禮的功能是順承天道，安定人情。

復次，揭示〈禮運〉文中將禮、義二字連用的意旨，是承上節「禮以承天之道，以治人之情。」將前一語「禮承天道」化約為「禮義」二字，並說明禮義並用以治人情的宗教祭祀觀。若與孟子常仁、義並稱作比較，二者均用到義字，分而言之，義字特別強調行為的恰當，使人與人之間互相能通情達意，而仁注重心靈的躍動，禮講究生活的安排。故本節提出幾個要點，如「禮義以為器，人情以為田」，禮義是「達天道，順人情之大寶。」及禮可以「持情而合危」。以上均說明人情為核心的政教文化觀，端賴禮義的發揮其實踐功能。而「義之修而禮之藏」則類同於《易傳》「顯諸仁，藏諸用」之意旨。

強調禮是「百姓日用而不知」而又爲理想生活中所不可缺少者。

綜合前文所述，可以歸結出幾個義理思想的重要課題，值得吾人加以探究，例如：其一、理想社會之藍圖應該不能只是局限在大同世界的空想，而是必須配合小康社會的禮義之治，才有實現的可能，而這也正是儒家思想可以與時俱新，有助於當代文化政治社會參考之價值所在。此不同於其他諸子只有大同理想境界的描述，卻缺乏具體之實踐良方。

其二，禮儀制度之起源，應是與文明俱始，自先民之聖哲修火之利，改善居室飲食以來，文明乃日益發舒，關鍵在於「仁心」被點醒之後，即運行於歷史之中，成爲禮義文明背後之永恆根據；而這也是「禮運」二字所蘊含的深旨。若進一步探討〈禮運〉一文在儒家思想內部之定位及其價值，應可得知禮的形成重視因革損益，與時俱新，此因縱貫其中的原則是承天道以治人情，而道、器合一，顯諸仁、藏諸用等論題，皆可看出儒家思想重視理想與現實的辨證融合，

其三，性情並尊之儒學教義，《禮記》雖繼承孟子人禽之辨的立場，但並未偏重形上層面的本心善性，而是視人性爲心身兼備、性情通貫、形上形下一體凝合之具體真實表現。即如〈禮運〉著重人情在政教文化中之核心地位，配合〈中庸〉著重天命之性及慎獨、致中和、盡性、參贊之旨。二文合看，則可呈現完整的儒家孔孟性情之教。再如與〈禮器〉對比來看，〈禮運〉仍偏重揭示形上之道的指導原則，而〈禮器〉則爲形下之器的應用，但以篇幅所限，原則已明，可不再予以探討。

《禮記·王制》政教思想探究①

一、前言

　　〈王制〉一文爲《禮記》全書的第五篇，傳統研究者將其劃歸爲制度一類②，其實文中蘊涵著儒家深刻的政治理想及教育思想，其理論價值仍頗值得加以抉發。此因《禮記》全書談及政教思想之文章尚有多篇，而對其中教育思想分從不同角度予以闡揚，較多受到重視的是〈學記〉一文，大多數學者側重研究此篇的教育目標、原則及教學方法。其實《禮記》中另有〈大學〉、〈中庸〉二文論及政教關係及教育理想，〈孔子閒居〉、〈文王世子〉提及王者治天下所須達致的禮樂教育之理境及須以孝悌爲本，〈內則〉、〈曲禮〉敘論下學上達之生活教育的具體途徑，〈表記〉、〈坊記〉申論人格教育等③，而〈樂記〉也談及音樂教育及禮樂合德之理想，至於〈王制〉一文，吾

---

① 本論文原刊登於：《揭諦》（南華哲學學報），第15期，2008年7月，頁27-64。經參酌審查委員建議意見後，修改發表。

② 孔穎達：《禮記正義》曰：「鄭目錄云，名曰王制者，以其記先王班爵授祿，祭祀養老之法度。此於別錄屬制度。」文中引用今已散佚之鄭玄目錄，而鄭玄所引據之劉向別錄亦已散佚。後世之注家大皆沿承此段文字見解，將〈王制〉歸於制度類。據（清）阮元校勘（清嘉慶二十年重刊宋本）《十三經注疏本》（臺北：大化書局），頁2858。

③ 有關《禮記》全書所蘊含的教育思想，並不拘於〈學記〉一文，而須通觀全書，其詳請參看陳章錫：〈從王船山「兩端一致論」考察《小戴禮記》教育觀〉（《揭諦》第五期，2003年6月），頁123-153。

人則可關注其政治措施所蘊含之化民成俗功能，及政、教關係之密切連繫，此亦可與《禮記》其他涉及政教思想諸文作一區隔。

　　然而歷來之研究〈王制〉者多側重在注疏、作者及成書年代之考證工作，目前已經取得相當豐碩的研究成果，例如高明先生《禮學新探・王制及其注疏摘謬》④、王夢鷗《禮記校證》⑤、陳瑞庚《王制著成之時代及其制度與周禮之異同》⑥等，都屬學術力作，較新的考辨之作亦有王鍔《「禮記」成書考》⑦。至於義理思想層面，則向來少有學者對〈王制〉作較為全盤之探究，不過，王啓發《禮學思想體系探源》⑧中第六章〈《禮記・王制》篇與古代國家法思想〉一文，則頗具特色，他認為〈王制〉是集古代國家法原則和制度之大成，具有綱領性之意義，並對其中涉及政治生活、社會生活各方面所體現的思想特點，作具體分析。唯其側重在〈王制〉一文前半篇政治制度部分所蘊涵的國家法思想，卻仍未針對〈王制〉後半篇的儒家理想教育措施之設計及所蘊涵化民成俗之道德理想有所分析。蓋因非其論述主題而未有著墨之外，而〈王制〉前、後半篇分別側重政、教二者交涉互動的全盤道德政治理想，亦無暇論及。故本論文之研究方向，與王氏之文不同者，將以政、教二方面作較為對等之論述，析述其中教育思想及政教關係。

　　而本論文之創作考量，又因以往自注疏傳統以來之相關研究，並不正視〈王制〉全篇為有規劃之系統著作，而大多僅視其為從孟子以迄漢初，儒家學者對理想政治制度所提出之見解，但段落間彼此的

---

④ 高明：《禮學新探》（臺北：臺灣學生書局，1984）。

⑤ 王夢鷗：《禮記校證》（臺北：藝文印書館，1976）。

⑥ 陳瑞庚：《王制著成之時代及其制度與周禮之異同》（臺北：嘉新水泥公司文化基金會，1972）。

⑦ 王鍔：《「禮記」成書考》（北京：中華書局，2007）。

⑧ 王啓發：《禮學思想體系探源》（鄭州：中州古籍出版社，2005）。

連繫則是散漫隨機的。故在研究具體作為上,側重對全篇作字句之注疏,或擷取片段文字,作為論述某一專題之例證。但本論文則認為其為系統著作,故在觀點上儘量視〈王制〉為具備中心主題之論述。因此,本文之作,即試圖對〈王制〉一文之政教思想作全面探究。畢竟此〈王制〉理想政治、教育制度之背後,儒者之用心及古聖先賢制作之良法美意,實有諸多值得吾人探究之思想。

本論文研究資料將依據歷來與〈王制〉有關之重要注疏本,並參酌近現代學者之相關研究成果。以思想系統分析為主,而以文本分析為輔,斟酌擷取全篇重要文字片段,作為論述系統思想之主要依據,參考當代儒家學者之相關研究,而在思想關鍵處則斷以己意,力求客觀及貼近文本原意。

至本論文為何以「政教思想」為探究主題,王船山云「王者之治天下,不外乎政、教之二端。」[9]原來古代治理天下的實質內容即是政、教二層面,而此二者之間又具有本末體用之關係(詳後),故本論文之研究步驟,將首先對〈王制〉之思想特色及全文篇章架構予以剖析,其次則依政治制度之用意,政教相因之原理,教民、選士之具體措施,養老、恤孤之用心等五節,分別論述其中所蘊涵之政教思想精義。最後期許能指點出有關〈王制〉之研究,可能富含之現代意義及價值所在。

二、〈王制〉之思想特色及篇章架構

(一)〈王制〉思想淵源及內容特色

就內容性質而言,本論文原則上將〈王制〉內容定位為儒家理想

---

[9] 王船山:《禮記章句‧王制》(《船山全書》第四冊)(長沙:嶽麓書社,1991),頁334。

政治制度之藍圖。係融鑄各代政制之良法美意以及儒者之匠心，[10]以供後世之王者參酌取法之用，不必執著於考證其爲某一朝代之法，因此在行文論述上，著重在抉發其文章背後所蘊藏之儒學理想。不過，就以往之學術史而言，除《尙書·洪範》爲公認之理想政治篇章，較無爭議之外，〈王制〉與《周禮》二者同爲中國古代政治思想之專書著作，備言政治制度之具體內容，以寄寓其理想，唯各爲不同學派所擁護，經古文學家推崇《周禮》，認爲是周公致太平之書，經今文學家則推崇〈王制〉，認爲是素王（孔子）改制之作，[11]高明先生即認爲此二派互相非議，爭訟不休，其實彼此皆非。此二書乃各著其理想之制度，而非必著錄已有之事實，不必刻意調停彼此。[12]持類似觀點之學者頗多。

以大多數傳統《禮記》注疏本而言，並不以篇章結構爲重點，唯書中扼要處，亦偶有精采之見解，對於掌握篇中內涵及義理架構，仍有幫助。例如陳澔《禮記集說》[13]曰：

> 此篇自分爵制祿、命官論材、朝聘巡守、行賞罰、設國學、爲田漁、制國用、廣儲蓄、脩葬祭、定賦役、

---

[10] 例如王懋竑曰：「王制乃漢文帝令博士諸生作，其時去先秦未遠，老師宿儒猶有一二存者，皆采取《六經》、諸子之言，如班爵祿取之《孟子》，巡狩取之《虞書》，歲三田及大司徒、大司馬、大司空三官，取之《公羊》，諸侯朝聘取之《左氏》。古書今不可盡見，蓋皆有所本也。惟《周官》未出，故所言絕不同，注家多以《周禮》證之，宜其乖戾而不合也。」引自朱彬：《禮記訓纂》（北京：中華書局，1996），頁163。

[11] 清末經今文學家皮錫瑞的觀點可以作爲代表。參見皮錫瑞：《經學通論·三禮·論王制爲今文大宗即春秋素王之制》：「禮記非雜出漢儒，陳氏之辨晰矣，而王制爲今文大宗，與周禮爲古文大宗，兩相對峙，一是周時舊法，一是孔子春秋所立之新法，後人因於周禮尊之太過，以爲周公手定，於王制抑之太過，以爲漢博士作，於是兩漢今古文家法大亂。」（臺北：臺灣商務印書館，1980），頁68。

[12] 詳參高明：《禮學新探》（臺北：臺灣學生書局，1984），頁213-4。

[13] （元）陳澔：《禮記集說》（臺北：世界書局，1990），頁74。

安邇人、來遠人,使中國五方各得其所,而養生喪死
無憾,是王道之始也。

至此則君道既得,而民德當新,然後立鄉學以教民,
而興其賢能。下文司徒脩六禮以下,至庶人耆老不徒
食,皆化民成俗之事,是王道之成也。

後文自方一里者爲田九百畝以下至篇終,是王制傳
文。

陳書全篇中僅此一處提及內容架構,但頗扼要。文中將〈王
制〉全篇大致分爲三部分,其一爲王道之始,亦即君道之內容,爲國
家法制層面之具體作爲。政治、司法、經濟、教育、宗教禮儀、外交
懷柔、生活安頓等全盤涵蓋。其二則是王道之成,重在民德日新之教
化內容,以提升人民素質。其三則是後人所作傳文,爲對前文之補充
說明,可暫不論。

(二) 〈王制〉全篇架構之解析及內容大要

歷代其他完整注解《禮記》全書,最早是鄭玄作注,孔穎達作
疏的《禮記正義》(即《十三經注疏》本),較晚的是參酌眾著而又
簡要詳明的朱彬《禮記訓纂》[14],但對結構有所交待之注疏本,僅王
船山及孫希旦二賢之著作,其中以王船山《禮記章句》[15]最爲完整,
不但具體標明分章次第,且就義理內涵詳加說明,並時有前後迴環呼
應之提點。而孫希旦《禮記集解》[16]則未註明分章次第,唯在分段之
處,時有對內容要旨作扼要歸結,與王船山所作之分段及內涵,大致
符合,因所見略同,故亦可作爲參證之用。

---

[14] (清) 朱彬:《禮記訓纂》(北京:中華書局,1996)。

[15] 王船山:《禮記章句》(《船山全書》第四冊)(長沙:嶽麓書社,1991)。

[16] 孫希旦:《禮記集解》(臺北:文史哲出版社,1990)。

　　船山將〈王制〉全篇分章析句，釐爲三十五章，而以第二十章爲論政、教的分水嶺，前三十章爲正文，後五章爲「因前文名例之未悉者而爲釋之」。此將全篇分爲三部分之看法，與前段之元代陳澔《禮記集說》的說法，大體相吻合，要言之，〈王制〉以前二部分較爲重要，將作爲本文論述重點，至第三部爲對正文所補充之傳文，可略而不論。而船山除政、教二分之外，且在政、教二者本末先後之關係上，說明更加深刻。

　　承上可知，〈王制〉前十九章言政之事（君道、王道之始），第二十章至三十章言教之事（王道之成、民德當新），故船山論〈王制〉第二十章曰：

> 此章言人性習相成，材質不齊而教不易施之理，以起
> 下十章王者敷文教、一風俗之意。蓋王者之治天下，
> 不外政、教二端，語其本末，則教本也，政末也。語
> 其先後，則政立而後教可施焉。故自第十九章以上言
> 政之事，而此章以下至第三十章言教之事，王政本末
> 先後之敷施亦可見矣。[17]

　　由文中可以了解〈王制〉政教思想的具體內涵包括「政治措施」和「教化方法」二大項。從理想上說，教育是根本，政制是枝葉，故說是教本政末，此即〈中庸〉所強調的「修道之謂教」、「自明誠，謂之教」之意。然而，若從實行過程上說，卻是政制須先確立施行，而後教育才有進一步落實的可能，故說是政立而後教可行。此若配合《禮記》成書年代之西漢初期歷史背景來理解，於天下久歷戰爭，凋喪殘敗之餘，以政策安定民居，力田樂業，俾人民休養生息，即先行之以黃老無爲之治，再進一步實施孔孟「富而後教」的政治主

---

[17] 王船山：《禮記章句》（《船山全書》第四冊）（長沙：嶽麓書社，1991），頁334。

張，透過教育興學，徐圖以儒家所重之道德秩序豁醒其心知，或許不失爲良策。

有關〈王制〉篇章的綱領，船山於第三十五章篇末總說曰：

> 此篇之義，以前七章爲立政之統宗，第二十二章爲立教之綱領。

船山又於〈王制〉第七章末曰：

> 此上七章皆記王者班爵授祿之制，蓋此爲宰制天下之大端，而下章以下所記選賢能、馭刑賞、行典禮之制，皆本此以緣飾之。

船山於第八章末曰：

> 承上制祿爵而言王者所以善其刑賞之用，唯公與慎而已矣。上七章之制，體也，此章所言，用也，體立而後用行，亦唯用之行而體非虛立也，自第九章以下，備記王者馭諸侯、齊萬民之大用，皆封建之所以可行而久安長治之本也。

綜上三段文字，在〈王制〉第一部分有關政治措施的第一章至第十九章中，可分體、用二方面來理解，前七章是體（體非本體之意，而是指政治結構之定體，相當於《三禮》中《周禮》之地位）[18]，指

---

[18] 船山言體有本體、定體之分，聖人依其仁心（本體）創制禮文（定體）以安定人民；而人民亦得據此禮文（定體）以呈露其仁心（本體）。並據此定體作爲把柄，以參與人文化成之創造，豐富文明世界。前者是自「始制」而言之「緣仁制禮」；後者是「修行」而言之「仁以行禮」。其詳請參見《禮記章句・序》所言：「《易》曰：『顯諸仁，藏諸用。』緣仁制禮，則仁體也，禮用也；仁以行禮，則禮體也，仁用也。體用之錯行，而仁義之互藏，其宅固矣！」又曰：「仁之經緯斯爲禮，曰生於人心之不容已，而聖人顯之，逮其制爲定體而待

班爵授祿之制，亦即分土建國，置立百官、授爵祿，確立天子統轄權之基本架構組織，此是綜合統整以往虞、夏、商、周四代良法美意的封建制度。第八章至第十九章是用，亦即具體政治措施，政治、社會生活各方面的規定，包括選賢黜惡，賦役財用，以及朝聘、巡狩、軍、賓、祭祀、殯喪等各種典禮的內容。

另一方面，〈王制〉第二部分第二十章至第三十章所論爲教化之事，以第二十二章爲立教綱領，及其前二章亦頗重要，因第二十章所論爲理解人民性情及生活習俗之差異，教不易施，而須因材施教之理。而第二十一章所論爲分地居民之制，政教相因之理，冀無曠土游民，樂事勸功，方可進而興學立教。第二十二章則船山認爲「此章自言教民之制，爲下八章之綱領。」其實是施行教化的具體作爲，如脩明禮教，養老恤孤等，藉以興發孝悌之善心美俗。綜合上述，誠如陳澔所說「君道既得，而民德當新，然後立鄉學以教民，而興其賢能。」[19]已大略可見新民教育（借用《大學》三綱之明明德、新民之意）在〈王制〉的政教思想中所具有之重要地位。

因此，以下本論文所述及之〈王制〉篇正文，即大體可分從二方面加以探討，其一，以第一章至十九章爲對象，析述有關政治措施的見解及此政制背後所蘊涵的政治思想。其二，以第二十、二十一、二十二章爲基礎，第二十三章至三十章爲輔，藉以析述其中教育措施之思想精蘊。

人以其仁行之，則其體顯而用固藏焉。《周禮》六官，《儀禮》五禮，秩然穆然，使人由之而不知。……故自始制言之，則《記》所推論者體也，《周官》、《儀禮》用也；自修行而言之，則《周官》、《儀禮》體也，而《記》用也。《記》之與《禮》相倚以顯天下之仁，……」頁9。較詳盡之論析亦可參看陳章錫：《王船山禮學研究》（中國文化大學哲學研究所博士論文，2001）。

[19] 陳澔：《禮記集說》，頁74。

三、政治制度層面之思想內涵探析

〈王制〉前半篇為政治制度層面共十九章，其中前七章為體，後十二章為用。前者係以制爵祿、分土建國為立國根基，後者則是具體執行內容。至於何以〈王制〉作者要以封建制度作為理想政治藍圖？此牽涉及到漢初歷史情勢，儒家理想政治的投射，秦政亂亡、西漢初興及思想漸趨一統的格局。故本文即以此為據分二節析論，先論〈王制〉何以提出此封建制度，及其所設計之基本組織制度，再詳細論析其在政治生活、社會生活等各方面所呈現之具體內容。

（一）政制之體：城邦建國、劃地分田之等級制度

〈王制〉著作年代據孔穎達《禮記正義》所記載有：孟子後徒所作說（鄭玄主張）、秦漢之際說（孔穎達主張），以及漢文帝令博士諸生作說（盧植主張）等三種，[20]雖史稱漢承秦制，但劉邦並未澈底施行郡縣制，在西漢開國仍沿襲西周分封制，係因在形勢上不得不分封異姓諸侯王，但其實是與大一統的專制政治勢不兩立的，故劉邦隨後在剪滅異姓諸侯王之同時，為填補統治上的虛脫地帶，又大封同姓

---

[20] 孔穎達《禮記正義》先引東漢盧植說：「漢文帝令博士諸生作此篇。」孔穎達本人則主張：「王制之作蓋在秦漢之際，知者，案下文云『有正聽之』，鄭云『漢有正平，承秦所置』。又有『古有以周尺』之言，『今以周尺』之語，則知是周亡之後也。」復次，又引鄭玄云：「孟子當赧王之際，王制之作，又在其後。」以上三說，具見《禮記注疏》，頁2858。王船山則據漢代官制說明盧植所言為可信，而曰：「當漢之初，秦禁初弛，六籍未出，《尚書》、《周禮》、《孟子》之書，學者或僅有聞者而不能盡舉其全。文帝閔古王者經世之典湮沒無考，故令博士諸生以所憶習輯而成篇，其於虞、夏、商、周宰制天下之大法，亦略具矣。」詳見《禮記章句》，頁299。另外王啟發：《禮學思想體系探源》（鄭州：中州古籍出版社，2005），頁169-71。除了贊同王船山之主張，甚至進一步認為賈誼的「立君臣，等上下，使綱紀有序，六親和睦。」和「易服色，法制度，定官名，先禮樂」的政治主張與法制思想意識，就體現在全本〈王制〉篇中。

諸侯王，復因發生七國之亂，才漸改行郡縣制。[21]由上可知，秦朝雖借鑑戰國群雄爭霸的過程，以重建統一的王權國家體制，爲最高目標及最終歷史趨向，並改封建制爲郡縣制爲重大變革。但劉邦卻因迫於客觀形勢不得不權行封建制。誠如上述，則〈王制〉作者提出以封建制爲立基點的理想政治措施，吾人將其創作年代設定於漢初，並無足怪，重要的在設計制度背後所蘊涵之儒家政治理想，及其特具之匠心及意圖。故似不符合歷史實情，卻無礙吾人之研究，並視其爲綜合四代之良法美意，[22]所提出之富含儒家理想之封建制度。

據前文王船山之見解，〈王制〉前七章之內涵「皆記王者班爵授祿之制，蓋此爲宰制天下之大端。」及第八章「所記選賢能、馭刑賞、行典禮之制，皆本此以緣飾之，三代之大法爲封建，封建既定而文質經緯皆與之相準而立」，以下試介紹此〈王制〉前七章之內容。

1. 王者之制爵五等，及制祿之別

王者之制爵祿，公、侯、伯、子、男，凡五等。……天子之田方千里，公侯田方百里，伯七十里，子男五十里。不能五十里者，不合於天子，附於諸侯，曰附庸。……制農田百畝。百畝之分，上農夫食九人，其次食八人，其次食七人，其次食六人，下農夫食五人。庶人在官者，其祿以是爲差也。……（〈王制〉第一章）

---

[21] 其詳可參看徐復觀：〈漢代專制政治下的封建問題〉《兩漢思想史‧卷一》（臺北：臺灣學生書局，1978），頁163-202。以上專題非本文所能詳盡討論，此處僅爲略說何以〈王制〉之時代背景，學者大皆斷定在漢初，及其內容爲何以封建制之班爵授祿作爲政制的基本前提之故。

[22] 船山曰：「自今觀之，有若駁而未純，而當文獻不足之時，節取以記四代之良法，傳先聖之精意，功亦偉焉。至其孰爲周制，孰爲夏、殷之禮，固有難於縷析者，讀者達其意而闕之，不亦可乎！」出自《禮記章句》（長沙：嶽麓書社，1991），頁299。承上所述，則著眼於此文之良法精意，固不必在考證上一一追復，此近代學者大多用心於〈王制〉與其他經典之記載差異，至於義理思想之層面，仍有許多值得探討的空間。

2. 大、小國編制差異

次國之上卿當大國之中，中當其下，下當其上大夫，小國之卿位當大國之下卿，中當其上大夫，下當其大夫。其有中士、下士者，數各居其上之三分（第二章）

3. 畿外八州侯封之制

凡四海之內九州，州方千里。州建百里之國三十，七十里之國六十，五十里之國百有二十，凡二百一十國。名山大澤不以封，其餘以爲附庸、閒田。八州，州二百一十國。……天子百里之內以共官，千里之內以爲御。（第三章）

4. 王者建伯以統諸侯之制

千里之外設方伯。五國以爲屬，屬有長。十國以爲連，連有帥。三十國以卒，卒有正，……千里之內曰甸，千里之外曰采，曰流。（第四章）

5. 王國、侯邦班爵之制

天子三公，九卿，二十七大夫，八十一元士。大國三卿，皆命於天子，……天子使其大夫爲三監，監於方伯之國，國三人。（第五章）

6. 內外建侯之異

天子之縣內諸侯祿也，外諸侯嗣也。（第六章）

7. 授命之制

制：三公一命卷，若有加，則賜也，不過九命；……（第七章）㉓

㉓ 原文及分章之依據，參見王船山：《禮記章句》（長沙：嶽麓書社，1991），頁300-310。

　　析言之，上述第一章說明天子及諸侯分封爵次之五種等級，如公侯伯子男。其次是如何制祿或授田。田兼公田、私田而言，士食祿而不有其土，並因田里之肥瘠，而分配上有多寡之分。第二章是補充第一章制爵而言諸侯之卿、大夫衣服喪祭之制，及見於天子，使於諸侯而待之以禮，言大國、小國編制之差異。第三章是承第一章制祿而言王者分土建國之制，及交待畿內官府或宮內日常用度之來源，以天子國都周圍百里之內的田賦收入，作爲官府之用；千里之內田賦收入則作爲宮中禮儀之用。第四章是推廣制爵之義，以東西南北四隅，各以方立州，故曰方伯，此即記王者建方伯以統諸侯之制。第五章是承制爵而備記王國侯邦班爵之制，及對官員建置任用之品級數量。其三命賜位，言位必制於天子。三監爲督察，若後世撫按官、巡察司道。第六章是承制祿而言內外建侯，享田租俸祿及可傳後嗣之別，其中內諸侯是選賢與能以共天職，外諸則以先世元德顯功。第七章是承制爵而言授命之制，三公八命加一命則九命而服袞，與天子上服同。

　　這是一個王天下之行政系統的整體設計及說明，其特色之一是第一、二、六章所言溥天之下，莫非王土，眾多諸侯邦國被分封在此廣闊土地上，依據等級制度，及不同的權利及義務，各盡其責。其二是第三章所言分田劃地是一種整齊劃一的國土分配。其三是第四、五、七章所言之官吏設置及封賞制度，其四是第一章所言之食祿制度，此與封田及命官有著直接關係。綜合上述〈王制〉前七章所言，不但呈現嚴密周備的國家基本組織架構，是眾建諸侯以維護王權的核心體制，且以天子爲核心的大一統政治，而可進一步作具體實際的行政措施之規劃，讓國家政治與社會生活加以制度化。無怪乎王船山說此七章所言「班爵授祿之制，是宰制天下之大端」。確屬一通盤設計之完整體系。

（二）政制之用：選賢能、馭刑賞、行典禮之制

　　〈王制〉第八章至第十八章所言為政制之用，以下略分五項予以說明。

1. 人材選拔方法及考核任用官員之制度

　　〈王制〉曰：

> 凡官，民材必先論之，論辨然後使之，任事然後爵
> 之，位定然後祿之。爵人於朝，與士共之。刑人於
> 市，與眾棄之。是故公家不畜刑人，大夫弗養，士遇
> 之塗弗與言也；屏之四方，唯其所之，不及以政，示
> 弗故生也。（第八章）㉔

　　本章言以公愼之心馭刑賞之用。船山認為：「官」，是制其
爵祿，「論」，是對人材考其德行道藝，「辨」，是分別其賢否。
「使」是授之官職，「任事」是克任其事，「位」即爵也。㉕合言之
即正義所說「論官其人必先論量德行道藝，考問知其實有德行道藝，
未明其幹能，故論量任以事，事又幹了，然後正其秩次。除授位定，
然後興之以祿。」㉖這與〈王制〉後半篇第二十三章所述可互相印證
（如云「司馬辨論官材，論進士之賢者以告於王而定其論，論定然後
官之，官之然後爵之，位定然後祿之。」說詳後）。

　　其次，文中所說對於刑人之唾棄幾不留餘地，故其前必先公愼

㉔ 王船山：《禮記章句》，頁310-1。首句「凡官，民材必先論之」，依船山之意斷句，不同
　　於孔穎達《正義》之「凡官民材必先論之」，亦不同於陳澔《集說》之「凡官民材，必先論
　　之」。朱彬《訓纂》之斷句與船山同。船山曰：「官，制其爵祿也。民，人也。論者，考其
　　德行道藝也。」
㉕ 王船山：《禮記章句》，頁310。
㉖ 朱彬：《禮記訓纂》，頁174。

行法，不可私斷。船山借題發揮曰「此肉刑之弊，聖人固可待於後王之改革，漢文帝除肉刑而易之以笞杖，鼃矣。或欲復之，不亦愚乎？」[27]由此可見，上文備記王者馭諸侯、齊萬民之大用，大皆表明封建之所以可行而作為久安長治之根本。

2. 天子巡守述職以及推行政教之手段

本段（第九、十、十一章）言賓禮：記述職巡守，含修典禮、飭政教之事，另一方面又是敕刑賞、正諸侯之事。〈王制〉曰：

> 諸侯之於天子也，比年一小聘，三年一大聘，五年一朝。天子五年一巡守。歲二月，東巡守，至于岱宗。柴而望祀山川，覲諸侯，同百年者就見之。命大師陳詩，以觀民風。命市納賈，以觀民之所好惡，志淫好辟。命典禮考時月，定日、同、律、禮、樂、制度、衣服正之。……（第九章）[28]

在天子每五年一次巡守省視諸侯（此是殷制，周制十二年），及諸侯向天子述職，上對下，下對上的相處過程，此理想制度之設計，其背後之用心良苦。天子巡視天下之目的是「覲諸侯」，意即讓諸侯來面見天子，並令其陳說施政報告。天子巡視天下之另一目的是對人民宣示天子德威之運行，同時要考核諸侯化民成俗之成效。故在觀察民情風俗中，不只向老人請益（同百年者就見之），又透過大師陳詩，借由當地人民歌謠觀察其風俗好壞；另又命令市集官員進納物價資料及好惡奢儉（命市納賈），以了解民風良窳及人民之心志正邪。針對諸侯，訂正曆法及禮義制度，以確保王權大一統及向下貫徹領導權。〈王制〉又曰：

---

[27] 王船山：《禮記章句》，頁311。

[28] 王船山：《禮記章句》，頁312-4。

天子將出，類乎上帝，宜乎社，造乎禰。諸侯將出，
宜乎社，造乎禰。天子無事與諸侯相見曰朝；考禮、
正刑、一德，以尊於天子。（第十章）
天子賜諸侯樂，則以柷將之；賜伯、子、男樂，則以
鼓將之。諸侯賜弓矢，然後征；賜鈇鉞，然後殺；賜
圭瓚，然後爲鬯。未賜圭瓚，則資鬯於天子。天子命
之教，然後爲學。小學在公宮南之左，大學在郊。
（第十一章）[24]

誠如孔子所言「天下有道，則禮樂征伐自天子出。」（《論
語‧季氏》）〈王制〉第十章即言此理想應然之統治狀態，天子在巡
守出行之前要舉行宗教祭祀，對上帝、土穀之神及父祖之神靈舉行祭
祀（即「類」、「宜」、「造」等漢初已失傳之祭祀）。而天下若無
戰爭、祭祀、死喪等大事，與諸侯相見稱爲「朝」。諸侯間亦須互相
考察禮儀，正定刑法，以示尊崇天子。

第十一章說明自天子出禮樂征伐之過程。天子賞賜諸侯整套樂
器，由使者執柷遞傳天子命令。至於充分授予諸侯權柄，則以弓矢象
徵征伐，以斧鉞象徵生殺之權，並以圭瓚象徵獨立祭祀之權，凡此皆
表示王權推行，最後言天子命令諸侯建立學校，以作爲文教施設之基
地。

3. 軍事禮儀及田獵禮儀：師田之制

此段言軍禮（第十二、十三章），〈王制〉曰：

天子曰辟廱，諸侯曰頖宮。天子將出征，類乎上帝，
宜乎社，造乎禰，禡於所征之地，受命於祖，受成於

---

[24] 王船山：《禮記章句》，頁315-7。

學。出征，執有罪；反，釋奠，於學以訊馘告。（第
十二章）

天子、諸侯無事則歲三田：一爲乾豆，二爲賓客，三
爲充君之庖。無事而不田曰不敬，田不以禮曰暴天
物。天子不合圍，諸侯不掩群。天子殺則下大綏，諸
侯殺則下小綏，大夫殺則止佐車，佐車止則百姓田
獵。……草木零落，然後入山林。昆蟲未蟄，不以火
田。不麛，不卵，不殺胎，不覆巢。（第十三章）⑳

因國之大事，在祀與戎，故天子、諸侯對於有關兵戎之事，於行
事之前、後，皆須至大學（辟廱、頖宮）裏受命或受成。次段言天子
在無戰爭情形下，仍須演習軍事，以示居安思危。舉行田獵可謂一舉
兩得。文中即提及田獵的三種時機，一爲乾豆，是爲祭祀所須（豆指
方形木製禮器）；二爲政教場合宴請賓客之用；三爲充實國君御廚，
日常食用所須。在田獵過程中，所須數量取足即可，又依據貴賤等級
各取所需，逐次下移以至於百姓爲止。過程中天子不可合圍，諸侯不
可整群撲殺，再者又如草木凋零後才可入林伐木；昆蟲未蟄居，不可
放火田獵，以及不捕幼獸，不殺懷胎母獸等，皆可謂合乎自然法則，
爲保護生態資源，不宜趕盡殺絕，故留有餘裕，俾其生機不絕。

4. 總預算之編配及國土規劃、稅收、繇役

本段言財用及賦役制度，前者是國家總預算之通盤計劃，量入爲
出，防備水旱等天災，以確保長治久安。後者是稅負公平原則，及司
空對民居以外之國土，職責上須加以量度及規劃開發，過程中不免會
徵用民力，此時須寬厚相待，〈王制〉曰：

---

⑳ 王船山：《禮記章句》，頁317-21。

冢宰制國用，必於歲之杪，五穀皆入，然後制國用。用地小大，視年之豐耗。以三十年之通制國用，量入以為出。祭用數之仂。喪三年不祭，唯祭天地社稷為越紼而行事。喪用三年之仂。喪祭用不足曰暴，有餘曰浩。祭，豐年不奢，凶年不儉。三年耕必有一年之食，九年耕必有三年之食，以三十年之通，雖有凶旱水溢，民無菜色。然後天子食，日舉以樂。（第十四章）

古者公田藉而不稅，市廛而不稅，關譏而不征，林麓川澤以時入而不禁。夫圭田無征。用民之力，歲不過三日。田里不粥，墓地不請。司空執度度地居民。山川沮澤，時四時，量地遠近，興事任力。凡使民，任老者之事，食壯者之食。（第十九章）[31]

　　〈王制〉第十四章言冢宰編訂國家總預算要有三十年的通盤考量，每年將歲入分為四分，一分擬為儲畜，三分為當年所用，三年總得三分，為一年之畜，排除特殊情況，故三十年當有九年之畜。如此則凶歲時可以移用，待豐年隨即補足。可見主持國家大計者，當有深謀遠慮，常以有餘待不足，即使遇凶災而民不病，天子日常進食之際固可經常以樂助興。

　　第十九章首先言賦役原則，一是公田已借用民力，不再向私人收繳田稅。二是在集市上，只收店舖之房租，不另徵商業稅。三是在關口時，只盤問可疑之過境行人即可。其次，司空須籌辦民居以外之土地運用及國土開發，將國土之遠近高下區分等級，如此才算是興事任力。另外在賦稅公平原則上，土地不宜重複課稅，田地亦不得擅自買

---

[31] 王船山：《禮記章句》，頁321-3、331-2。

賣。第三，司空爲多官，在使用民力上宜以寬厚爲原則，要合理使用民力，視民如子般地愛惜。

5. 禮儀制度

本段言殯喪、宗廟、祭祀、食用等各種禮儀制度（第十五至十八章），〈王制〉曰：

> 天子七日而殯，七月而葬。諸侯五日而殯，五月而葬。大夫、士、庶人三日而殯，三月而葬。三年之喪自天子達。……喪不貳事，自天子達於庶人。喪從死者，祭從生者，支子不祭。（第十五章）
>
> 天子七廟，三昭三穆與大祖之廟而七。諸侯五廟，二昭二穆與大祖之廟而五。大夫三廟，一昭一穆與大祖之廟而三。士一廟。庶人祭於寢。（第十六章）
>
> 天子、諸侯宗廟之祭，春曰礿，夏曰禘，秋曰嘗，冬曰烝。天子祭天地，諸侯祭社稷，大夫祭五祀。天子祭天下名山大川，五嶽視三公，四瀆視諸侯。諸侯祭名山大川之在其地者。天子、諸侯祭因國之在其地而無主後者。天子祖礿，祫禘，祫嘗，祫烝。……天子社稷皆太牢，諸侯社稷皆少牢，大夫、士宗廟之祭，有田則祭，無田則薦。（第十七章）
>
> 諸侯無故不殺牛，大夫無故不殺羊，士無故不殺犬豕，庶人無故不食珍。庶羞不踰牲，燕衣不踰祭服，寢不踰廟。（第十八章）[32]

〈王制〉中的禮儀制度，首先與天子以至庶人之身分等級，在

---

[32] 王船山：《禮記章句》，頁323-30。

表現上完全配合，尊卑上下無從僭越，如天子以七爲計算單位，諸侯以五爲計算單位，大夫以三爲計算單位。其次，所列舉的各種禮儀又最具代表性，因第十五章言殯喪之禮，是人死後所行安置遺體及安葬前之各種步驟，當時相信人死爲鬼神。而且爲父母守喪三年，天下臣民皆一體適用，且專心守喪，不做他事。第十六章言宗廟之禮，宗廟是祭祀天子、諸侯歷代祖先之處，表現祖先崇拜意義。第十七章述及對天地山川萬物等的祭祀之禮，表現對天地萬物崇拜意義。其中天子四時之際，唯有春天特祭，各廟分別而祭（天子七廟），其餘三季則各廟主合祭於太祖廟。其三，第十八章係補十七章而言，說明節儉之意，如王船山說祭祀「盡敬竭力以奉其先，則不期於儉而自不敢侈，而唯儉於自奉，則可專力以盡其仁孝而志無分，兩者交相成之道，故曰『儉，德之共也。』」[33]其四，因節儉則表示在上位者也應取民有制，自可引發下文安置人民之各種良善作爲。

四、教化實施之先期準備：性習相成及分地居民

〈王制〉自第二十章至三十章言教育之事，其中第二十章及二十一章是說明王者興辦教育之先期準備。前者是通過對人性內涵中材質不齊的現實情況，有一合理之尊重及順成，後者是作適當的土地規劃，「分地居民」，使土地、城邑及人民三者相得，詳如下述。

（一）性習相成：材質不齊與教不易施之理

教化民眾，要立基於尊重人性不齊及多元文化的基礎上，擬訂相應的政教措施，《禮記・王制》曰：

凡居民材，必因天地寒煖燥濕。廣土大川異制，民生

---

[33] 王船山：《禮記章句》，頁330。

其間者異俗，剛柔、輕重、遲速異齊，五味異和，器械異制，衣服異宜。修其教，不異其俗，齊其政，不易其宜。

中國戎狄，五方之民皆有性也，不可推移。東方曰夷，被髮文身，有不火食者矣。南方曰蠻，……中國、夷、蠻、戎、狄，皆有安居、和味、宜服、利用、備器。

五方之民言語不通，嗜欲不同。達其志，通其欲，東方曰寄，南方曰象，西方曰狄鞮，北方曰譯。（第二十章）㉞

考量民性材質不齊，而須予以適當安置，文中所言具體作法，即對於不同天候、地理環境所造成之器械、衣服、飲食之異制現象，「修其教，不易其俗；齊其政，不易其宜。」亦即尊重文化多元及生活差異，使其安居樂業。對於不同言語及嗜欲的民族「達其志，通其欲。」對其共同願望及理想，予以滿足及使其實現，才能進一步有共同參與文化創造之可能。此因習俗及時宜乃長久自然演變而來。這時國政之規劃執行者，宜因勢利導，使民性向上提升。雖有必要修其文教，齊其政令，但仍應尊重民眾的差異性，不可妄以外力強加改變，而惟須遵循倫常道德之原則即可。次段文字依不同方位，具體舉出四方夷狄之風貌，其間差別尤大。故欲表達心意欲望，交流語言文化，此時通譯人材之設置乃所以必要。船山則評論此段曰：

居，處置也。材者，情才之所堪用以遵道而從教者也。……俗，習所成也。性相近，習相遠，因以成乎俗之異也。齊，調和也。異齊者，謂所以調和其剛

㉞ 王船山：《禮記章句》，頁332-4。

柔、輕重、遲速，必從其偏而正之。

教，倫紀。政，禁令也。民因所生之異地，浸漸成俗，不可卒革，而俗宜之中，原有可因以復性之理，即此而政教固已行焉，則調其不齊而齊之，要使彝倫典禮無所窒而不行，而剛柔、輕重、遲速無非可與遵道之材矣。[35]

習俗之形成，因人因地而異，須調和其性習，使偏邪者得到導正，故教養民眾有人性本善的前提作依據，然後再依據形下材質層面因勢利導，使人民「遵道而從教」，其中「材」是生命存在的現實資藉，也是道(良心)所賴以表現的基底，可向上提升，亦可下委墮落，唯端賴道之引領提攜以表現理想。故《中庸》曰：「率性之謂道，修道之謂教。」

其次，民情風俗乃性習所養成，須在長期生活中逐漸形成。因地、因人而異，對於這些剛柔、輕重、遲速等不同表現樣貌，應尊重其差異性多元性，因材施教，而著重在道德觀念的啟導，促進倫常綱紀的實現，以及典禮制度之順利推行。凡此皆因情才形色乃是倫常禮儀在現實生活中，賴以表現的資具。

又因精神理想不能空懸在上，必須下貫於形色情才及各項事物上表現之故。總之，教化措施能達致復性立人極的效果，使人人挺立道德主體性，拒斥欲望名利權勢等誘惑，而不致墮落，形成良風美俗，其用大哉。

（二）分地居民之制，以明政教相因之理

〈王制〉主張「分地居民」與「教民選士」兩者並行。須先安土

---

[35] 王船山：《禮記章句》，頁332-3。

置民，然後興學，教育的作用在於人文化成，改善政治社會的缺失，發揚倫理道德，提升人性價值。教育的施行運作包括人民教養及貴族教育二層面。其中貴族教育側重在培養各級政治領導人具備倫理道德修養，俾能以身作則，上行下效。反之，給予人民的教養方面，則是令其安居樂業，淳樸好禮，忠愛家國社會。茲先論對於人民的教化工作。《禮記・王制》云：

> 凡居民，量地以制邑，度地以居民，地邑、民居必參
> 相得也。無曠土，無游民，食節視時，民咸安其居，
> 樂事勸功，尊居親上，然後興學。（第二十一章）㊱

政府須作適當土地規劃，「分地居民」，使土地、城邑及人民三者相得，一方面使其現實面之需求及物欲之得以滿足，及搭配相應的政制措施，才能潛移默化，無形中長養人性的光明面，樂善勸功，尊君親上，提供進一步落實教育措施之可能。孟子說過得民之道在於得民心，「得其心有道：所欲，與之聚之；所惡，勿施，爾也。」㊲故在上文中強調要先使人民安居樂業，而後可言興學。再看船山的解釋是：

> 量者，酌田賦之多寡、道路之遠近以立都邑。度者，
> 相山川原隰之便與阡陌遠近之則以立村落。地足以供
> 邑，邑足以治地，民居足以服田，聚散多寡，三者相
> 稱，則各得矣。蓋習俗之淳澆至於不可推移，皆始於
> 所居之異，故王者必於是而謹之。
> 地與居相得，則無曠土矣，邑與地相得，則無游民
> 矣，而又制其食用之節，不奪其農之時，使得厚其

㊱ 王船山：《禮記章句》，頁334-5。

㊲ 《孟子・離婁上》。引自楊伯峻：《孟子譯註》，頁171。

生，則民安土無求，守先疇而生其忠愛，然後農愨士
秀，風俗美而學校可興也。[38]

意即土地廣狹肥瘠、城邑大小遠近、民眾數量多寡三者應互相配
合得當，才能對習俗的淳樸有所助益，而不致流於澆薄，具有決定性
的影響。從中可以很明顯地看出人性的長養，關連著地理環境因素，
不可抽離所生活的時空。文中發揮孔子「富而後教」之意[39]，蓋衣食
無虞之後，風俗人情自然優美，民知忠愛鄉土，亦能接受教育文化的
薰陶。而土地、城邑、人民三者之間兩兩相得，則無曠土、亦無游
民，人人安土重遷，安居樂業，有純樸農民及秀異知識分子，風行俗
美而教化可興。符合孟子養民、保民而王的思想。

五、教民之制、選士絀惡二者並行，重視養老以輔孝悌之道

（一）六禮、七教、八政之教育方法及目標

第二十二章所言教民選士之意，乃〈王制〉之政制設計中「司
徒」之主要工作，其內容係作為後文二十三章至二十八章之綱領。
〈王制〉曰：

司徒修六禮以節民性，明七教以興民德，齊八政以防
淫，一道德以同俗，養耆老以致孝，恤孤獨以逮不
足，上賢以崇德，簡不肖以絀惡。（第二十二章）
六禮：冠，婚，喪，祭，鄉，相見。七教：父子，兄

---

[38] 王船山：《禮記章句》，頁334-5。

[39] 《論語‧子路》：「子適衛，冉有僕，子曰『庶矣哉！』冉有曰：『既庶矣，又何加焉？』
曰：『富之！』曰：「既富矣，又何加焉！」曰：『教之！』」

弟，夫婦，君臣，長幼，朋友，賓客。八政：飲食，
衣服，事為，異別，度，量，數，制。（第三十五
章）⑳

文中說明司徒的任務，在以六禮、七教、八政作為教育之具體條
目，齊一道德標準，發揮倫理教化之功能；佐以養老、恤孤，則是教
化人民於無形之具體措施，興發人民孝悌之心理。而末二句之「上賢
以崇德，簡不肖以絀惡。」其實是在教育施為及政治防患上，最實際
的作為。

六禮是天子達於士庶之禮，由司徒掌管，藉以教導士人及調節人
民習性。其中冠禮、婚禮是成人生活禮儀的起點及完善社會的根本。
喪禮、祭禮則是生命禮儀的終點及延長，慎終追遠以尊重生命，讓有
限生命中呈現無限的價值。鄉飲酒禮及士相見禮則是社會交際禮儀，
擴大人際的關懷於整體人群。

七教是七種人際關係中應如何交流溝通之道，如同五倫之教，須
根據人性中本具之良知良能，而使人民修此率性之道，完成此教育之
實功。

八政中，飲食是人生命滋養的來源，衣服則可遮蔽防護生命，
二者亦同為區別尊卑等級之文明象徵。事為是指人民之所從事的各種
事業，異別指男女之防，度、量、數三者是計量長短、多少、分合的
器具，制是建造宮室車服的所須依據之準則。綜合以上八者，皆有齊
一的規制，客觀上均可藉以防止違禮行為的氾濫。下文即依此二十二
章之綱領，從教育施為、政治防患及社會秩序等三方面，分別予以探
討。

---

⑳ 王船山：《禮記章句》，頁335、368-9。

（二）選士之具體作法及其用意：上賢簡不肖，立教之大用

　　教育的功能在於選拔人材，以為國家治事之用，至於不帥教者若冥頑不靈，自須黜去不用。〈王制〉第二十三章所言包括消極面之簡別不帥教者，及積極面之選拔人材及扶植人材，兼及大學中之教學內容及教學原則。〈王制〉曰：

> 命鄉簡不帥教者以告。耆老皆朝於庠，元日習射上功、習鄉上齒，大司徒帥國之俊士與執事焉。不變，命國之右鄉簡不帥者移之左，命國之左鄉簡不帥教者移之右，如初禮。不變，移之郊，如初禮。不變，移之遂，如初禮。不變，屏之遠方，終身不齒。
>
> 命鄉論秀士，升之司徒，曰選士。司徒論選士之秀者而升之學，曰俊士。
>
> 升於司徒者不征於鄉，升於學者不征於司徒，曰造士。
>
> 樂正崇四術，立四教，順先王詩、書、禮、樂以造士。春秋教以禮、樂，冬夏教以詩、書。王大子、王子、群后之大子、卿大夫元士之適子、國之俊選，皆造焉。凡入學以齒。
>
> 將出學，小胥、大胥、小樂正簡不帥教者以告於大樂正，大樂正以告於王，王命三公、九卿、大夫、元士皆入學。不變，王親視學。不變，王三日不舉，屏之遠方，西方曰棘，東方曰寄，終身不齒。
>
> 大樂正論造士之秀者以告於王而升諸司馬，曰進士。司馬辨論官材，論進士之賢者以告於王而定其論。論定然後官之，任官然後爵之，位定然後祿之。大夫廢

其事，終身不仕，死以士禮葬之。（二十三章）④

以上共五節文字，其一是簡擇不帥教者，借由耆老及俊士在大學中，予以鄉射禮及鄉飲酒禮之身教示範過程，給予改過自新的機會，若不變改，則左鄉、右鄉之環境對調，又再次示範。如此迭經鄉、郊、遂等不同區域的多次觀摩學習，若真是無可救藥，才棄去之。

其二是說明考核及選拔人材，層層升進，步步考核的過程。由鄉之秀士，進而司徒之選士，以至太學之俊士。後二者得以免除勞役，又合稱為造士。

其三是大學之教育內容及受教者的資格，學習內容為詩書禮樂，在四時中因配合天侯及學習心理，故在內容上各有側重，原則上春秋以禮樂為主，冬夏以詩書為主。而受教者為貴族長子及民間俊選之士，在大學受教期間之相處並不分貴賤，而係以年輩長幼為序。

其四是畢業考核制度，太學之畢業典禮時，要簡除不帥教者，以免任官時，未能適任，反有害於民。由小樂正將不帥者之名單上報給大樂正，再上報於王，由王親自視察國學，進行督導。

其五是選賢任官之法，經過嚴格的考核確認。由大樂正挑出造士中的優秀者，推薦給司馬，經司馬考評之後上報於王，考評確定之後正式任官，授以爵祿。

綜合上述，其中第一、第四之兩段文字為簡不肖之過程及作法，畢竟貴族之子弟若自小即受寵而驕縱不受教，給予機會而仍不知悔改，自須屏除之，不可復用。不過此文字所述，只是理想作為之設計，在歷史上是否真正實現過，或僅聊備一格，可說僅具有參考作用。第五節與前文政制之大用的第八章，互相參照，已有所討論。至

---

④ 王船山：《禮記章句》，頁336-41。

於以技藝爲專長的下級官吏，人員之選拔任用及管理，亦有所規定，
〈王制〉曰：

> 凡執技論力，適四方，贏股肱，決射御。凡執技以事
> 上者，祝、史、射、御、醫、卜及百工。凡執技以事
> 上者，不貳事，不移官，出鄉不與士齒，仕於家者，
> 出鄉不與士齒。（二十四章）[42]

　　本章要旨在於申明上章「上賢以崇德」之意。首先說明恃勇力
者，須憑射御等眞本事，決定勝負以供任用。其次，具體列出實用技
藝上的各種職務，強調其供役使之用。其三是規範這些技術人員不能
兼做他事，以保持技藝專精；亦不得改行，以免因緣進用而混流品。
其四則表示其身分地位較諸上級官吏微賤，兩者之間不可較論年輩，
如同《禮記‧樂記》所說「德成而上，藝成而下」[43]之意，顯示傳統
觀念中重德輕藝的傾向。

（三）司法制度之訴訟程序及原則

　　〈王制〉第二十五章記刑法之制，呼應二十二章「簡不肖以絀
惡」之義，〈王制〉曰：

> 司寇正刑明辟以聽獄訟，必三刺。有旨無簡，不聽。
> 附從輕，赦從重。凡制五刑，必即天論。郵罰麗於
> 事。凡聽五刑之訟，必原父子之親、立君臣之義以權
> 之，意論輕重之序、慎測淺深之量以別之，悉其聰
> 明、致其忠愛以盡之。疑獄，氾與眾共之；眾疑，

---

[42] 王船山：《禮記章句》，頁341-2。

[43] 王船山：《禮記章句》，頁935。船山注此文曰：「賓、尸、主人，敬與哀之主，德行之象
也。宗祝、有司。習其藝事而已。」亦表達貴德行、賤藝事之意。可與本段參照。

赦之。必察小大之比以成之。成獄辭，史以獄成告於正，正聽之。正以獄成告於大司寇，大司寇聽之棘木之下。大司寇以獄之成告於王，王命三公參聽之。三公以獄之成於王，王三又，然後制刑。凡作刑罰，輕無赦。刑者，侀也；侀者，成也。一成而不可變，故君子盡心焉。（二十五章）[44]

司寇審正五刑之律例（正刑），明定當坐之法（明辟），受理獄訟案件，須經再三深入刺探其隱情（必三刺）。一是有犯意而無實據，則不受理，二又從寬斟酌其罪刑輕重，定罪從輕，赦免從重；三是五刑輕重之分，須依客觀理由（必即天論），處罰須符合事實（麗於事）。以上是就「審法」的層面而言。而王船山認為三刺是「一曰訊群臣，辨其理也；二曰訊群吏，審其法也；三曰訊萬民，廣證佐以察其情也。」[45]應是綜合以下二段之步驟，作較全面之衡量。

其次，聽理五刑獄訟，要據父子親情及君臣道義等倫常名分，用心考量情節輕重層次，盡量發揮自己聰明智慧，忠恕仁愛之心，盡一己人情用心考察。以上為「準情」的層面。

其三，不斷上訴，儘量尋找輕判的可能性。故遇有可疑之處，即須廣泛聽取群臣群吏意見；若眾人有所疑慮，即予以赦免；反之，若罪行無疑，則亦統合律法大綱及小處之問刑，以定其罪。刑名之吏報給獄官審定（史以獄成告於正），上報大司寇，大司寇受理於外朝，再將判決書上報於王，王命三公與司寇共同會審，回呈給王，王又從不識、過失、遺忘三方面考慮予以寬宥，重加審理，最後才可確定刑罰。而既定罪，即使輕刑亦不免。因一受刑具則生死傷全，當下立

---

[44] 王船山：《禮記章句》，頁343-6。

[45] 王船山：《禮記章句》，頁343。

決，故須慎罰以盡心。以上為「原理」的層面。

綜合上述，則可知司法制度之原則是審法、原理、準情三者必
交盡而後敢成，法、理、情三者兼顧，且以法擺最前之立場，客觀地
反映出漢初的政治情勢及現實作為。刑與禮相為出入的觀點，已不同
於孔子將德禮與政刑對立之態度，「道之以政，齊之以刑，民免而無
恥；道之以德，齊之以禮，有恥且格。」（《論語‧為政》）此於孔
子重在區別德禮之治與刑政之治的高下優劣，實則刑政亦不可輕廢。
而與〈王制〉同樣出於《禮記》的〈樂記〉曰：「禮節民心，樂和民
聲，政以行之，刑以防之，禮樂刑政四達而不悖，則王道備矣。」[46]
也採取禮、法並重之思想。

（四）安定社會秩序及導正市場經濟

〈王制〉二十六章為處罰異端邪說，呼應二十二章「一道德以
同俗」之意，二十七章為禁止重器、戎器在市場自由買賣，養成民眾
節儉勤樸的習性等，呼應二十二章「齊八政以防淫」之意。〈王制〉
曰：

> 析言破律，亂名改作，執左道以亂政，殺。作淫聲、
> 異服、奇技、奇器以疑眾，殺。行偽而堅，言偽而
> 辨，學偽而博，順非而澤，以疑眾，殺。假於鬼神、
> 時日、卜筮以疑眾，殺。此四誅者，不以聽。凡執禁
> 以齊眾，不赦過。（二十六章）
> 有圭、璧、金璋不粥於市，命服、命車不粥於市，宗
> 廟之器不粥於市，犧牲不粥於市，戎器不粥於市。用
> 器不中度，不粥於市。兵、車不中度，不粥於市。布

---

[46] 王船山：《禮記章句》，頁899。

　　　　帛精麤不中數，幅廣狹不中量，不粥於市。姦色亂正
　　　　色，不粥於市。錦文珠玉成器，不粥於市。衣服飲食
　　　　不粥於市。五穀不時，果食不孰，不粥於市。木不中
　　　　伐，不粥於市。禽獸魚鼈不中殺，不粥於市。關執禁
　　　　以譏，禁異服，識異言。（第二十七章）[47]

　　前者爲對於危害社會秩序的亂政、疑眾等重大事件，在處罰上絕
不寬赦，因其一橫執先聖之法言，敗壞先王立教之常法。其二以詭異
於常制之器技，使人驚羨，而反疑先王之制爲不善。其三以鄉愿之實
而行異端之教。其四以姦利之術行，使眾無定志，枉道避禍。故必使
以上邪說止息，才能正道自明而風俗趨美。

　　後者爲對於「飲食、衣服、事爲、異別、度、量、數、制」等八
政，禁止其混亂市場經濟，並防止民眾僭僞。如其一爲先王所賜之貴
重器物，凡圭璋、車服、祭器、戎器等，爲威福所憑，子孫不可於貧
賤時賣之，以致褻瀆之。而犧牲也須自養以表誠敬，不可買以充數。
其二爲物器用具的質量必須合乎標準，且民生用品以實用爲止，養成
民眾守法、節儉、勤勉的習性；其三要求民眾依照時令採收飲食器
物，使其長養成用，不可暴殄天物。其四爲關尹對於外來者之奇服異
言，必須加以詰問管制，以免對民眾產生不良影響。

六、記養老恤孤之制及養老致孝之意

（一）歲終質成及休老勞農

　　禮是立國的大經大法，百官各以不同分職，呈現不同工作紀
要，請求天子審批，天子齋戒以接受勸諫，是每年年終的重要工作，

---

[47] 王船山：《禮記章句》，頁347-51。

而經過全面考績之後，舉行養老勞農之事，與民休息，爲來年作準備，也爲本年度劃下美好句點。〈王制〉曰：

> 大史典禮，執簡記，奉諱惡，天子齊戒受諫。司會以歲之成質於天子，冢宰齊戒受質。大樂正、大司寇、市，三官以其成從質於天子，大司徒、大司馬、大司空齊戒受質。百官各以其成質於三官，大司徒、大司馬、大司空以百官之成質於天子，百官齊戒受質。然後休老勞農，成歲事，制國用。（第二十八章）[48]

首先言太史掌理簡冊文書，奉進先王名諱、忌日及天災人禍的資料，提醒天子及時戒懼反省。並齋戒以示鄭重，以接受群臣諫言。其次是司會輔佐冢宰，勾稽一年事效興廢，以工作紀要告諸天子，並接受其審批。其三是依倣前述受質之方式，百官分不同階層，逐級齋戒受質，當政府全面做完考績工作之後，則是舉行養老典禮及慰勞農民之活動（休老勞農），如此完成全年政府工作之後，又須編訂次年國家總預算。而養老恤孤之意，亦詳列於下章文字。

（二）養老恤孤之制

本段是〈王制〉第二十九、三十章之內容，呼應二十二章「養者老以致孝」之意。詳述各代養老典禮的各種具體作法。由王者躬行於上，得以上行下效，故修明其禮以教國人，則可導致家給人足，人人得以盡其仰事之實。此種教化方法當即是孟子所說「制其田里，教之樹蓄，導其妻子使養其老」（《孟子‧盡心上‧第二十二章》）之意。因此，養老典禮可說是明德孝悌得以擴充於天下之具體作爲。〈王制〉曰：

---

[48] 王船山：《禮記章句》，頁351-3。

凡養老，有虞氏以燕禮，夏后氏以饗禮，殷人以食
禮，周人修而兼用之。五十養於鄉，六十養於國，
七十養於學，達於諸侯。八十拜君命，一坐再至，
瞽亦如之，九十使人受。五十異粻，六十宿肉，七十
貳膳，八十常珍。九十飲食不離寢，膳飲從於遊可
也。……五十不從力政，六十不與服戎。……凡三王
養老，皆引年。八十者，一子不從政，九十者，其家
不從政。⑭

廢疾非人不養者，一人不從政。……少而無父者謂之
孤，老而無子者謂之獨，老而無妻者謂之矜，老而無
夫者謂之寡。此四者，天民之窮而無告者也，皆有常
餼。瘖、聾、跛、躃、斷者、侏儒，百工各以其器食
之。⑮

有虞氏養老用「燕禮」，是對老人行一獻禮，老人坐著飲酒，
可以至於醉，即是允許盡量，禮數較簡單，重點在於「愛敬」。夏
后氏的「饗禮」是設宴於朝，依尊卑而獻，禮數隆重，特別表示「尊
敬」。殷人養老用「食禮」，設酒不飲，以食為重，重點在於「實
惠」。周人則兼用此前三代養老之禮的優點，係因前三代之禮意，分
別側重愛、敬、惠。因此船山曰：「合三者而損益之，始以饗禮接
之，次以食禮養之，終以燕禮樂之也。」⑯應是合理的闡釋。

其次，養老典禮的處所，是五十歲在鄉學，由鄉大夫主持；六十
歲在小學，由大司徒主持。七十歲養於大學，由天子親自負責。其地
選在學校舉行，據王船山之說係「因立教之本從孝弟始」，而學校是

---

⑭ 王船山：《禮記章句》，頁354-9。

⑮ 王船山：《禮記章句》，頁359-60。

⑯ 王船山：《禮記章句》，頁354-5。

教育孝悌的適當處所。又養老之主旨在教化功能，同時顧及老人的實際狀況，故至八十以後則不復煩其筋力，天子餽贈物品送至其家。

其三，養老雖由政府主導其事，但老者亦須養於其家，受到家人盡心供養，保持其物質需要，若由王者以身作則，上行下效，修明其禮以教國人，可說是推行孝悌之最佳方法。

其四，老人眾多，非賢者不可皆養於學，故必引戶校年，而行糜粥飲食之賜，然後所養無不遍，其中尤老者又須復除於其家。

最後，〈王制〉又申述養老之義，說明「恤孤獨以逮不足」之制。亦即對於矜寡孤獨等窮苦無依之人，以老少年齒為依據，給予經常性的糧食救濟，使其生存有所保障。另外，對待殘疾之人，則須依其材器能力，分別收容之，使能自食其力。考量其既非老而無告，其病尚輕，不可虛費官物。

七、結語

〈王制〉的思想來源及其特色，或許真是西漢初期之儒家學者（太學中之博士諸生應皇帝要求）所作，參酌相關經典及諸子之說，根據前代虞、夏、商、周之良法美意，所擬定之理想政治藍圖。而「封建制」在特殊歷史機緣下，成為政治體制立論之依據，此一違背歷史發展規律的作法，可能是導致作者權有所爭議的原因。另外，今文經學家托古改制之別有居心，其人竟然主張〈王制〉作者為素王孔子。此固不足辨，亦不必辨。蓋其中制度來源，本來就無法一一追復。今日學者對此〈王制〉之文所應注重者，也許只是設法找出蘊藏在此理想制度背後，儒者之立意及用心，而此亦即本論文所欲尋繹之政教思想。

長久以來，學界研究《禮記》一書的重心，大體上仍侷限於

〈大學〉、〈中庸〉、〈樂記〉、〈學記〉等少數篇章，對於《禮記》全書四十九篇所蘊藏的思想寶礦而言，未免可惜，其實《禮記》其他篇章，仍有頗多值得一探究竟之處，這也是筆者研究〈王制〉此一篇章之自我期許與展望。

〈王制〉篇章為蘊涵思想體系而頗具匠心之嚴謹著作，尤其是經王船山釐析前三十章為正文，並以前十九章為敘論政制的部分，後十一章為說明教育實施的部分。故全文之思想架構為政、教二分，且彼此互動相關。其一例如天子之巡守及班爵祿於天下，即包含對諸侯賦予禮樂征伐，及教育方面設立學校之權利。又例如選拔人材，任用適合官員之具體辦法原則，也在篇中分述政治及教育之段落分別出現，只是詳略有別而已。

在政治實踐部分，於分土建國、封爵授祿之政治體制為依據上，本文揭出其思想重點之一是選賢舉能，任官考核之方法，二是天子巡守述職及控馭刑賞以推行政教的手段，三是國家總預算之編配原則，國土歸劃運用及賦役勞民之原則，一以保民養民為優先考量。四是各種禮儀制度，諸如賓禮、軍禮、宗廟之禮、祭祀之禮、殯喪之禮等，所蘊含之尊尊原則。

在教育實施方面，首先重視人民因材質不齊，習俗各異，而須因材施教，在尊重不同文化差異之前提下，推行教化。其次是設計城邑，分地居民，使其無曠土、無游民，在人民樂事勸功之情形下，然後興學，此是富而後教之原則。其三是訂定教育方法及目標，修六禮，明七教，齊八政，一道德，養耆老等，藉以移風易俗。其四是興學教民之後，進而須有選士尚賢，簡不肖以絀惡的作為，最後歸結到養老恤孤之具體制度，以興起人民孝悌之心，結合政治教化與倫理功能。

總之，〈王制〉具有豐富的現代意義及參考價值，政治方面如

禮樂教化，民本思想，尊重不同文化習俗，重視生態平衡，富而後教等。教育方面如重視性習相成，因材施教，重視品德教育，孝悌人倫，敬老尊賢，同情弱勢團體等，均頗值得學界予以正視，並配合《禮記》其他篇章，作整體性深入研究。

捌

唐君毅《禮記》詮釋的特色及其價值意義①

一、前言

當代學者對於《禮記》思想的研究，大多著重在探討其中〈大學〉、〈中庸〉二文，至於其他篇章則較少觸及，唯唐君毅先生不受此範限，能以廣闊的心量，尋繹其思理，抉發其價值，對於其書思想做較爲全盤周詳的詮釋②，尤其是點出《禮記》一書重情的特色，及〈禮運〉、〈樂記〉二文之內涵能使性情德業一體完成的價值所在，值得加以探索推介。

原本《禮記》是十三經之一，共計四十九篇，承載先秦至漢初的儒學重要思想，價值頗高③，其書能呈顯儒家學者在歷經數百年動盪之後，重建民族文化生機的能力，書中內蘊儒家「微言大義」之心傳，於《三禮》之中最爲重要。因爲《三禮》之中，《周禮》、《儀禮》二書爲周代建立以來所逐步形成的禮樂制度儀節，僅屬「禮之文」，而《禮記》一書則意在闡揚「禮之義」，藉以表顯禮文背後之

---

① 本論文原刊登於：《揭諦》（南華哲學學報），第4期，2002年7月，頁165-193。先前在2001年11月10日宣讀於鵝湖月刊主辦：第六屆當代新儒學國際學術會議，經修改後發表。

② 相關論述具載於唐君毅：《中國哲學原論・原道篇二》（臺北：臺灣學生書局，1978），頁54-132。及《中國哲學原論・原性篇》，頁79-89。

③ 《禮記》的時代和內容，可參看任繼愈主編：《中國哲學發展史──秦漢》（北京：人民出版社，1985），頁161-3。

精神內涵。④

其次，《禮記》本書之中，內容繁富，包括「禮樂的一般理論」及「禮樂制度」二大類，前者屬思想方面約佔十多篇⑤，須先加以了解掌握。不同於昔儒偏重〈大學〉、〈中庸〉二文，唐君毅則是以〈大學〉、〈中庸〉、〈禮運〉、〈樂記〉四篇為基礎，擴及思想部分之十多篇，最後論及全書有關制度的部分。雖然唐君毅對〈大學〉、〈中庸〉也有頗多深刻見解，因篇幅所限，且二文向來即為學者注目焦點，故本文之論述將偏重探討唐先生說明〈禮運〉及〈樂記〉的部分，以其較能顯出唐先生見解之獨特性。此外，唐先生又認為其書之內容尤能突顯儒家思想能在不同時代中，面臨不同思想挑戰及政治背景，獨能因應變革，與時俱新。即使在今日，其書之內涵意義仍頗值得吾人參考借鑑。

二、拈出《禮記》的「尚情」特色及重視〈禮運〉、〈樂記〉二文之價值

（一）《禮記》尚情之特色係繼承孔孟性情之教而可充盡完成其義理

唐君毅先生秉承理學家張載、王船山重氣的傳統，尤能肯定「情」之地位，及「即器見道」的思路。因此就全書而言，他首先掌握《禮記》「尚情」的特色，係直承孔孟性情之教，並指出後代對

---

④ 此係傳統觀點，例如清儒王船山曰：「《周禮》六官、《儀禮》五禮，秩然穆然，使人由之而不知。夫子欲與天下明之而發揮於不容已，精意所宣，七十子之徒與知之，施及七國、西漢之初，僅有傳者，斯戴氏之《記》所為興也。」參見《禮記章句·序》，收錄於《船山全書·第四冊》（長沙：嶽麓書社，1991），頁9。

⑤ 任繼愈主編：《中國哲學發展史──秦漢》，頁161-244。

「情」未能加以正視，甚至輕情、賤情，直到船山才能肯定情之地位價值。唐君毅說：

> 儒家之言禮樂，自孔子起，已不以玉帛鐘鼓爲禮樂，而以仁爲禮樂之本。孟子更自人之不忍其親之委之溝壑，以言葬禮之原；又以人之樂而不可已，以言樂之原。孟子之以人心之性情爲禮樂之本，即所以答墨子一派以禮樂爲無用之疑。後之荀子，雖別心於性情，亦承此意而言禮樂之原於人情者。……荀子貴禮樂之文而次性情，乃至言情性爲惡。莊子……乃有無情、忘情、去情之言。後之漢儒尊性而賤情，乃有性善情惡之說。魏晉時代之何晏，亦有聖人無情之論。……佛學傳入，其用情識與妄情之名，亦恒涵劣義。李翱復性書，亦以情爲不善之原，故亦有性其情之言。宋明諸儒，雖罕直以情爲不善之原，然善之原，亦在心與性理而不在情。此皆遙承莊荀輕情之論而來。直至明末王船山，乃大發性情並尊之義。⑥

　　禮樂之思想與制度照理說應該內蘊孔孟性情之教，然而在歷史文化的發展中卻非如此，唐先生在文中歷數「情」在思想上因隸屬被治之對象，自莊荀以降，迄於船山之前，總是未被正面肯定而常涵劣義，無怪乎《禮記》一書之價值未被充分闡揚。唐君毅認爲應正面肯定《禮記》思想爲眞正能繼承孔孟性情之教，且進一步加以發揮者，他說：

> 先秦儒學之傳中，孔孟之教原是性情之教，《中庸》《易傳》諸書，承孟學之傳，皆兼尊人之情性，如

---

⑥ 唐君毅：《中國哲學原論・原性篇》（臺北：臺灣學生書局，1978），頁79-80。

《中庸》言喜怒哀樂之發而中節謂之和，明是即情以
見性德之語。……《中庸》原在《禮記》中，《禮
記》中其他之文，亦與《中庸》《易傳》之時代相先
後。今就此《禮記》一書，除其述制度者不論，其言
義理之文，亦對性情皆無貶辭，其善言情並甚於言
性。其言人情爲禮樂之原，則旨多通孟子，而大有進
於荀子者在。[7]

從先秦儒學孔門師弟相傳之發展中，肯定《禮記》作者年代及思
想，爲承繼孔孟荀而眞能在義理上加以總結完成者，能兼尊性情，且
能即情以見性德。唐君毅又舉〈問喪〉、〈樂記〉、〈禮運〉諸文爲
例說明人情爲禮樂之原，不再贅敍。

唐君毅由是認爲《禮記》的最重要篇章除了〈大學〉、〈中
庸〉之外，還應該加上〈禮運〉和〈樂記〉二文，如此之論述才能充
分闡揚儒家義理之完整內涵。他說：

至于在《禮記》中，吾人之所以特標出〈大學〉、
〈中庸〉、〈禮運〉、〈樂記〉等而論之者，則亦以
此諸文皆爲綜貫的發揮儒家思想，以涵攝他家思想于
其下，或間接答他家對儒學之疑難，而成者。[8]

唐君毅在《禮記》中最重視其中四篇，再以此爲基礎旁及他文之
詮釋，至於作者則歸諸儒家學派在秦漢之際的總體表現即可，不必過
於詳究。因爲此四篇之所以重要，係由於能回應墨、道、法家等論敵
之問難，及綜貫地發揮儒家思想，特能表現儒家性情之教，及重視良
知、事業的一體完成。

---

[7] 唐君毅：《中國哲學原論・原道篇二》（臺北：臺灣學生書局，1978），頁80、81。

[8] 唐君毅：《中國哲學原論・原道篇二》，頁64。

（二）〈中庸〉及〈禮運〉配合以圓成性情之教

唐先生認爲〈中庸〉言人性，〈禮運〉標人情，二文可以對照合論，呈現性情之教。他說：

> 今〈禮運〉言禮之精神，如本于天以降其命，即正如承〈中庸〉之言聖以大德受命，進以言此聖人之將其所受之天命，再表現爲禮，以降此命于禮文之中也。〈禮運〉之言「大順」，歸于「天不愛道，地不愛寶」，鳥獸與人之相和，正即〈中庸〉之「盡其性、盡物性，與天地參，而萬物並育」，「道並行而不悖」之境也。唯〈中庸〉于此只抽象的略言之者，而〈禮運〉則更分之爲種種對天地、山川、鬼神、五祀、祖廟之禮，與一般君臣父子之倫中之仁義禮樂等，而具體的詳言之。又〈中庸〉言人性，而〈禮運〉則標人情。然固可總名之一「合天命與天地、鬼神萬物，人心之性情及人德與人文，以言人道」之思想也。⑨

文中要點有三，首先，天所降于聖人之命，即是禮所運於歷史中之精神。呈現於具體器物儀節的是禮之文，至其背後的推動者則是禮之義，若再探本言之，即是人之本心良知。其次，就圓熟境界言之，〈禮運〉篇末所說的「大順」實即篇首所言「大同」，也即是〈中庸〉之聖王位育所達之最高理境也。再次，〈禮運〉具體詳論各宗教祭祀之禮，以及政治社會中倫常、人情的委曲表現。較之〈中庸〉的抽象略言，的確有助於具體實踐。總之，從二文之綜合表述吾人可了解自然與人文，道德與事業，理想與實際的全幅道德實踐。

---

⑨ 唐君毅：《中國哲學原論・原道篇二》，頁103。

（三）〈禮運〉及〈樂記〉能即事顯理，實現〈中庸〉的形上原理

因此，唐君毅即一方面肯定〈中庸〉在道德形上學的地位，另一方面又將〈禮運〉、〈樂記〉二文的地位價值提高到可與〈中庸〉並列的份位，〈中庸〉以誠道縱通天人以論道，極於盡己性、物性、以參贊天地之化育，而爲悠久不息之道，可順通古今歷史之道，其學術地位至爲崇高。唐先生說：

> 儒家思想發展至〈中庸〉，即不只爲一人生之道德、倫理、政治與人性之哲學，亦爲一形上學與宗教哲學、歷史哲學。此即通過聖人之至德中之至道，而見得天地萬物之所以生之天道，以至尊天崇道，而讚嘆此道之悠久不息之形上學、宗教哲學、與歷史哲學。[10]

文中總結〈中庸〉之價值內涵，已從人間世界伸展向宗教及歷史之意識，在縱、橫二面皆已達到儒學之最高理境，然而禮樂之道的詳盡舖陳，實有待於〈禮運〉及〈樂記〉二文之論述。唐先生說：

> 《禮記》之〈禮運〉，則爲專論能表現人之德，與養人之德之「禮」之運行於天地鬼神山川與萬物中、及古今歷史之世界之著。〈樂記〉則爲論禮樂之道之兼爲人生倫理政治之和序之道，亦爲天地萬物鬼神之和序之道之著。此二文可稱爲文化哲學與形上學之和合、其規模亦甚弘闊。[11]

從文中可以看出「禮」是兼通道德良知與人文事業二端的，人心

---

[10] 唐君毅：《中國哲學原論・原道篇二》，頁92。
[11] 唐君毅：《中國哲學原論・原道篇二》，頁92。

之德（實即禮意）藉由禮文之持載，才能實際呈顯於歷史人文與宗教政治之中，而「樂」的內容則爲使禮文之運作過程和序之道，此二篇文字中，一方面有禮樂制度的具體陳述，另一方面也有禮樂合德之形上原理的建立，故可說是文化哲學與形上學之和合，其實更是民族歷史文化之總體表現，而有弘闊之規模。

　　綜合本節所述，已明白顯示，唐君毅詮釋《禮記》其實是以〈禮運〉一文爲核心，配合〈中庸〉則二者可呈現一套圓滿的性情之教，若配合〈樂記〉則二者可構成一套完整的禮樂教化之道。⑫

三、推重《禮記》作者能善繼孔孟禮樂之道及回應挑戰的能力

（一）《禮記》作者善於回應墨、道、法諸家對禮樂之疑難

　　據前一節，唐先生重視〈禮運〉及〈樂記〉二文所述，指出「禮」是人心之德之藉以自運行於歷史與世界之中者，而「禮樂之道」是人生、倫理、政治之和序之道，二文乃文化哲學與形上學之和合，並重視此二文在歷史政治上之實際影響力。故唐先生又將〈禮運〉、〈樂記〉二文與〈中庸〉作比較，以說明其價值，他說：

> 然文章之組織，則不如〈中庸〉之嚴整，立義亦不如〈中庸〉之言通貫天人內外者之賅備。然其以禮樂之人文爲本，以通自然之宇宙、人倫、政治、與歷史之世界，則足以答墨道諸家以儒家之禮樂之義，只限于人間一時之用之疑難；亦足以伸禮樂之教化之價值于

---

⑫ 其實若配合〈禮器〉一文，二者則可表現儒家義理中「即器見道」、「即事顯理」的精神，此宜另文處理。

政治，以答法家言文學之士與禮樂無用于爲政之疑
難。由此二文與《禮記》他文之言禮樂之義，而漢以
後之學者中，更無敢言全廢禮樂者。故其影響至爲廣
遠。不同於中庸之書，只爲少數智者之所知，直至宋
明儒，乃得大弘其義者。[13]

　　因禮樂有其形上原理的建立，通向宇宙全體，有其普遍性、永
恆性，故不僅限於人間一時之用，可回應墨、道二家之疑難；又因禮
樂能伸展教化作用於政治上，故能回應法家認爲禮樂無用之疑難。如
是，此二文在歷史文化中，即因實際作用於政治上而有重要影響力，
只是較缺乏後代學者對其作學理上的探討而已，這與〈中庸〉一書只
爲少數智者所知卻擁有大量研究的情形，恰好相反。而唐先生更進一
步肯定〈中庸〉思想的高卓，因爲〈中庸〉之誠道思想進一步通貫
「人之性」與「天之命」，可以統括〈大學〉內聖外王、本末終始之
道，因其不只橫通內外，還可縱通天人，將其思理推極於天地之道、
鬼神之道。[14]不過就今日而言，〈禮運〉全文之思想內涵在學界仍缺
乏較爲通盤的研究，乃不爭之事實。唐君毅又推斷《禮記》之作者
說：

原《禮記》一書，成于七十子後學。其諸篇所言，固
多孔孟之所未言。……諸篇自是孔門之書。唯諸篇之
義，其畢竟有多少出于孔子，多少出于孔門弟子之何
人；或七十子後學之何人，皆不可考，而亦不須細
考。蓋儒家之學，本重承先啓後。觀《禮記》之文，
就其根本義而觀，說其皆孔子所傳，原未嘗不可。而

---

[13] 唐君毅：《中國哲學原論・原道篇二》，頁92、93。

[14] 詳見唐君毅：《中國哲學原論・原道篇二》，頁74、75。

> 孔子之言，弟子承之，其更有發揮者，一一皆歸于孔
> 子之所言，亦未嘗不可。[15]

　　文中把握儒學思想重在承先啓後的特性，認爲《禮記》中思想義理之大體乃孔子與七十子之所傳，文字則多由後學所記述，吾人可推斷其內容來源大致有三：一可上溯孔孟及孔門弟子，二則明本於荀子，或者抄襲，或者修正補充；三爲兼取道墨諸家所常用名詞，並旁通於其義以爲論。例如大同、大道、天理、止等用語及思想即出自墨、道二家。

（二）《禮記》作者之年代應在晚周或秦漢之際

　　唐先生又說：

> 今謂此諸文，爲晚周或秦漢之際之學者所述作，實亦
> 更可證此儒學之發展，即在天下大亂之世、秦政之暴
> 虐之下，亦未嘗中斷。並見爲儒學者，雖在時代之遽
> 變之中，仍有其不疑不惑，以自信自任者在。然後吾
> 人對秦亡之後，儒學之何以立即更得再興，乃可本一
> 思想史之線索，加以說明。[16]

　　站在論世知人的立場，從思想史角度析論儒學之能善應挑戰，而且歷久彌新的緣故，係由於儒家作者對學術思想的薪傳不輟，以及任重道遠的使命感所致。故依此學術背景之推斷，唐先生乃將〈大學〉的著作年代與《莊子·天下篇》關連起來予以判定，應在晚周或周秦之際，唐先生認爲當時學術趨向融合，聖王之道爲一，〈大學〉「明明德于天下」與〈天下篇〉「內聖外王之道」意旨相通，只是後者未

---

[15] 唐君毅：《中國哲學原論·原道篇二》，頁64。

[16] 唐君毅：《中國哲學原論·原道篇二》，頁66。

能再開展言之。[17]這與當今出土的《郭店楚簡》相印證，其年代之判定大致相近。[18]綜上所述，唐君毅認爲作爲《禮記》思想核心的四篇文字成於秦漢之前的戰國時期。他說：

> 乃成書於漢初，亦當是七十子之門人後學，歷當世之遽變，而仍嚮往在上繼孔孟荀所傳之文化與思想，以守先待後者之所爲。則其思想史上之地位，仍當屬于晚周或周秦之際也。[19]

因此，就作者而言，唐先生乃推崇《禮記》作者係孔門弟子及其後學，不在乎個人哲學造詣及地位，而重在承創歷史文化，抱持守先待後的心態，發揮儒門教義，而歸宗於孔子之思想。又善能回應其他學派對儒學的疑難，並融攝他家思想於儒學之下，故唐先生在行文中即處處交待儒學與不同思想學派之間相互激盪融合之處。

四、對〈禮運〉內容的詮釋

（一）將小康之地位提高到與大同並列

一般觀念皆稱揚大同，貶抑小康。唐先生卻採取王船山的觀點而

---

[17] 其詳參見唐君毅：《中國哲學原論‧原道篇二》之第二十章〈莊子天下篇之內聖外王之道與大學之明明德于天下之道〉，頁54-73。

[18] 例如：彭林〈郭店楚簡與禮記的年代〉一文，即根據最新出土楚墓中考古資料，推定《禮記》中的〈緇衣〉、〈中庸〉、〈表記〉、〈坊記〉、〈樂記〉等篇至遲應為戰國中期作品。而〈孔子閒居〉、〈明堂位〉、〈文王世子〉、〈內則〉、〈曲禮〉、〈王制〉、〈少儀〉諸篇也應是先秦作品。詳見《中國哲學第二十一輯‧郭店簡與儒學研究》（瀋陽：遼寧教育出版社，2000），頁41-59。

[19] 唐君毅：《中國哲學原論‧原道篇二》，頁55。

加以發揮[20]，認爲大同、小康均爲孔孟思想所涵，而且唯有「小康」才是禮義得以眞實呈現的世界。理由如唐先生所言：

> 在大同章只客觀的描述一大道之行後之一大同之世之內容，如人與人之倫理關係、社會關係、政治關係、經濟關係之如何如何，以合爲一理想，尚未及于人之如何達此理想之歷程，或人之行爲之道路。如孤提此章而論，即明不同于孔孟言道，必重人之當下可行之道路，與如何達一理想之歷程者。[21]

意即大同之世只在描述一大道之行後之理想內容，就客觀而言無法直下實現，還必須說出達此理想之當下可行之道，才符合孔孟之道。因此唐先生強調說能直下實現者是由小康以至大同，而此志在大同只爲人之行于小康之根據。再者，禹湯文武周公謹禮之政皆是小康，卻常被孔子稱道；復次，大同章以下之文字全部是論禮義之道，必須通過人對人之禮儀，然後人與才能各得其所，可見絕無貶抑小康之意。唐先生說：

> 禮運全文之旨，乃在說此大同之治，今唯存于吾人之志願之中，吾人若徒有此志，則尚未落實于此當前之「天下爲家」之世界。必本此志，而更立禮義于此天下爲家之世界，以次第實現此志，以小之康表現此志之大；然後此志之大，方得落實，乃不致虛大而不切。
>
> 儒家言登高必自卑，行遠必自邇，正是重在使志在高

---

[20] 詳參王船山：《禮記章句》（《船山全書》第四冊）（長沙：嶽麓書社，1991），頁535-540。

[21] 唐君毅：《中國哲學原論・原道篇二》，頁95。

遠者，其行皆自卑近而開始，亦在此卑近之行中，表現其高遠之志。則于大同之世不言禮義，而于小康之治中必言禮義，亦非即輕抑此禮義之意，而可正是言人之志在超禮義之大同之治者，其志之必須通過禮義而表現也。⑫

文中凸顯儒家不願託諸空言而要見諸行事的抱負，又以超禮義來定位大同之治，用意在於表明墨、道二家雖能言大同之世之超禮義的境界，卻不能如儒者復重視此小康之治來加以實現，故大同、大道之名雖初出於墨、道二家，其境界卻能爲儒者之志所涵，且進一步使超禮義之境界表現在禮義之中。唐先生原書析之頗詳，於此不再贅述。

（二）葬祭之禮與人之飲食俱始

在〈禮運〉文中又記載孔子由夏殷之世更觀于上古之世，認爲喪祭禮儀乃與人之飲食俱始，唐先生評說：

人自知飲食之時，即同時有其致敬鬼神之心，故于親者之死，升屋而號，以生人之食饗死者，再使其北首望天，而藏身于地，因其知氣上于天、體魄降于地也。此言葬祭之禮，與原始之人之飲食俱始，即謂人自始非只求其個人之飲食，而于其飲食之際，即有鬼神之在念者。人死而葬之，使其知氣天望、體魄地藏，則死者之鬼神，不離天地，而天地亦皆在葬死者之生者之念中。⑬

判定其內容爲述說葬祭之禮與原始之人之飲食俱始，蓋由於

---

⑫ 唐君毅：《中國哲學原論・原道篇二》，頁97。

⑬ 唐君毅：《中國哲學原論・原道篇二》，頁99。

〈禮運〉的作者認為飲食使人之生命安定，人始有一感激及期望延續之情懷，此即落實而為葬祭鬼神之儀式，以表顯其致敬鬼神之心。此因歷史文化之起源多定在用火於飲食之際，故也可合理地推斷說是仁心之發端，亦即禮意之所在。在此之前的孔子孟子荀子言禮之起源，皆未推至此境。於此唐先生又說：

> 非如孟子之言委其親于溝壑之後，他日過之，見狐狸
> 食之，然後有葬之事；亦非如荀子之只自敬鬼神之大
> 饗之尚太羹玄酒，方見此禮中有貴本之義。此是就
> 人之敬鬼神之禮，原與人之飲食俱始，以見此禮之
> 「本」與人類之歷史俱始，亦與人之以飲食自求生存
> 于天地之事俱始者也。[24]

區別〈禮運〉所言禮之起源，已較孔孟荀所言更進一步之後，唐先生乃據此推論禮係與人類之歷史、人之自求生存于天地之事俱始，人之歷史皆禮之所運，於是禮因持載人心之德，且縱貫的運行於歷史之中，吾人於此對〈禮運〉篇名之涵義，即可望文生義，有較為深入的了解。

（三）安頓情感，以禮統政

〈禮運〉後文說治政必須以禮為根據，才是為為政者安身立命之道，唐先生認為：

> 天地、祖廟、山川、五祀，皆為降命于人，以使人自
> 為其制度、興作、仁義、祭社等事。故此命亦即人面
> 對天地、祖廟時之所以自命，亦可說此命之地位乃在

---

[24] 唐君毅：《中國哲學原論・原道篇二》，頁100。

人與天地等之間，不可只作客觀外在想。㉕

　　宗教祭祀在國政上爲一重點，此爲通連天地萬物爲一體之心靈體認，了解人爲天所降命，在精神上須有所依歸，爲政者必須根據天地之道、鬼神之事，以自正正人。其次必須有「天下爲一家，中國爲一人，非意之也。」之通盤考量體認，此因「大同」不可只爲一意中之理想，而須以小康之治次第實現大同之志，其具體作爲即在用禮義來治理人情。於此唐先生說：

> 必心「知其情，辟于其義，明于其利，達于其患」，
> 然後能爲之。再下則言喜、怒、哀、樂、愛、惡、欲
> 爲人情，「父慈、子孝、兄良、弟恭、夫義、婦聽、
> 長惠、幼順、君仁、臣忠」爲人義，又言飲食男女爲
> 人之大欲，而得之爲利，死亡貧苦爲人之大患，有之
> 爲害。唯知此人之情、義、利、患者，乃能治天下國
> 家之政。㉖

　　以上所述爲當政者爲人民安排生活軌道，有關治理人情之具體內容，在於情感、倫理、欲望之全體皆得到安排。〈禮運〉又說其根據在於人是天地之心，陰陽之交、鬼神之會、具五行之秀氣。相對的，「聖人作則」也必須符合天地鬼神之道，修明祭祀之禮，以成就「人之肥」、「家之肥」、「國之肥」、「天下之肥」之「大順」。上述所言即是「修禮以達義，體信以達順」的實質成就，而爲〈禮運〉一文之結論。

㉕ 唐君毅：《中國哲學原論・原道篇二》，頁101。
㉖ 唐君毅：《中國哲學原論・原道篇二》，頁101。

（四）禮之行為之本質

　　唐先生乃綜合上文說，禮是對天地社稷鬼神之宗教道德精神之表現，以及對生命始終之尊敬之精神，與倫常道德之表現。申言之，儒家之禮既依於內在仁心而有，且因表現於儀節行為動作，乃不只是內在的道德與心情，且須是一半之行為，不過此一外在儀行動作，卻也不能實際改變人與物，以達一功利目標之用。故唐先生即據此批評道墨法三家之理論缺失，係流於功利之考量。他說：

> 依道家之重人之內在之德，與依墨法二家之重達功利
> 目標之行為者去看，則或為智者過之，而忘禮之重要
> 性，或為愚者不及，而不能知此禮之重要性。
> 禮之行為，即處于人之內在之心與德、及外在之事功
> 之交界，而兼通于此內外之二者，亦足以為貫通此內
> 外二者之媒者。自此禮為貫通內外者之媒上看，則內
> 以此而得表現于外，而外亦可還養其內。……此禮儀
> 之行為，對直接成就事功之行為言，吾名之為一半之
> 行為，亦即可為事功之行為之本原，而潛具一「引致
> 事功之可能」之行為。[27]

　　禮是內在心德與外在事行之間的媒介，而且可使二者交養互成。故唐先生據此以評道家為智者過之，墨法二家為愚者不及，以其各有所偏，不能了解禮是成就事功之行為本源，無論是一切正式典禮（如冠婚喪祭射鄉朝聘），以及日常生活中人對人之禮，皆是如此。他又說：

> 觀一切人對人之禮，即皆有間接引致、開啟人之實際

---

[27] 唐君毅：《中國哲學原論・原道篇二》，頁114、115。

行爲，以成事之用，而亦爲成事之所不可少者。一切
爲禮之事，亦皆可只是一對人對己之實際的行爲，先
作一準備，表示一態度。[28]

此應有對人之眞情先存于心，自可表現於正容色上，以開啓引致
其後身體手足之動作，故禮之精神重在人之行爲之本原與開始。

五、對〈樂記〉內容的詮釋

（一）樂與禮之關係，及其原始地位

樂如同禮，亦爲有實際功用之行爲之本原與開始，同原于人之心
志，而二者有別。唐先生說：

然禮以身體容色之表現爲主，而連於行，而樂以音聲
之表現爲主，而連于言。[29]

雖從言、行二端分析樂與禮之關係，而皆歸於原始心志，唐先生
認爲其中言又有雙向性，在此處不重客觀知識之指物命人之實用義，
而重在言者主觀的自表情志，情動于身，而有生理之變化，或直接引
起身體之動作，此須以「禮」加以規範；或只引起一體氣之轉動，
顯爲聲之高下，依比例而成樂音，樂音相繼，配上節奏相和，即成
「樂」，藉以表達喜怒哀樂之情，而亦有善不善之別。唐先生乃申言
之說：

人可以合禮之態度行爲，以培養人之善情，使人成其
善德；則人亦可以音樂養人之善情，以使人成其善德

---

[28] 唐君毅：《中國哲學原論・原道篇二》，頁116。

[29] 唐君毅：《中國哲學原論・原道篇二》，頁118。

也。由此樂歌之聲，直接出于人之體氣之轉動，又可
一方連于人之身體行爲，而聲又爲表情志之言之始，
故歌樂所關連之體氣，乃兼連于人之言與行；而其與
吾人之生命之關係，即更有切于禮者。此即儒家之重
禮，而或更重歌樂也。[30]

　　由上述分析可知「樂」最切近於吾人之生命，故中國自古即以樂
官掌道德教育，及儒者以禮樂爲教，乃使樂之地位高於其他之藝術。

（二）知音爲人禽之辨，知樂爲聖凡之辨

　　唐先生將〈樂記〉開篇所言，音起於人心感物之動，禽獸知
聲、眾庶知音、而唯君子爲能知樂，審樂以知政……等一段文字視爲
該篇之大綱，並評說：

> 此中〈樂記〉與荀子所言者之不同，在其中三次指出
> 人心爲樂之所由起，此明較荀子之只自人情言樂之所
> 由起者，爲賅備。以心可包情性，而通于所知所感之
> 物，而情則不必包括心性與所知所感之物也。〈樂
> 記〉首將音與人心及所感之物並論。其言禽獸知聲不
> 知音，則以人與禽獸之辨在知音。此與孟子言人禽之
> 辨在四端，荀子言人禽之辨在禮義，亦不同。至其言
> 聖人與眾庶之辨，在知樂，則聖人之道中，必包涵知
> 樂之義可見。[31]

　　人心感物之動，形成音樂，音樂還以陶養心之德，並潤澤所及之
禮儀禮物。所以〈樂記〉較孔孟荀之論音樂進步，將善心與禮儀二者

---

[30] 唐君毅：《中國哲學原論・原道篇二》，頁119。

[31] 唐君毅：《中國哲學原論・原道篇二》，頁122。

藉由音樂融入政治社會生活之中。一方面是心性觀直承孔孟，另一方面是如前所述，禮既介於內外之交界，樂亦如之。故〈樂記〉首先將音與心、物相提並論。

（三）樂節好惡以反人道之正，及以禮樂統刑政

唐先生於〈樂記〉：「先王之制禮樂也，非以極口腹耳目之欲也，將以教民平好惡，而反人道之正也。」之文評說：

> 孟子、荀子、恒以人之無以別于禽獸爲慮。莊子乃特以人之心知外馳，以致化同于物爲慮，而恒教人自將其心知，自外物撤出，而返于內，亦不以好惡內傷其身。此一段語之類莊子，亦不必諱。亦儒家之教人自節好惡時，所原可說之語。……〈樂記〉今本此以言樂非所以極人欲，而正所以節人欲，以返人道之正。即所以答墨家非樂，以樂爲王公大人極聲色之欲者之疑難。[32]

音樂之作用在於陶冶情意，疏導情緒，配合禮義以助人完成道德實踐。唐君毅在文中藉莊子之意會通于儒家，並駁斥墨子之非。蓋晚周之際各派學說互相激盪，〈樂記〉之文雖類似莊子之言，但並不違背儒學之旨，此中也蘊涵儒道互補的觀念。孔孟皆教人返求道德本心，荀子則以虛靜之心知禮義之統，實較接近莊子所言靈臺之心。莊子教人「墮肢體，黜聰明，離形去知，同於大通。」[33]誠可避免心知被成見欲望所限所誘而向外奔馳，而會通于儒家。

唐先生又於〈樂記〉所言：「禮節民心，樂和民聲，政以行

---

[32] 唐君毅：《中國哲學原論・原道篇二》，頁123。

[33] 《莊子・大宗師》。

之，刑以防之，四達而不悖，則王道備矣。」評說：

> 此則以禮樂統刑政，亦不必廢刑政之旨。此即以儒家義攝法家義。其歸于「大樂必易，大禮必簡，樂至則無怨，禮至則不爭，揖讓而天下治者，禮樂之謂也。……」則是謂大樂大禮，非必如道家所謂繁文縟節，實至爲簡易，而能使人自然「不爭不怨、暴民不作、兵革不試、五刑不用」以幾于道家所慕之無爲之治者。此即所以答道家對禮樂之難也。[34]

文中側重說明〈樂記〉已融攝法家之義，及以禮樂之最高理境爲易簡之道，回應道家之疑難。雖然在《論語》中，孔子已將政、刑與德、禮之治道對列作比較，以及稱讚舜帝無爲而治之意旨。[35]不過孔子之意應是堅持禮治反對法治的，即在孟子也是以「善政」與「善教」對比，並區別王、霸之分。[36]是故〈樂記〉統合禮樂與刑政，看似不符合孔孟原義，其實於此須照應晚周之際，政治及思想趨於融合之客觀情勢予以了解。吾人正可回顧第三節所述，唐先生善於從思想史的角度，將儒家與各家相互激盪、問難時的一種融合的趨勢表顯出來。

六、結語：唐君毅《禮記》詮釋的價值意義

唐君毅先生能把握《禮記》重情的特色，返歸孔孟性情之教的傳統；此係因他能看出歷史文化發展中，因對治情感所導致性、情分

---

[34] 唐君毅：《中國哲學原論・原道篇二》，頁123。

[35] 參見《論語・為政》及《論語・衛靈公》。

[36] 參見《孟子・盡心上》及《孟子・公孫丑上》。

離的弊端，自莊荀以迄宋明儒皆未能例外，直到船山才又大暢性情並
尊之義。唐先生進而肯定〈禮運〉及〈樂記〉二文的價值，以確實地
貫通形上形下，內聖外王，性情德業，使其充盡完成，這其實可以彌
補往昔只注重〈大學〉及〈中庸〉二文之不足，並以此四文作為《禮
記》的核心篇章，此可謂獨具慧眼。尤其是點出〈中庸〉論性、〈禮
運〉論情，二文相合以呈顯孔孟性情之教，最具啟發性。而以〈禮
運〉及〈樂記〉二文為文化哲學和形上學之和合，最能顯現他廣闊的
心量。

　　唐先生指出《禮記》尚情之特色，頗值得我們重視，因為儒家經
典中很少有對情感、情意、情欲作詳盡探討者，孟子曾因勢利導齊宣
王好色好貨之心理，勉其保民而王。但總不如〈禮運〉中對人情、人
義、人利、人患所作的完整說明，文中也提到人心有欲、惡兩大端，
飲食男女及死亡貧苦為一般人所趨向和逃避者，不但為政者必須正視
人情，且在實際生活中適當加以安排、疏通、導正。此即所謂「禮義
以為器，人情以為田」，吾人今日必須重返孔孟性情之教，培養同理
心，陶冶情意，安頓情感，排解情緒，以避免偏枯失衡的人生。

　　唐君毅認為《禮記》的作者群為七十子及其後人，處於晚周以
迄西漢初，能夠守先待後，發揚孔孟性情之教，並融攝道墨法等家思
想，不但能因應時代及政治社會的變革，同時又能堅持儒家思想的特
質，這一點頗值得吾人參考取法。目前全球化的趨勢，造成多元文化
交流與溝通，已為學者共識。尤其在當前面臨西方強勢文化的衝擊
下，其實仍應堅持建立自我文化的主體性，並對各種文化採取尊重認
識包容的態度，方可避免文化相對論的質疑。因此，唐先生觀察到
《禮記》作者對不同思想的融攝，啟示吾人對不同文化應秉持尊重的
態度。

　　唐君毅於分析〈禮運〉一文之後，也發揮己意，他認為禮之行
為之本質，係處於內在心德與外在事功之交界，可以視為「一半之行

為」。雖只是對人對己之實際的行為，先作一準備，表示一態度，卻因表示一尊重，而有間接引致事功之可能，故吾人亦可推知另一半應是內在仁心的呈顯。例如作握手、鞠躬、側身禮讓等動作時，無論是待人之顏色與面容、身體之移位轉向、手足之屈伸，皆須有真實不偽的情意存之於心。由於須以尊敬對方的人格為基本前提，因此人間的一切禮儀禮貌皆有其鄭重意義，看似無用，卻有最大最久的效用。而由於唐先生突顯《禮記》對禮儀禮貌之媒介功能的重視，將促使吾人體認客觀禮儀在現今社會生活中的必要性。

唐君毅認為〈樂記〉之重要觀念是以「知音」為人、禽之辨；「知樂」為聖、凡之辨。並以禮樂統刑政；禮樂相輔為用。強調音樂在中國自始就是最重要的藝術表現形式，而有異於西方世界。因為音樂直接與人的生命相通，表現在生活中可以與他人同樂，陶養心德，使人遷善而不自知，防邪於無形，其功效深宏。禮樂合德，動於中而發為和，能使音樂之份位返歸道德實踐，也提醒吾人重視禮樂的藝術化人生，在今日科技掛帥的社會生活中，其實仍不應忽視音樂的卓越功能。

總之，唐君毅詮釋《禮記》之學的價值，在於上探孔孟性情之教，要求德業之一體完成。故既能肯定道德良知之心性主體，復能重視道德實踐之人文化成。宋明新儒家以及當代新儒家對於道德形上學的建構，可謂不遺餘力，已獲致相當豐碩的成果。至於如何落實下貫於現代生活當中，仍是相當值得重視的課題，因此唐先生的禮學詮釋可謂深具現代意義。

從王船山「兩端一致論」考察《禮記》教育觀①

一、前言

　　關於《禮記》之教育觀，一般多知探討〈學記〉之教學理論，該篇內容偏向於陳述教學過程中之具體步驟及方法運用，其他也不乏從〈大學〉、〈中庸〉、〈樂記〉三篇探討教育內容。然而《禮記》有關教育之原理、本質、內容、功能等整體觀點，應該要通觀全書，才有可能得到全盤的了解。本文則是企圖從王船山的觀點，以其禮學專著《禮記章句》為文本，加強探究一般學者較少涉獵的〈孔子閒居〉、〈曲禮〉、〈王制〉、〈文王世子〉、〈內則〉、〈表記〉等篇，以掘發《禮記》豐富而統整的教育思想。本文論述重點除了先對研究方法「兩端一致論」加以論析外，將分為以下五方面：

1. 以〈大學〉、〈中庸〉二篇所擬定的教育方針及教育本質作為基礎，可旁涉〈王制〉的教育政策，了解政教的重要性及政、教二者間應有的關係。

2. 對〈孔子閒居〉的心性觀作深入探討，從教育理想的層面，點出其與〈中庸〉天命之性的連結。

3. 從〈文王世子〉、〈內則〉提出教育內容為孝悌之道及詩書

① 本論文原刊登於：《揭諦》（南華哲學學報），第5期，2003年6月，頁123-153。先前在2002年12月28-29日宣讀於花蓮師範學院主辦：儒學與教育學術研討會，經修改後發表。

禮樂，以及祭祀、養老等相關的措施。

4. 從〈曲禮〉說明教育歷程係注重下學上達，〈曲禮〉以「毋不敬、儼若思」作為存養工夫，其所言窮理、遏欲之方，實為一體之兩面。

5. 貴族精英之養成教育，所學為修己治人之道，以備未來從政之用，其內涵乃以〈表記〉為體，〈坊記〉為用。

二、兩端一致論之運用

兩端一致論是船山所自覺提出的思維模式[2]、研究進路。此一名義見於船山著作者，主要有三段文字：

> 天下之變萬，而要歸於兩端，兩端生於一致。[3]
> 兩端者，虛實也、動靜也、聚散也、清濁也，其究一也。實不窒虛，知虛之皆實。靜者動，動非不動也。聚于此者散于彼，散于此者聚于彼。濁入清而體清，清入濁而妙濁。而後知其一也，非合兩端以一為之紐

---

[2] 王船山對「兩端而一致」的使用太廣泛，論域及層次均有所不同，不易單獨去理解，兩岸學者中以林安梧先生最早加以總括的敘述，他認為船山「深入所欲理解詮釋的對象之中，而建立了兩個詮釋的端點，通過一種不休止的歷程將之關連起來，……任何一個端點都隱含了趨向另一個端點的發展能力，此兩端點是各自獨立的，它們形成一種對比的張力（兩端），而深入此兩端點的任一端，吾人發現彼此都具有互含的動力，由此互含的動力，而到達一種辯證的綜合（一致），把『對比的張力』和『辯證的綜合』掛搭在一起的說，我們便說這是一種『兩端而一致』的對比辯證思維模式。」參見林安梧：《中國近現代思想觀念史論》（臺北：臺灣學生書局，1995），頁92。

[3] 王船山：《老子衍》《船山全書·第十三冊》（長沙：嶽麓書社，1996），頁4。意即天下的變化雖極其雜多，我們實已預設一常道作為對比，將天下萬變推而為常、變兩端，相互依待而成。

也。④

　兩端者，究其委之辭也；一者，泝其源之辭也。⑤

　　以上三則文字，第一則提出「兩端而一致」的原則，一致者即是道，而兩端居於萬物與道之間，一是萬變的歸納，一是道的分解。第二則說明兩端其實相涵而動而為一，一並非更高的概念，而是即兩端而為一。第三則表示「一與兩端的本末關係（源與委），以示吾人不能拘牽于語言的分析，而當在使用語言時，反溯其本以知道。」⑥又兩端而一致之義在《易內、外傳》及《張子正蒙注》皆多有發揮，並貫穿在極其繁夥之著作中，隨處運用、互相呼應。衡量船山其他著作如《尚書引義》、《老子衍》、《莊子通》、《莊子解》、《詩廣傳》、《周易內傳》、《周易外傳》等諸書，雖各採不同詮釋手法（引義、衍、通、解、廣傳、內傳、外傳……），但都各具特色。此因為每一部經典已有的研究成績並非齊頭並進，而是各有參差。相應地，船山即是根據此個別差異，而予以適當的詮解。吾人若異中求同，皆可從船山諸著作中抉發出「兩端一致論」的思維模式。誠如曾昭旭先生所說：「他的著作精神，是既不背原典又不為原典所限，而顯出一種自我的創作與原典的義蘊間相發明、相融通的特色。」⑦船山思想中此一特色在民國以來的船山學研究歷程中，早期被以「辯證法思想」及唯物主義來概括⑧，其實此一西方哲學概念並不相應於船

---

④ 王船山：《思問錄・內篇》《船山全書・第十二冊》，頁411。

⑤ 王船山：《尚書引義》《船山全書・第二冊》，頁358。

⑥ 三則引文及說明參考曾昭旭：《在說與不說之間 —— 中國義理學的思維與實踐》（臺北：漢光事業出版公司，1992），頁58。

⑦ 曾昭旭：〈王船山兩端一致論衍義〉（鵝湖月刊，第241期），頁9。

⑧ 參見蕭萐父：《王船山辯證法思想引論》（武漢：湖北人民出版社，1984）。及嵇文甫：《王船山學術論叢》（臺北：谷風出版社，1987），頁47-57。有一專章為〈王船山的唯物主義思想及其唯心主義的雜質〉。此一論點早被大陸學者當做共識在運用。

山思想，尤其大陸學者至今仍將船山哲學劃歸唯物論，尤屬突兀。

兩端一致論既是貫穿船山全部著作的基本精神，吾人今日即可在船山的禮學專著《禮記章句》中以「道器合一論」加以印證。蓋若恪就《禮記》一書而言，船山特重〈禮運〉、〈禮器〉二篇文字相爲表裡，互成體用的關係。船山評論〈禮器〉時，篇首有一前序曰：

> 形而上者道也，禮之本也；形而下者器也，道之撰
> 也。禮所爲即事物而著其典，則以各適其用也。⑨

道須藉形器開顯於形下世間，器又須藉道作爲形上根據，道與器彼此相須相成，一體呈顯。析言之，凡禮之所言，必須不離文化中各層面，如政治、經濟、倫理、宗教、教育……等，而有所表現。而且禮文、禮制、禮節、禮儀、禮貌等，則無一不是在尋常日用之間，人須據以行事之儀則規範，然而這些禮節儀文卻都不能只是限於日常行事之中，又須有其內在的德性良知爲本，才不致於凝滯僵化。此係根據《易傳》「形而上者謂之道，形而下者謂之器。」⑩作爲指導原則，禮作爲有形之器，乃是道在形下世間的具體表象，實際的展現，恪就尋常日用存在事物而呈顯道的法則、典要。此仍是「體用」範疇下的一種表相。例如船山於〈禮器・十八章〉「君子慎其所以與人者」注曰：

> 與，示也。制禮作樂，皆以示天下後世者也。禮器之
> 有聲容，器也，而爲道之所顯。故盡其道必備其器，

---

⑨ 王船山：《禮記章句》（收于《船山全書・第四冊》）（長沙：嶽麓書社，1991），頁579。

⑩ 《周易・繫辭上傳・第十二章》，黃壽祺、張善文：《周易譯注》（上海：上海古籍出版社，1994），頁563。

器不備則道隱，而德亦因之不立矣。⑪

　　強調禮器的示範、示現作用，若不藉由禮器承載、傳達，道將如何呈顯，當政者思欲神道設教，乃不得不正視禮器的表顯功能，否則其德意將無以引導凡民共同參與於政教文化的創造。要之，〈禮器〉所言，是恪就大道流行於現實世間、日用尋常之際，條文儀節制度器物的具體表現，屬於形而下之器。另一方面，〈禮運〉所言則是歷史文化生命在實踐過程中，流貫其間永恆不變的「禮意」⑫，並不會受到外在禮文因革損益之影響，此因禮意之內涵即是天理良知、仁義忠信，蘊藏在禮文背後之精神價值。故船山又評〈禮器〉曰：

　　此篇詳論禮制之品節盡人情而合天理者，一因於道之
　　固然，而非故爲之損益，與〈禮運〉一篇相爲表裏，
　　蓋一家之言也。⑬

　　論及〈禮器〉的思想特質是上承〈禮運〉所言，禮制之品節是「盡人情而合天理」者，都有形上之道作爲根源，一本大公，而非可隨意損益調整。故應仍是同一作者或家派所作，二文義理實相融貫一致。船山又曰：

　　運之者體也，而用行焉；成乎器者用也，而要以用其
　　體。張子曰：「禮器者藏諸身，用無不利，修性而非

⑪ 王船山：《禮記章句》，頁611。
⑫ 王船山：《禮記章句‧禮運》篇首曰：「運者，載而行之之意。此篇言禮之所以運天下而使之各得其宜，而其所自運行者，爲二氣五行三才之德所發揮以見諸事業，故洋溢周流於人情事理之間而莫不順也。蓋唯禮有所自運，故可以運天下而無不行焉。本之大，故用之廣，其理一也。」，頁535。意即禮文之創制者，已不限於聖王，而是具有德養、已能體會禮意的君子，皆可持載天德良知，以安頓長養天下——民物。
⑬ 王船山：《禮記章句‧禮運》，頁579。

小成者與。」其說是已。⑭

〈禮運〉及〈禮器〉二文互爲體用，相爲表裏。因爲禮之所以運行於歷史文化中的動力是「禮意」，禮意實指人類之良知美意，由此以創制禮器，呈現爲具體的品節制度、事物典則。合言之，禮運爲體，禮器爲用，體用互行，蓋用者用其體，體者用之體，二者一內一外，密不可分。而張載所言係依據《易傳》「顯諸仁，藏諸用」⑮，來表達仁、禮互涵之義。禮之運用須根據仁心，且落實在人自身之日常儀行中表現，藉助對器物的認識及運用，都有修身養性的功能蘊藏於其間。

如上所述，道器合一論，或說是兩端一致論，可說是貫穿船山全部著作的基本精神，茲再引述林安梧先生見解，與筆者上文所析論者相參證，他認爲船山的「道器合一論」隱含一套極爲特殊的方法論，一方面就發生學的思考角度而言，形器是首出的，另一方面從存有學的思考角度而言，形上之道是先在的，發生學及存有學的兩個向度，通過一種「兩端一致」的方法凝合爲一，這種「兩端而一致」的對比辯證思維模式通貫了整個船山學。故船山一方面強調通過歷史來彰顯人性，詮釋人性，另一方面則強調通過人性來理解歷史、詮釋歷史，他建立了一套歷史的人性學，同時也建立一套人性史的哲學。故船山對於「天命之性」，擺脫性成命定之說，也邁出心性先驗說的藩籬，將「天命之性」視爲一長遠無休止的歷程，人能在歷史中經由文化的陶養，鑄成自具風格的人性，積極參與歷史的締造，精確地注意到「形式性原則」必得經由「材質性原則」的展開與鍛鍊。⑯

---

⑭ 王船山：《禮記章句・禮運》，頁579。

⑮ 《周易・繫辭上傳・第五章》，參見黃壽祺、張善文：《周易譯注》（上海：上海古籍出版社，1994），頁538。

⑯ 參見林安梧：《中國近現代思想觀念史論》（臺北：臺灣學生書局，1995），頁15-17。文字頗長，節引其義如上。

　　基於以上所論之船山著作特色，因此在研究視角上，本文將採取王船山《禮記章句》之觀點，即以兩端一致論[17]作為參考架構，以體用兼修、本末相貫、道器合一等原則作為分析之標準。如此則可看出《禮記》一書的教育觀具有幾項特色：

1. 首先是仁禮互為體用[18]，仁為「本體」、禮為「定體」。
2. 以〈大學〉、〈中庸〉二文為體，《禮記》全書四十九篇為用。[19]亦即〈大學〉、〈中庸〉二文這一端指的是仁之本體，《禮記》全書指的是禮之定體。
3. 依〈禮器〉所言：「忠信禮之本，義理禮之文。」可見「仁」為內質與「禮」為外文之一貫。證諸〈文王世子〉所言，以「孝弟」及「詩書禮樂」二者作為教育內容，正好一內一外，互相配合。
4. 若再從原理及運用上作區分，則可以〈大學〉所言之內聖外王為體，〈王制〉所言之政策施行為用。

　　總之，教育所涉及之修養工夫均從自我出發，〈大學〉、〈中

---

[17] 簡言之，兩端一致論是船山詮釋經典時，所採取的一種對比辯證的思維模式，若以《禮記》而言，主要是運用仁、禮二端，以仁逆顯道德理想，突出孔子傳統；以禮順承歷史文化的業績，表彰周公貢獻。此仁、禮二端又互相涵攝彼此，復古與演進兩端之間呈顯一種張力，看似對立，其實又互補相成，烘托出一致的圓融理境。至於「兩端一致論」則被曾昭旭、林安梧視為船山思想特色，其詳參見曾昭旭：〈王船山兩端一致論衍義〉（《鵝湖月刊》，第241期），頁9-12；及林安梧：《中國近現代思想觀念史論》論及王夫之思想部分（臺北：臺灣學生書局，1995），頁15-21。

[18] 此義據王船山：《禮記章句·序》所言：「緣仁制禮，則仁體也，禮用也；仁以行禮，則禮體也，仁用也。體用之錯行，而仁義之互藏，其宅固矣！」引自《船山全書·第四冊·禮記章句》（長沙：嶽麓書社，1991），頁9。

[19] 《禮記章句·卷三十一·中庸》曰：「凡此二篇，今既專行，為學者之通習，而必歸之《記》中者，蓋欲使五經之各為全書，以知聖道之大，抑以知凡戴氏所集四十九篇，皆〈大學〉、〈中庸〉大用之所流行，而不可以精粗異視也。」頁1246。

庸〉提供內聖心性之學的基礎，《禮記》之全部篇章則為具體運用，如〈曲禮〉揭示下學之方在於「毋不敬」及「存理遏欲」，而〈表記〉、〈坊記〉二文則分論未來之從政者所學為修己、治人之道。

三、政教關係──〈大學〉是體，〈王制〉是用

　　就政教關係而言，〈大學〉所言是「內聖外王」之理想，而〈王制〉所言則是如何實踐此理想的政治措施，二者之間可作一對照。其次，教育作為政治之一環，其實是治國的根本大計，在〈王制〉中即揭示在國家制定政策之初，即應採取「教本政末」的原則。此在〈大學〉的教育目標上，格致誠正修齊治平，純粹在揭示一框架規模，而在〈王制〉則是政教理想落實後之具體施為。根據王船山之觀點，他將〈王制〉全篇分章析句，釐為三十五章，而以第二十章為政、教關係的分水嶺，並評論此章曰：

> 此章言人性習相成，材質不齊而教不易施之理，以起下十章王者敷文教、一風俗之意。蓋王者之治天下，不外政教二端，語其本末，則教本也，政末也。語其先後，則政立而後教可施焉。故自第十九章以上言政之事，而此章以下至第三十章言教之事，王政本末先後之敷施亦可見矣。[20]

　　由文中可以了解政治的具體措施包括「政令」和「教育」二大項。從理想上說，教育是根本，政治較末後，此蓋〈中庸〉所強調「修道之謂教」、「自明誠，謂之教」之意，藉由教育使人率性明理。然而從實行過程上說，卻是政制須先確立施行，於天下大亂初定

---

[20] 《禮記章句·王制》，頁334。

之時，先消極地作預防禁制的工作，其後再積極地觸發人性自覺，使其知恥力行。

其次，船山於文中首句提及「性習相成」[21]之義，因為教育要立基於人性的基礎上，面對廣土眾民，將理想目標貫澈實踐在政治社會人生之中，而船山論性並不單指形上之性，而是關連著形色情才整體表現於形器日用而言。分言之，形上之性是與天俱來之先天良知，已經陸象山、王陽明優予肯定，此亦船山立本之義。然而船山又強調本必貫於末，故在實際作用上，不能單提形上之性，尚有後天之性，亦即習，須隨著生命的長養漸修漸磨，而有內容之累積成長，日益篤實光輝。若就人性論而言，其理論根源來自於《書經》之「習與性成」[22]，與孔子所說「性相近，習相遠」[23]之意。其實包括消極及積極二面，就消極面說，主觀的修養和學習在於防止不良習性的形成，及改正已經形成的不良習性。但就修養、學習的積極面而言，應該是「繼善成性」，不斷自覺人性中仁義禮智等陰陽健順之德，存養推充

---

[21] 船山《尚書引義》有類似說法：「習與性成者，習成而性與成也。……二氣之運，五行之實，始以為胎孕，後以為長養，取精用物，一受於天產地產之精英，無以異也。形日以養，氣日以滋，理日以成。」「是以君子自強不息，日乾夕惕，而擇之守之，以養性也。於是有生之後，日生之性益善而無有惡焉。」強調人初生以後，其性之成善成惡，實由人之自主。《船山全書·第二冊》（長沙：嶽麓書社，1988），頁295-302。

[22] 孔穎達：《尚書正義·太甲上第五》：「王未克變，伊尹曰，茲乃不義，習與性成。」（臺北：大化書局），頁347。阮元校勘：（清嘉慶二十年重刊宋本）《十三經注疏·一》。

[23] 《論語·陽貨》，引自楊伯峻：《論語譯注》（臺北：華正書局，1990），頁188。按「性相近」依朱子注：「兼氣質而言之也」，指氣質之性相近。若據〈陽貨〉說「唯上智與下愚不移」，表示中人是可移的，則近於後代的三品說。孔子的人性觀究屬如可，姑且存疑。參見《陳百年先生文集·第一輯孔孟荀學說》（臺北：臺灣商務印書館，1987），頁391。蔡仁厚先生則認為孔子雖沒有對「性」做詳確的論定，但我們仍可以從孔子對「仁」的直下肯定，而認為孔子對性這個觀念的體悟，是指向仁義內在的「內在道德性」，是指向「義理之性」而言。參見《孔孟荀哲學》（臺北：臺灣學生書局，1988），頁105-6。關於以上諸說，王船山應是傾向朱子對性的看法，但尤重視後天自主持權之道德實踐。

之，使人性中仁義禮智的善端確定不移地不斷表現。[24]而在西漢初年成書的《禮記》中，應早已融合荀子「化性起偽」、「天生人成」之義。其在政治措施上的實例可印證於《禮記・王制》所說：

> 凡居民材，必因天地寒煖燥濕。廣土大川異制，民生其間者異俗，剛柔、輕重、遲速異齊，五味異和，器械異制，衣服異宜。修其教，不異其俗，齊其政，不易其宜。[25]

提到人民生活既受到天候、地理環境等因素長養，其情性材質、風俗習慣，乃至飲食、衣服、日用器物等，也必然會各有不同風貌的表現。這時國政之規劃執行者，教養民眾須以人性本善的前提作根據，使民性向上提升。然後再依形下材質層面因勢利導，使人民「遵道而從教」，此即〈中庸〉所揭舉的天命之性及率性修道的教育本質。

其次，民情風俗乃性習所養成，雖有必要修其文教，齊其政令，但仍應尊重民眾的差異性，因材施教，不可妄以外力強加改變，而應著重在道德觀念的啟導，促進倫常綱紀的實現，以及典禮制度之順利推行。總之，教育的作用在於人文化成，改善政治社會的缺失，發揚倫理道德，提升人性價值。

復次，教育的施行運作包括人民教養及貴族教育二層面。其中貴族教育側重在培養各級政治領導人應具備倫理道德修養，俾能以身作則，上行下效。此即〈大學〉所言者。反之，給予人民的教養方

---

[24] 王船山：《張子正蒙注・卷三・誠明》曰：「繼善者，因性之不容揜者察識而擴充之。」又曰：「成，猶定也，謂一以性為體而達其用也。善端見而繼起不息，則始終一於善而性定矣。」分載於《船山全書・第十二冊》，頁131、130。又以上說明亦參考王邦雄等著：《中國哲學史》（臺北：空中大學出版中心，2001），頁674-5。

[25] 王船山：《禮記章句・王制》，頁332。

面，則是令其安居樂業，淳樸好禮，忠愛家國社會。因此，王者安置
居民一事，乃成為興學的前提，此因為從人性史上考量，性習的相養
相成，最初決定於對所居環境謹慎選擇，故制定宅地乃重要關鍵。如
《禮記‧王制》云：

> 凡居民，量地以制邑，度地以居民，地邑、民居必參
> 相得也。無曠土，無游民，食節視時，民咸安其居，
> 樂事勸功，尊居親上，然後興學。㉖

　　末句所言教育興學，無疑是施政諸事中最根本的一環，誠如
《禮記‧學記》所言「君子如欲化民成俗，其必由學乎！……古者
建國君民，教學為先。」然而在執行上的先決條件，仍是衣食物質生
活，及家庭倫理上生活的安定，才是「富而後教」之意。孟子也說得
民之道在於得民心，而「得其心有道：所欲，與之聚之；所惡，勿
施，爾也。」㉗故在上文中強調要使人民安居樂業，而後可言興學。
此依王船山的解釋是：

> 量者，酌田賦之多寡、道路之遠近以立都邑。度者，
> 相山川原隰之便與阡陌遠近之則以立村落。地足以供
> 邑，邑足以治地，民居足以服田，聚散多寡，三者相
> 稱，則各得矣。蓋習俗之淳澆至於不可推移，皆始於
> 所居之異，故王者必於是而謹之。
> 地與居相得，則無曠土矣，邑與地相得，則無游民
> 矣，而又制其食用之節，不奪其農之時，使得厚其
> 生，則民安土無求，守先疇而生其忠愛，然後農愨士

㉖ 王船山：《禮記章句‧王制》，頁334-5。

㉗ 《孟子‧離婁上》。引自楊伯峻：《孟子譯注》（臺北：河洛圖書出版公司，1980），頁
　171。

秀，風俗美而學校可興也。[28]

　　如此，一方面必須衡量生產力及交通之便利與否來建立都邑，另一方面又須考察農田水利的地理條件是否能滿足農民的需求，基層的農民能夠落地生根，安土重遷，才能形成淳樸篤厚的風俗民情。此亦符合孟子的養民思想[29]，所以說土地廣狹肥瘠、城邑大小遠近、民眾數量多寡三者應互相配合得當，也符合孟子所言土地、人民、政事為諸侯三寶之意[30]，才能對習俗的淳樸有所助益，而不致流於澆薄，具有決定性的影響，而此即今日所謂市鎮規劃之意。從中可以很明顯地看出人性的長養，關連著地理環境因素，不可抽離所生活的時空。一方面可以看出船山說人性是關連著存在的歷史人性學，注意到人性有其成長、累積的歷程，而不受限於初生的一成之俐，根據孔子所言「性相近，習相遠」，性、習二者有其互動相成之意。另一方面，除了發揮孔子「富而後教」[31]之意，也兼融了早期法家思想，如管仲曰：「倉廩實則知禮節，衣食足則知榮辱。」[32]蓋衣食無虞之後，風俗人情自然優美，民知忠愛鄉土，亦能接受教育文化的薰陶。其次土地、城邑、人民三者之間兩兩相得，則無曠土、亦無游民，人人安土重遷，安居樂業，有純樸農民及秀異知識分子，風行俗美而教

---

[28]　王船山：《禮記章句・王制・第二十一章》，頁334-5。

[29]　《孟子・滕文公上》曰：「夫仁政必自經界始。經界不正，井地不均，穀祿不平；是故貪官汙吏，必漫其經界。」楊伯峻，《孟子譯注》，頁118。《孟子・梁惠王上》：「民無恆產，則無恆心。苟無恆心，放辟邪侈，無不為也。……是故明君制民之產……」楊伯峻：《孟子譯注》，頁17。

[30]　《孟子・盡心下》：「諸侯之寶三：土地，人民，政事。」也相當於此處所言之土地、城邑、民眾三者。楊伯峻：《孟子譯注》，頁335。

[31]　《論語・子路》。楊伯峻：《論語譯注》（臺北：華正書局，1990），頁144。

[32]　語出《管子・牧民》第一部分「國頌」，是關於治國治民的一個總論，以下分四維、四順、十一經和六經五法，四個方面展開。周瀚光・朱幼文・戴洪才：《管子直解》（上海：復旦大學出版社，2000），頁2。

化可興。不但融合孟子養民、保民而王的思想，也影響晁錯〈論貴粟疏〉[33]所預取的重要觀點。

四、教育理想──〈中庸〉是體，〈孔子閒居〉是用

〈中庸〉指點出人性的根源和教育的最高理想，〈孔子閒居〉可以具體從政治上接到實踐的內涵。〈中庸〉所言內容是修行「率性之道」及「誠明相資」的教育本質。尤其〈中庸〉開篇三句所言：「天命之謂性，率性之謂道，修道之謂教。」無疑正是教育哲學的總綱領。教育目的即在於引領人們將與生俱來的善性，充分實現於生活的各層面中，推擴至家國天下。因此，從教育實踐的角度上看，第三句的修道之教應該是最關鍵的一環，因為前二句還在知解的概念上談人之天賦善性，及理想人格的判準即在於能否呈現此天賦善性。前二句談理想層次，第三句則揭出教育實踐的價值。這可說是理想與實踐對比之兩端一致。質言之，教育學習必須是個人終其一生持續不懈地實踐之事，繼善成性，習與性成，藉以成就完美人格。至於工夫修養則是慎獨、致中和、盡性，以參贊天地化育為最高之理想目標。由此可知外王之事業須以內聖學之心性修養慎獨及致中和為根基。關涉到教育的部分則是博學、審問、慎思、明辨、篤行，及以智、仁、勇三近之德，五達道。以誠之為動力，擇善固執，自明而誠，以明體達用，此之謂誠明相資。因此教育的實質在於率性修道，肯定獨體、中體作為道德實踐的根基，發用為天地萬物各得其所之和的境界，與此對照，其實〈孔子閒居〉中所談的「五至三無」之教育理境也非常值得注意，文中記載孔子曰：

> 夫民之父母乎！必達於禮樂之原，以致五至，而行三

---

[33] 蘇石山編著：《古文觀止》（高雄：麗文書局，1995），頁455。

無，以橫於天下，四方有敗，必先知之，此之謂民之
父母矣。

志之所至，詩亦至焉；詩之所至，禮亦至焉；禮之所
至，樂亦至焉；樂之所至，哀亦至焉。哀樂相生。是
故正明目而視之，不可得而見也；傾耳而聽之，不可
得而聞也。志氣塞乎天地，此之謂五至。

無聲之樂、無體之禮、無服之喪，此之謂三無。夙夜
其命宥密，無聲之樂也。威儀逮逮，不可選也，無體
之禮也。凡民有喪，匍匐救之，無服之喪也。㉞

優秀的從政者必須達致禮樂之原，實即志於道之仁心，五至爲
至於志、詩、禮、樂、哀的境界，所指爲〈中庸〉的未發之中，〈大
學〉之明德，天道流行所賦予人的良知善性眞誠。此據王船山之說：

人君以四海萬民爲一體，經綸密運，邇不泄，遠不
忘，志之至也。乃於其所志之中，道全德備，通乎
情理而咸盡，故自其得好惡之正者則至乎詩矣，自
其盡節文之宜者則至乎禮矣，自其調萬物之和者則至
乎樂矣，自其極惻怛之隱者則至乎哀矣。凡此四者
之德，並行互致，交攝於所志之中，無不盡善。凡先
王敦詩陳禮作樂飾哀之大用傳爲至教者，其事雖頤，
而大本所由和同敦化者皆自此而出，程子所謂「有
〈關雎〉、〈麟趾〉之精意，而後《周官》之法度可
行」，此之謂也。㉟

由文中知至乎詩禮樂哀之判準分別爲「得好惡之正」、「盡節文

㉞ 《禮記章句・孔子閒居》，頁1203-5。

㉟ 王船山：《禮記章句・孔子閒居》，頁1204。

之宜」、「調萬物之和」、「極惻怛之隱」，此四義逆反其順序，竟與孟子所言四端之心若合符節。

至於「三無」所指涉的則是「發而皆中節」之和及「在新民」。無聲之樂意謂無爲寬大之政，即可取代音樂之安和百姓的功用；無體之禮意謂無時而不戒愼恐懼，敬謹修省，即相當于重大祭禮時嫻熟端莊之威儀。無服之喪則是於天地萬物致其同體大悲，視民如親，常保傷痛憐惜的心理。綜上所述，五至三無可謂係融合孔子所言不安之心、孟子四端之心及上下與天地同流之境界、〈中庸〉及《易傳》，乃至道家之無爲無執，而有之天人合德的至善理境。

五、教育內容──〈文王世子〉、〈內則〉以孝悌爲本，禮樂爲文

船山認爲三代之以家天下取代禪讓政治，乃時勢所趨。其一是禪讓不可繼爲常法，蓋恐將有姦惡之徒矯飾德行以獵取大位。其二是太子之賢愚不肖難以預料，故須特別重視世子（也包含貴族階層卿大夫士的嫡長子）的教育㊱，包括道德人格及人文素養二方面，此二者並重之教育內容也同樣適用於今日。從這觀點可看出《禮記‧文王世子》在君主專制時代尤應有之地位與價值。在其中重要旨趣爲：「以孝弟爲立教之本，以禮樂爲成德之實。」此因前者指涉仁心道德良知之生發，其表現以孝親敬長最爲眞純誠篤，而後者乃重視貴族教育能促成禮樂治世（道德事業）之發皇。船山析解第一章內容爲世子視膳之禮，文分二節，前節舉例述文王朝見其父王季時表現之孝行，次節述武王能沿承此禮以行，日操存於心而不敢忽略。船山曰：

㊱ 參見王船山：《禮記章句‧文王世子》之前序，頁503。

蓋孝者萬行之原，而仁敬慈信之率由此以生也。觀其
憂喜之形於色也，根心以發，初無所容心焉，盛德之
至，生知而安行之，誠非可學而至者。然人能取法以
自力於行，雖誠或未至，而敦行既久，不生厭倦，則
仁孝之心將油然以生而漸幾於自然，所謂「文王我師
焉」而「人皆可以爲堯舜」者，夫豈遠乎哉！
此章記世子之德以孝爲本，文王躬行以爲家法而武王
承之，故周家仁孝之施於後世，率以是爲立教之本，
而弟友之德、禮樂之實原此而生，蓋一篇之綱宗也。㊲

　　船山原本孔、孟言必稱堯、舜之義，視人倫孝道爲道德實踐之
基本言行。所謂仁、敬、慈、信之德目禮行皆有此以發。船山又藉
〈中庸〉之言生知安行，學知利行，困知勉行之意予以合釋其義，因
文王能生知安行，故盛讚此章爲全篇文字綱領，視道德教育爲良知自
我呈現的歷程，從自身出發，上行下效，正己而後正人，而禮樂則是
政治執行中最佳教化工具。此誠如程子所說：「知盡性至命，必本於
孝弟，窮神知化，由通於禮樂。」㊳歸結出周代以孝道立國之意，可
知道德良知與道德事業，此「德、禮」二端即以孝心爲根源，蓋孔子
「人而不仁，如禮何？」㊴之意旨，依此，孝弟實乃禮樂根源，世子
之教育須從孝弟奠立道德根基，乃值得被後代所效傲。〈文王世子〉
第四章說明詩書禮樂爲教化的內容，其方法又須依季節實施，其言
曰：

　　凡學（此處爲『教』之義）世子及學士，必時。春夏

㊲　王船山：《禮記章句・文王世子》，頁504-5。

㊳　程頤：〈明道先生行狀〉之語，收於《二程集》（臺北：漢京文化出版事業公司，1983），
　　頁630-8。

㊴　《論語・八佾》，引自楊伯峻：《論語譯注》，頁26。

> 學干戈，秋冬學羽籥，皆於東序。……胥鼓南，春誦
> 夏弦，大師詔之。瞽宗秋學禮，執禮者詔之；冬讀
> 書，典書者詔之。禮在瞽宗，書在上庠。[40]

　　家天下之太子既無法預期其必為賢人，為免紛爭又須豫建太子，由是後天的教育相形之下更顯重要，其方法是平素即須教導以中和孝友之道，以培育其德性，且依四時所宜，令太子受教於國學，與眾士為伍，並輔之以師保，藉由禮樂儀節的演習成就其德行，相應於陰陽寒暑的節候狀況及人處在此節候下的學習成效，乃設計出四季各有不同教學內容[41]，依序各以樂、詩、禮、書為主，再配合其他三者為輔，且各有專人職司，其中特色為樂舞亦為教學之重要內容，不僅限於經典之教育而已。由於世子須與眾多士人共同受業於大學，因此教育世子即同樣是在說明教士之法，從中可看出貴族教育的特色。船山注曰：

> 學，教也。士，謂公、卿、大夫、元士之適子與鄉遂
> 之俊選升於大學者也。……干戚，武舞；羽籥，文
> 舞。春夏陽而教武，秋冬陰而教文，所以節宣之也。
> 此節記教誦習之事，與教舞分四時互教之，蓋誦習日

---

[40] 王船山：《禮記章句·文王世子》，頁507-8。

[41] 四季教以不同的教學內容，其實是較為誇張的說法，並非完全正確。此可參看《禮記·王制》所言：「樂正崇四術，立四教，順先王詩書禮樂以造士，春秋教以禮樂，冬夏教以詩書。」根據孔穎達的解釋說：「術是道路之名，詩書禮樂，是先王之道路；秋教禮，春教樂，冬教書，夏教詩，……今交互言之，明四術不可暫時而闕，但視其陰陽以為偏主耳。」（《禮記正義》，阮元校勘《十三經注疏·五》，臺北：大化書局，頁2904）。若其說正確，則可見其實詩書禮樂都是四季之教學內容，只是按時序而有輕重分量之不同，並非四季之教學內容截然不同。王船山則認為是：「禮樂須執其事而習演之，極寒盛暑，易生厭倦，故須春秋中和之候；誦詩讀書則不避寒暑。」王船山：（《禮記章句·王制》，頁338）。綜合二氏之說，可知四教的學習效果與四季的陰陽節候密切相關。

課而舞間舉，不相妨也。㊷

　　教學內容中樂舞還要配合時節，因武舞發揚，須於春夏陽動之
時教之，文舞則利用秋冬陰靜之時教之。又依四季不同分別著重教
以詩、樂、禮、書，且各有專職司之。交錯研習經典與技藝不僅不相
妨，更且相輔相成。此猶如〈學記〉所說「時教必有正業，退習必有
居學」，著重道，藝相輔。〈文王世子〉又云：

　　凡祭與養老乞言，合語之禮，皆小樂正詔之於東序。
　　大樂正學舞干戚。語、說命、乞言，皆大樂正授數。
　　大司成論說在東序。㊸

　　內容在說明教者如何協同合作，並配合季節、地點予以實施。
詳言之則其間又須配合「祭祀」及「養老」二種典禮，請受教言，並
在旅酬時更相稱述古語作為警戒。分言之，「祭祀」有如〈學記〉所
言：「大學始教，皮弁祭菜，示敬道也。」之意，而「養老」之禮乃
是大學教育過程中重要一環，以燕禮、享禮、食禮三種方式執行，養
三老五更、致仕之老於國學（詳見〈王制〉及〈內則〉原文），其理
由王船山認為是：「因立教之本從孝弟始」。不僅天子如此，諸侯以
下乃至庶民全體皆然。船山評〈王制〉第二十九章「養老」之禮曰：

　　諸侯養老之禮上均於天子，則因孝為德本，無貴賤一
　　也。
　　唯王者躬行於上，修明其禮以教國人，抑必家給人
　　足，俾足以盡其仰事之實，孟子所謂制其田里，教之
　　樹畜，導其妻子，使養其老，正此之謂，不然，徒修

㊷ 王船山：《禮記章句·文王世子》，頁507-9。
㊸ 王船山：《禮記章句·文王世子》，頁509-10。

庠序養老之文，而凍餒積於下，亦何以爲王政哉！⑭

養老之禮乃是明德孝悌擴充於天下之至善保證。亦如孟子所敘論者，是仁政王道的充盡實現，同時也因可補救貴族階層憑等級地位之尊崇，於現實生活中不盡能充分實現其孝弟之道、誠孝之心的缺憾，而養老之禮正是一項很好的補救措施。故船山評〈內則〉第十一章所言養老之禮曰：

> 王者，繼先君而立，既無父之可事，而天子、諸侯、臣、諸父、昆弟、從兄之敬，又屈而不得伸，乃孝弟之德根於性者不可揜也，於是以敬老近父、敬長近兄之義，制爲養老之禮以達其誠焉。四代帝王率行不易，斯后王躬行於上以道民於孝，所爲降德之本也。三王以道爲重，五帝以德爲重，自盡其孝養之德，而不期必之以聞道，五帝至矣。⑮

天子及貴族既須躬行孝悌以啓導凡民，得上行下效之教育成果，而在現實生活中卻有天子無父可事，及貴族嫡長子繼位後悌道不彰的情形，藉由執行養老典禮，亦可體會孝父敬兄之道。「達其誠」如〈中庸〉的「誠之」之意，而此義亦同〈大學〉所言「古之欲明明德於天下」，仍先須奉行修齊治平之道。文中仍申言王者治天下須修身以爲降德之本，風行草偃，上行下效，使上下同於禮意，而大同之世乃有可期之日。

何以船山又言三王以道爲重，五帝以德爲重？道與德之涵義及關係又如何？首先，孔子曾言：「志於道，據於德。」及「爲政以德」。船山分別解之曰：

---

⑭ 王船山：《禮記章句·王制》，頁354-5。

⑮ 王船山：《禮記章句·內則》，頁700-2。

> 「志」者心之所之之謂；「道」則人倫日用之間所當
> 行者也。……「據」者執守之謂；「德」則行道而有
> 得於心者也。㊻
> 德之爲言得也，行道而有得於心。……爲政以德，則
> 無爲而天下歸之，其象如此。㊼

　　簡言之，道是德的依據，德是道的實踐；道是人倫所當行之原
則、道理，德則是內心已能體認道理，而且貫徹實踐於倫常生活之
中。若就政治層面而言，爲政以「德」應高於爲政以「道」，此因前
者能以自行孝悌之德，而得風行草偃，上行下效，故是無爲而治者。
析言之，蓋孔子論「道」，重在人道而罕言天道，道不是在本體意義
上使用，而是在政治倫理意義上使用的。㊽係以仁、禮爲基本內容，
落實而言則是孝悌、親親，並重視禮制的施行。故孔子論「德」，則
是人道思想在道德實踐方面的概括，如孝悌、忠恕、信義、中庸等內
在道德性。其次，依船山對〈禮運〉首段的詮解㊾，三王（夏禹、商
湯、周文武）爲小康之治，其時大道既隱，必須敷陳道之精華制爲典
禮，用禮義作爲紀綱，使人民釋邪增美而參與道之運行；故說「三王
以道爲重」。至於五帝（黃帝、顓頊、帝嚳、唐堯、虞舜）爲大同之
世，無爲而治，上下皆能以孝悌之德自行於生活之中，如孔子亟稱堯
舜之無爲而治，孟子則一再稱述舜之孝德；故說「五帝以德爲重」。

㊻ 王船山：《四書訓義》《船山全書・第七冊》，頁482。

㊼ 王船山：《四書訓義》，頁277。

㊽ 參見張立文主編：《道》（北京：中國人民大學出版社，1989），頁27-9。

㊾ 《禮記章句・禮運》曰：「大道之行，民淳則政自簡，為之上者恭己無為，而忠信親睦之道
自孚於下土。三代以降，時移俗異，民流於薄而忠信不足以喻，故王者敷至道之精華制為
典禮，使人得釋回增美而與於道，蓋其術之不同，由世之升降，而非帝王之有隆污也。」頁
536。說明亦詳見陳章錫：〈從禮運篇探索孔子思想〉，（《鵝湖月刊》，304期，2000年
10月）。頁32-9。

此時已不須煩言申說，使人民聞道，蓋其時上下都能使仁心、禮意自然呈露於生活之中。由上可見，孝悌的德養在貴族教育的內容中佔有重要的地位。

六、學習歷程——〈中庸〉言上達，〈大學〉言下學，而〈曲禮〉是下學的實質內容

〈中庸〉言上達天命，〈大學〉言下學人事，而〈曲禮〉是下學的實質內容。〈中庸〉指出人性根源於天命，教育的作用在於使人發揚天命之性，而〈曲禮〉說明如何在生活實踐上體現出天命之性。儒家特別重視下學人事上達天命的學習歷程，〈曲禮〉所言「毋不敬」的基本學習態度，為船山所抉發。船山對於〈曲禮〉第一章「毋不敬，儼若思，安定辭，安民哉！」尤加推崇，說它是「一篇之統宗，全經之體要備矣！」並詳加論說其義，船山對此四句分別析述曰：

> 毋不敬，大小眾寡之不敢慢，動而慎也。
> 儼若思，未有思而端儼凝志若有所思，靜而安也。
> 安，審處其當也。循事察理，必得其安而後定之以為辭說，言而信諸心也。
> 此三者未及於安民之事，而以此自治而臨人，則天下之理得而情亦可通矣。於以安民，奚難哉！[50]

船山認為前二句分別表示「動而慎」和「靜而安」的修養，乃靜存動養之意，前者敬慎以臨事，發而中節，後者端肅以持志，中心有主，亦是中庸所說「中和」之境界：「中也者，天下之大本也；和也者，天下之達道也。」在生活態度上的「毋不敬」即是「和」，而

---

[50] 王船山：《禮記章句・曲禮》，頁12。

「儼若思」即是「中」。至於第三句「安定辭」則強調在心物內外交接之際以誠信臨之，此循事察理的過程中，能審處其當及得其所安之後，再定以爲辭說，則是「自明誠」及「誠之」之意，而總括此前三句，可以說是爲政者須有之內在修爲，有此根基，正己而後正人，自是水到渠成。故船山於第四句點出「安民哉」的關鍵，在於君子「自治臨人」的「反躬自盡」之態度，明顯地承自孔子「恭己」及「子帥以正，孰敢不正」[51]的思想，君子自身的「克己復禮」，以身作則，正是實踐禮學的基本出發點。

因此，〈曲禮〉首章四句的義理可以在儒學經典上找到根據，如〈大學〉的正心誠意，及〈中庸〉的「誠之者，人之道」。有此道德的主體內聖修養做爲依據，則修齊治平的道德事業乃有成就的可能，內聖外王的規模已具，故雖未言及安民，卻也是安民的唯一路徑，故其關鍵是君子能夠實踐禮儀節文，從事反躬自盡的道德修爲，而實即「下學人事，上達天理」之意。船山即總結此章要義說：

按此章原本正心修身之道以爲禮之本，而聖學之功舉不外於此，蓋一篇之統宗，全經之體要備矣！[52]

如是吾人乃不可輕忽〈曲禮〉內涵的價值，尤不可認爲其內容瑣碎無用。即因其義理所根據的是：〈大學〉、〈中庸〉二文作爲《禮記》之體，而全書四十九篇則是其大用流行，此即明證。

---

[51] 分見《論語·衛靈公》、《論語·顏淵》，引自楊伯峻：《論語譯注》，頁169、136。
[52] 王船山：《禮記章句·曲禮》，頁12。

七、身教爲主的人格教育——〈表記〉言修己之道、〈坊記〉言治人之道,二者互爲表裏

〈曲禮〉所探討的是「毋不敬」及「存理遏欲」的基本原則,而有關爲政者「正己而後正人」的道德修養及具體作爲,船山主要是藉〈表記〉、〈坊記〉加以發揮。二篇分論修己、治人之道,互爲表裡,相輔相成。〈表記〉的內涵重在立本,而〈坊記〉是其輔助,作爲末用;本末相資互成,若能兼善,則政道可立。「表」是植木爲標,有標準、節度之義,且「表」應優先於「坊」,類比於堤坊的功能,「坊」可用來防範人的情動欲肆,有其預防及警示的效果。但若一味地加高堤坊,而未思考如何疏導洪水,疏瀹源頭,則終究會有潰決之虞。因此,正本清源之道,還須正視情欲在人生爲必然的存在,唯須以理性加以調節、約束,而非強爲滅絕。根本辦法仍應著重於啓導凡民的仁心自覺,提高其自我修省、自我約束的能力,不宜亟求速效。否則在末世衰亂之時,未能從政教立本,將如老子所言:「法令滋彰,盜賊多有。」[53]之意。蓋禮、法之辨別在一線之間,有當政者之仁心貫注,才是行仁政,此時才可謂「政即禮也」,故須肯定人性之善,才有行道之可能,而且根本作法是當政者的身教重於言教,如孔子所言:「其身正,不令而行;其身不正,雖令不從。」[54]因此,〈表記〉的地位是先於〈坊記〉的,由本以貫末,而末還滋其本。船山於《禮記章句・坊記》篇首曰:

> 此篇與〈表記〉相爲表裏。坊者,治人之道。〈表〉

---

[53] 《老子王弼注・第五十七章》注此二語曰:「立正欲以息邪,而奇兵用;多忌諱欲以弭貧,而民彌貧;利器欲以強國者也,而國愈昏弱。皆舍本以治末,故以致此也。」(臺北:河洛圖書出版公司,1974),頁81。

[54] 《論語・子路》。楊伯峻:《論語譯注》,頁143。

> 者，修己之道。修己治人之實，禮而已矣。性之所由失者，習遷之也。坊習之流則反歸於善，而情之發皆合乎天理自然之則矣。習俗氾濫以利其情欲者，為凡民之所樂趨，故〈坊〉之也不容不嚴。是以篇內多危激之詞而疑於人之難與為善，然苟達其立言之旨以與〈表記〉參觀之，則易所謂「遏惡揚善，順天休命」之理於此著焉，而不與荀卿之說相類，不然且將疑禮之猶不足以坊民，而老、莊、名、法之說且由此而興，是所貴於讀者之善擇也。(55)

〈坊記〉所言著重在治人之道，著眼於人性之善端易受習俗情欲的牽引，致在現實生活上無法如理呈現，如孔子所言「性相近也，習相遠也」(56)故對治習俗情欲的方法，端在以禮修正習欲的偏差，而復歸於仁德，如《論語》載孔子言：「克己復禮為仁，……非禮勿視，非禮勿聽，非禮勿言，非禮勿動。」(57)故〈坊記〉的理論根源必須落實在道德心性，如孟子道性善，〈中庸〉說天命之性，《易傳》之順天休命，雖談到遏惡揚善，唯不可歸類於荀卿性惡的行列，以免懷疑禮的效用有所不足。吾人應將〈坊記〉與〈表記〉二文合參，來透顯禮的實質功效兼括修己治人，亦即「在明明德，在親民」之內聖外王二方面的全體大用，其內存善性是為未發之中，四情外發切當而為中節之和，因此〈中庸〉所言必兼括先天後天之內外二面，而有誠明相資之義。

〈表記〉凡五十一章，第一至九章說明「君德」，屬正己之道，為全文綱要。第十章以後說明「君道」，為正人之法。要之，二

---

(55) 王船山：《禮記章句・坊記》，頁1213。

(56) 《論語・陽貨》，楊伯峻：《論語譯注》，頁188。

(57) 《論語・顏淵》，楊伯峻：《論語譯注》，頁130。

部分內容分屬內聖、外王之道。船山《禮記章句》分別於〈表記〉第一章、第九章曰：

> 言此章修身存誠之德，爲表正萬物之本。其下八章雜引孔子之言，以申此章之意。
>
> 凡上八章皆言君子立敬之道，以申首章之義而爲一篇之綱領。《傳》曰：「敬者，德之輿也。」存敬以立本，則函德於中，而仁義忠信之大用逢原而日生，君子建極以爲民表之道備矣。周子曰：「聖王以敬爲修身立政之本」，此之謂也。[58]

這說明當政者正己之道，在於以敬德涵養未發之中，作爲天下之大本，才有發而中節之和，成爲天下之達道，仁義忠信的運用即因有其本原而能日生不已，故能建立道德標準。

八、結語

綜合上述五節文字的析論，王船山認爲從整體考察《禮記》，應以〈大學〉、〈中庸〉二文爲體，全書四十九篇爲其大用流行。亦即以兩端一致論作爲掌握《禮記》思想的基本思維模式，仁、禮二端交互爲用，或以仁心爲本體，禮儀爲其發用，或以禮儀爲定體，仁心爲其妙用。這可說是研究《禮記》教育觀非常值得參考的方法架構，因此能得到許多可貴的見解。諸如：

其一，〈王制〉說明教本政末、體立用行的政教關係，與〈大學〉說明內聖外王的教育方針，二篇互爲體用，各篇之本末內外之間

---

[58] 王船山：《禮記章句・表記》，頁1318-22。

也互爲體用。首先，在理想上雖說是教本政末，但在發生程序上卻是政立而後教可施。其次，在人性的長養上也注意到性習相成，能避免將人性視爲一成不變之例，而是將形上之性關連著形色情才、形器日用之篤實踐履。故在施政上，亦須關注民情習俗，因勢利導。其三，土地、人民、城邑三者之間互相配合得當，風行俗美而後教化可興。綜上可見政治與教育之密切相關，不容忽視。

其二，〈孔子閒居〉提出五至、三無的教育理境，五至係指至於志、詩、禮、樂、哀，使作爲禮樂之原的良心善性充分實現，蓋孟子盡心之義；三無則是發而中節的和諧狀態。藉以印證〈中庸〉至誠盡性、中和位育的教育本質。

其三，〈文王世子〉、〈內則〉敘論貴族教育之內容，兼括孝弟之本及禮樂之文，也兼重主觀生活品格教育，及客觀歷史文化傳統的繼承。在實施上分別輔以養老、祭祀二種典禮，具有歷史教育的深刻意義。

其四，〈曲禮〉在學習歷程上，體現下學人事即是上達天理，藉由毋不敬之「和」、儼若思之「中」的學習態度，權衡內外之際的安定辭說，奠定修己以安百姓的學習基礎，其實皆不外是〈大學〉的正心修身之道。

其五，〈表記〉、〈坊記〉分論修己、治人之道，貴族以自我的修身存誠爲基礎，治理人民，使其遏欲揚善，正是〈大學〉之明德新民，內聖外王之道。

總之，本文是從政教關係、教育理想、教育內容、學習歷程、人格教育等幾個方面著手，採取一般人較少應用的篇章，從用的層面將《禮記》的教育觀作整體考察，針對這些篇章與〈大學〉、〈中庸〉互爲體用的關係，作一探討分析，使〈大學〉、〈中庸〉抽象的提示得到比較具體的了解。

　　《禮記》的教育觀，可說是漢代初年對先秦儒家教育思想及理想教育制度的總結，涵蓋儒家學派數百年的學術成績，具有很高的研究價值及啓示意義。其優點是資料充實豐富，但其缺失卻也正因內容之龐雜，而不易找到明確的思想體系予以統整。以致當代學者只能就少數明顯論及教育原則、方法、制度的篇章加以研究，而未能抉發其實蘊藏更爲豐富的教育內涵。所幸王船山《禮記章句》之詮解能不囿限於傳統經學的制度考證及字義訓詁而已，而且能以哲學家的慧解，運用兩端一致論的思維模式，穿透表層之文獻資料，來掌握其背後的精蘊，故常能在關鍵之處點出其思想關連的線索，如畫龍點睛之妙，有助於吾人從整體觀點理解《禮記》教育觀之具有意義價值之處。

　　當然，以上所作研究也有其限度，畢竟現今的政治、社會、經濟、文化的條件已不同於二千年前的中國專制政治下的背景，而且近現代教育思想、觀念、原理、制度等其實大多移植自歐美，且教育體系的官員及相關研究的學者，也以接受西式教育，留學歐美者爲主力。古今之間其實頗有距離，至於如何使中國傳統的優良教育理念，能夠借鑑於今日，王船山的兩端一致論或許可以提供一個研究的可能進路。

參考文獻

（魏）王弼：《老子王弼注》（臺北：河洛圖書出版公司，1974）。

（唐）孔穎達：《尚書正義》，阮元校勘（清嘉慶二十年重刊宋本）《十三經注疏‧一》（臺北：大化書局）。

（唐）孔穎達：《禮記正義》，阮元校勘（清嘉慶二十年重刊宋本）《十三經注疏‧五》（臺北：大化書局，1976）。

（宋）程顥、程頤：《二程集》（臺北：漢京文化出版事業公司，1983）。

（宋）朱熹：《四書章句集註》（臺北：鵝湖出版社，1996）。

（宋）蔡沈：《書經集傳》（臺北：世界書局，2016）。

（元）陳澔：《禮記集說》（臺北：世界書局，1990）。

（明）王夫之：《周易內傳》（《船山全書》第一冊）（長沙：嶽麓書社，1996）。

（明）王夫之：《尚書引義》（《船山全書》第二冊）（長沙：嶽麓書社，1988）。

（明）王夫之：《禮記章句》（《船山全書》第四冊）（長沙：嶽麓書社，1991）。

（明）王夫之：《四書訓義》（《船山全書》第七冊）（長沙：嶽麓書社，1990）。

（明）王夫之：《思問錄》、《張子正蒙注》（《船山全書》）第

十二冊）（長沙：嶽麓書社，1992）。

（明）王夫之：《老子衍》、《莊子解》（《船山全書》）第十三
　　　冊）（長沙：嶽麓書社，1996）。

（清）孫希旦：《禮記集解》（臺北：文史哲出版社，1990）。

（清）朱彬：《禮記訓纂》（北京：中華書局，1996）。

（清）杭世駿：《續禮記集說》（臺北：明文書局，1992）。

（清）皮錫瑞：《經學通論》（臺北：臺灣商務印書館，1980）。

丁四新：《郭店楚墓竹簡思想研究》（北京：東方出版社，
　　　2000）。

王貴民：《中國禮俗史》（臺北：文津出版有限公司，1993）。

王夢鷗：《禮記校證》（臺北：藝文印書館，1976）。

王啓發：《禮學思想體系探源》（鄭州：中州古籍出版社，
　　　2005）。

王鍔：《「禮記」成書考》（北京：中華書局，2007）。

王邦雄等：《中國哲學史》（臺北：里仁書局，2005）。

牟宗三：《中國哲學的特質》（臺北：臺灣學生書局，1980）。

牟宗三：《圓善論》（臺北：臺灣學生書局，1985）。

牟宗三：《歷史哲學》（臺北：臺灣學生書局，1978）。

牟宗三：《道德的理想主義》（臺北：臺灣學生書局，1985）。

牟宗三：《政道與治道》（臺北：臺灣學生書局，1974）。

牟宗三：《心體與性體（一）》（臺北：正中書局，1979）。

牟宗三：《人文講習錄》（《牟宗三先生全集・28》）（臺北：聯
　　　經出版社，2003）。

任繼愈：《中國哲學發展史・秦漢》（北京：人民出版社，
　　　1985）。

吳俊升：《教育哲學大綱》（臺北：臺灣商務印書館，1982）。

岑溢成：《大學義理疏解》（臺北：鵝湖出版社，1994）。

邢文編譯：《郭店老子：東西方學者的對話》（北京：學苑出版社，

2002）。

李明輝：《當代儒學的自我轉化》（北京：中國社會科學出版社，2001）。

屈萬里：《尚書釋義》（臺北：中國文化大學出版部，1984）。

李天虹：《郭店竹簡〈性自命出〉研究》（武漢：湖北教育出版社，2003）。

周何：《禮學概論》（臺北：三民書局，1998）。

周何：《禮記——儒家的理想國》（臺北：時報文化出版公司，2012）。

周瀚光、朱幼文、戴洪才：《管子直解》（上海：復旦大學出版社，2000）。

林安梧：《中國近現代思想觀念史論》（臺北：臺灣學生書局，1995）。

胡適：《中國哲學史大綱》（北京：中華書局，2013）。

高明：《禮學新探》（臺北：臺灣學生書局，1984）。

高明：《大戴禮記今註今譯》（臺北：臺灣商務印書館，1993）。

唐君毅：《中國哲學原論·原性篇》（臺北：臺灣學生書局，1978）。

唐君毅：《中國哲學原論·原道篇二》（臺北：臺灣學生書局，1978）。

唐君毅：《唐君毅全集》（臺北：臺灣學生書局，1991）。

徐復觀：《兩漢思想史·卷一》（臺北：臺灣學生書局，1978）。

烏丙安：《中國民俗學》（長春：長春出版社。2014）。

晁福林：〈先秦民俗中的幾個問題〉《民俗研究》（濟南：山東大學出版社，2000年第2期）。

張立文主編：《道》（北京：中國人民大學出版社，1989）。

陳大齊：《陳百年先生文集·第一輯·孔孟荀學說》（臺北：臺灣商務印書館，1987）。

陳瑞庚：《王制著成之時代及其制度與周禮之同異》（臺北：嘉新水泥公司文化基金會，1972）。

陳正焱、林其錟：《中國古代大同思想研究》（香港：中華書局，1988）。

陳章錫：《王船山禮學研究——以兩端一致論爲研究進路》（中國文化大學哲學研究所博士論文，2001）。

淺野裕一：《戰國楚簡研究》（臺北：萬卷樓圖書出版公司，2004）。

常金倉：《周代禮俗研究》（臺北：文津出版社，1993）。

曾昭旭：《王船山哲學》（臺北：遠景出版事業公司，1983）。

曾昭旭：《在說與不說之間——中國義理學的思維與實踐》（臺北：漢光事業出版公司，1992）。

曾昭旭：〈王船山兩端一致論衍義〉（《鵝湖月刊》，第241期，1995年7月），頁9-13。

嵇文甫：《王船山學術論叢》（臺北：谷風出版社，1987）。

勞思光：《新編中國哲學史（一）》（臺北：三民書局，2002）。

勞思光：《新編中國哲學史（二）》（臺北：三民書局，2001）。

齊濤、劉德增：〈中國民俗的歷史分期〉《民俗研究》（濟南：山東大學出版社，2000年第2期）。

黃壽祺、張善文：《周易譯註》（上海：上海古籍出版社，1994）。

黃光雄主編：《教育概論》（臺北：師大書苑，1991）。

楊祖漢：《中庸義理疏解》（臺北：鵝湖出版社，1990）。

楊伯峻：《論語譯注》（臺北：華正書局，1990）。

楊伯峻：《孟子譯注》（臺北：河洛圖書出版公司，1980）。

賈馥茗：《教育哲學》（臺北：三民書局，1988）。

廖名春：〈荊門郭店楚簡與先秦儒學〉，《郭店楚簡研究：中國哲學第二十期》（瀋陽：遼寧教育出版社，1999）。

蔡仁厚：《孔孟荀哲學》（臺北：臺灣學生書局，1988）。

謝君直：《郭店楚簡的天道思想》（中國文化大學哲學研究所博士論文，2004）。

蕭萐父：《王船山辯證法思想引論》（武漢：湖北人民出版社，1984）。

龐樸：〈孔孟之間──郭店楚簡中的儒家心性論〉《郭店楚簡研究：中國哲學第二十期》（瀋陽：遼寧教育出版社，1999）。

蘇石山編著：《古文觀止》（高雄：麗文書局，1995）。

龔建平：《意義的生成與實現──「禮記」哲學思想》（北京：商務印書館，2005）。

附錄 本書論文刊登於期刊一覽表

【甲編】

壹、陳章錫，〈《禮記》思想內涵中「道統」義之省察——以牟宗三先生論道統、學統、政統爲主軸〉，《揭諦》（南華哲學學報）（THCI），第31期，2016年7月，頁31-64。

貳、陳章錫，〈《禮記》政治思想之形上原理及其開展〉，《經學研究集刊》（THCI），第13期，2012年10月，頁99-122。

參、陳章錫，〈《禮記》教育哲學之總體考察〉，《鵝湖學誌》（THCI），第50期，2013年6月，頁71-115。

肆、陳章錫，〈《禮記》中的民俗探究〉，《文學新鑰》（南華文學學報）（TCI-HSS），第24期，2016年12月，頁1-28。

【乙編】

伍、陳章錫，〈《禮記》思想系統之探究〉，《興大中文學報》（TCI-HSS），第25期，2009年6月，頁105-135。

陸、陳章錫，〈論《禮記・禮運》的政教文化觀——以人情爲核心的考察〉，《揭諦》（南華哲學學報）（THCI CORE），第9期，2005年6月，頁39-74。

柒、陳章錫，〈《禮記・王制》政教思想探究〉，《揭諦》（南華哲學學報）（THCI CORE），第15期，2008年7月，頁27-64。

【丙編】

捌、陳章錫，〈唐君毅《禮記》詮釋的特色及其價值意義〉，《揭諦》（南華哲學學報）（THCI），第4期，2002年7月，頁165-193。

玖、陳章錫，〈從王船山「兩端一致論」考察《小戴禮記》教育觀〉，《揭諦》（南華哲學學報）（THCI），第5期，2003年6月，頁123-153。

國家圖書館出版品預行編目資料

禮記道統觀與政教思想／陳章錫著. —— 二
版. —— 臺北市：五南, 2020.03
　　面；　公分
ISBN 978-957-763-892-2（平裝）

1.禮記　2.研究考訂

531.27　　　　　　　　　　109001777

4X23

禮記道統觀與政教思想

作　　　者 — 陳章錫（251.9）

發 行 人 — 楊榮川

總 經 理 — 楊士清

總 編 輯 — 楊秀麗

副總編輯 — 黃文瓊

責任編輯 — 吳雨潔

封面設計 — 王麗娟

出 版 者 — 五南圖書出版股份有限公司

地　　　址：106台北市大安區和平東路二段339號4樓

電　　　話：(02)2705-5066　　傳　真：(02)2706-6100

網　　　址：http://www.wunan.com.tw

電子郵件：wunan@wunan.com.tw

劃撥帳號：01068953

戶　　　名：五南圖書出版股份有限公司

法律顧問　林勝安律師事務所　林勝安律師

出版日期　2018年8月初版一刷
　　　　　2020年3月二版一刷

定　　　價　新臺幣400元